미래 정부에 묻다

미래 정부에 묻다

강호인 · 박순애 엮음

율곡출판사

들어가는 글

공공부문과 민간부문을 막론하고 미래를 예측하고 대응전략을 세우는 것은 비단 어제 오늘의 일이 아니다. 근래에 들어서는 과거에 비해 사회 및 경제 환경을 둘러싼 불확실성이 커지고 기술의 변화 속도가 빨라지면서 '미래'에 대한 관심이 유난히 높아지고 있는 실정이다. 다가오는 미래는 우리에게 위기인가, 기회인가?

과거 우리 정부는 경제성장을 위해 단기 목표의 수립과 달성, 거점 지역을 중심으로 한 산업을 중점적으로 육성하는 데 집중해온 경향이 있다. 그 결과 극심한 가난과 기아에서 벗어나 세계 교역수준 8위, GDP 기준 세계 13위의 경제수준을 달성하는 등 전 세계적으로 그 유례를 찾기 힘들 정도로 급속한 경제성장을 이룩했다. 이 과정에서 정부는 사회 기반시설을 확충하고 경제발전계획을 체계적으로 실행하는 매우 중요한 역할을 담당했다. 이제는 시장이 성숙하고 민간의 역량이 제고되어 정보의 양이나 네트워크의 구축, 그리고 자본의 동원과 기술의 활용 측면에서도 정부를 앞지르게 되었고, 이에 따라 경제개발에 있어서의 정부의 역할은 그 비중이 줄어들 수밖에 없게 되었다. 반면, 성장이 둔화되고 고용이 위축되면서 소득분배의 개선과 복지에 대한 목소리가 높아지고 있는 요즈음, 정부정책이 다양한 가치를 포용할 수 있도록 정교화·세분화되어야 한다는 인식은 점차 커지고 있는 상황이다.

지속적인 경제발전을 위해서는 시장 참여자들의 경쟁이 무엇보다 중요하겠지만, 정부주도의 발전을 성공적으로 경험한 우리나라에서는 향후에도 경제발전에 있어 국가의 상당한 역할을 기대하는 것은 어쩌면 당연지사다. 이러한 상황에서 우리 정부는 어떠한 준비를 하고 있는가? 또한 어떠한 가치를 실현하고자 하는가? 이러한 선택은 어떠한 결과를 초래할 수 있는가? 정부가 풍요롭고 안전한 미래를 준비하는 데 상당한 역할을 한다고 가정한다면, 정부의 비전과 목표, 그리고 실행전략이 무엇을 향하고 있는가에 대해 깊이 고찰해 볼 필요가 있다.

다수의 학자들과 관료들의 전망, 그리고 각종 지표를 살펴보면, 우리 경제의 모습을 바꿀 시간이 이제 얼마 남지 않았다고 할 수 있다. 생산인구 감소는 지금으로부터 약 2년 뒤인 2017년부터 시작될 것으로 예측되며, 신흥국과의 기술격차 역시 디스플레이 분야는 4년, 반도체 분야는 5년 이내에 좁혀질 것으로 전망된다. 이외에도 현재 우리 사회가 마주하고 있는 사회적 · 경제적 상황은 그리 녹록지 않다. 예컨대 국제경제질서의 불확실성과 내수부진에 대한 우려가 커지고 있는 가운데 스마트폰, 조선해양, 석유화학, 철강 등과 같은 주력 산업에 대한 신흥국의 위협이 점차 현실화되고 있다. 또한 신성장산업 발굴은 부진하고, 저출산 · 고령화로 인해 세수 감소와 생산인구 감소, 시장 축소가 우려되며, 정부에 대한 복지지출 확대 요구는 점점 거세지는 상황이다. 물론 전 세계적으로 저성장추세가 지속되면서 '저성장이 정상인 시대New Normal', '거대한 정체secular stagnation' 라는 신조어가 생겨나기도 하는 상황이지만, 우리나라는 특히 대외의존도가 높고 복지지출이 꾸준히 증가할 것이 분명하여 다가오는 미래를 위한 전략을 세울 필요가 그 어느 때보다 시급하다고 할 수 있다.

세계 각국도 이러한 위기 속에서 생존전략을 적극 펼치고 있다. 유럽은 '호리즌Horizon 2020 전략'을 수립하여 새로운 성장과 일자리 창출을 위해 80억 유로를 투입할 계획을 수립했다. 이 중 특히 독일은 자국의 강점 분야인 제조업에서 경쟁력 우위를 확보하기 위해 정보기술과 소프트웨어를 접목한 '인더스트리Industry 4.0 전략'을 강력하게 추진하고 있다. 미국 역시 '스타트업 아메리카Startup America 정책'을 통해 새로운 아이디어를 테스트하고 새로운 비즈니스를 창출할 수 있는 환경을 만들어내는 데 온 힘을 기울이고 있다.

이러한 시점에서 우리나라는 지속적인 발전을 위해 10년 뒤, 20년 뒤 어떤 분야에 역량을 집중할 필요가 있는가? 또한 이를 위한 실행전략은 무엇인가? 이 책은 이러한 질문에 대한 해답을 모색해보고자 기획되었다. 과연 우리 정부는 사회에 지속적으로 영향을 미칠 메가트렌드mega trend를 찾아내고 대처하고 있는가, 그리고 빠르게 변화하는 상황에서 변화의 핵심과 대응책을 어떻게 파악하고 있는가에 대해 다양한 관점에서 논의하여 공공-민간 간 인식의 간극을 좁히는

데 기여해보고자 했다. 이를 위해 이 책에서는 다가오는 미래에 대한민국 정부를 이끌어갈 주요 실무 관료 12인을 필진으로 선정하여 미래 비전과 대응전략, 그리고 공직자로서 느끼는 애환과 사명감 등 정책에 대한 철학에서부터 개인적인 이야기까지도 풀어놓아 관료와 시민의 거리를 보다 좁혀보고자 했다. 이를 통해 정책 결정과 집행의 일선에서 동분서주하는 그들의 생각의 편린을 모아 빠르게 변하는 미래에 대한 좌표를 설정하여 국가 성장 기제를 마련할 수 있을 것으로 기대한다. 더불어 이 책을 통해 이념과 정책에 대한 찬반을 떠나서 정책을 담당하는 실무 관료들의 생각과 고충을 느낄 소중한 기회가 되기를 바란다.

현직 관료라는 부담감, 국정감사의 빠듯한 일정에도 불구하고 '민관소통民官疏通' 과 '미래 비전' 의 대승적 취지에 공감하여 옥고를 작성해준 열두 명의 필진께 진심으로 감사드린다. 이 책의 기획취지를 듣고 한달음에 출판을 승낙해주신 율곡출판사 박기남 사장님, 박정헌 기획부장님, 교정과 출간 작업에 애써주신 신재혁 과장님께도

감사의 인사를 올린다. 도서 전반의 세세한 부분까지 세심한 배려를 아끼지 않은 서울대학교 행정대학원 공공성과관리연구센터 박사과정 손지은 학생과 석사과정 김두현 학생에게도 고마움을 전한다.

2015년 2월

관악캠퍼스에서

강호인 · 박순애

차 례

4 chapter 통일, 어떻게 준비할 것인가? (통일부)

5 chapter 행복한 나라 만들기, 문화가 기여할 몫은 무엇인가? (문화체육관광부)

6 chapter 농업정책, 무엇을 어떻게 준비할 것인가? (농림축산식품부)

7 chapter 제조업으로 일어선 한국 경제, 앞으로도 통할까? (산업통상자원부)

10 chapter 갈림길에 선 주택시장, 어떻게 변할까? (국토교통부)

11 chapter 경제의 구조적 문제 곳곳에 누적! 공정거래정책은 어떤 방향이어야 하는가? (공정거래위원회)

미래 정부에 묻다

–기획재정부 편

김성욱 기획재정부 국제금융과장

서울대학교 경제학과 졸업

하버드대학교 행정학 석사

재정경제원 금융정책실 사무관

재정경제부 경제정책국, 금융정책국 사무관

기획재정부 장관 비서관

기획재정부 국제기구과장, 외화자금과장

한국 경제가 마주한 대내외 도전, 지속 가능한 성장 위한 정책방향은 무엇인가?

chapter 1

우리 경제가 해결해야 할 과제들

현재 우리 경제가 마주친 현실은 어렵다. 장기 추세로 자리잡은 고령화, 쌓여가는 가계부채, 침체된 자산시장 등의 구조적 요인으로 내수가 부진하고 그에 따라 성장세는 미약하다. 한국 경제를 이끌던 주력 산업은 중국 등 신흥국에 쫓기고 있는 반면, 신성장산업의 발굴과 같은 혁신은 속도를 내지 못하고 있다. 가뜩이나 어려운 경쟁여건에 엔저라는 새로운 파고는 수출기업의 경쟁력을 위협하고 있다. 이처럼 경제와 기업의 성장세가 미약함에 따라 좋은 일자리 창출도 임금 상승도 쉽지 않다. 이에 따라 정규직과 비정규직이란 구분 속에 노·사 간, 노·노 간 갈등은 계속되고 있다. 이처럼 가계소득의 증가가 미약한 가운데 교육비·주거비 부담은 가중되고 고령화로 노후에 대한 우려가 커지면서 결국에는 정부의 복지지출 확대를 요구하는 목소리가 커져만 간다. 그러나 저성장으로 인해 정부도 세수확보에 어려움이 있어 지출을 무작정 확대하기는 어렵고 이는 또 다른 갈등을 야기한다.

초등학교 시절 음악시간에 배웠던 되돌이표 같은 이 상황이 지금 우리가 마주한 문제이자 해결해야 할 과제다. 그러나 이와 같은 순환고리 속에서 자주 등장하는 그래서 중요하다고 생각되는 요소를 뽑아보면 저성장, 고령화, 혁신의 한계, 계층 간 갈등, 그리고 국제 경제질서의 불확실성 등이다. 우리 경제가 마주한 주요 과제라고 할 수 있다.

저성장의 늪

우리나라는 1962년 경제개발에 착수한 이래 30년 가까이 연평균 8%의 경제성장률을 기록했다. 1990년대 후반 아시아를 휩쓴 외환위기로 국가부도의 위험까지 경험했지만 다시 오뚜기처럼 일어나 2000년대 들어 2008년 금융위기 이전까지는 연평균 5%대의 성장률을 유지했다. 그러나 금융위기로부터 벗어난 2011년부터 최근 3년간 우리 경제의 성장률은 연평균 3%에 불과하다.

이런 우리 경제의 최근 저성장 기조는 우선, 대외여건에 기인한다. 즉, 최근의 저성장 추세는 우리나라에만 국한된 것이 아니라는 것이다. 세계경제 성장률도 2010년을 정점으로 계속 낮아지는 추세다. 이에 따라 저성장이 정상인 시대New Normal 또는 거대한 정체Secular Stagnation란 단어가 지금의 세계경제가 처한 상황을 단적으로 보여주고 있다. 2008년 당시 많은 학자들은 리만 브라더스 도산에 따른 글로벌 금융위기를 대공황 이후 전례 없는 대규모의 경제위기라 불렀다. 대공황은 1929년 발생했는데, 미국 경제가 대공황에서 벗어난 것은 제2차 세계대전이 발발한 1939년이었으니, 위기극복에 10년이 걸린 셈이다. 이런 점에서 세계경제 전체가 2008년 위기에서 완전히 벗어나 과거의 성장세를 회복하는 데에는 아직 시간이 필요한 것으로 보인다. 이에 따른 글로벌 성장세의 부진은 무역의존도수출입규모/명목GDP가 2013년 기준으로 82.4%에 달하는 우리 경제가 과거와 같은 성장세를 이어나가는 데 큰 제약요인이 될 수밖에 없다.

다음으로, 우리 경제 내부의 구조적 요인이 저성장 기조에 한몫하고 있어 더욱 우려스럽다. 한국개발연구원KDI에 따르면, 우리 경제의 잠재성장률은 저출산 · 고령화 등으로 인해 2010년대에는 평균 3.8%, 2020년대에는 2.9%, 2030년대에는 1.9%로 계속 하락할 것으로 전망된다기획재정부, 『대한민국 중장기 정책과제』, 2012.12.. 경제가 성장하여 고도화되는 과정에서 나타나는 추세적인 성장률 하락현상은 일정 부분 불가피한 측면이 있다. 미국 국가경제연구소NBER에 따르면, 주요 선진국도 경제성장 초기에는 캣치업catch-up 전략을 통해 빠르게 성장하지만, 1인당 GDP가 일정 수준평균 $16,740에 도달한 후에는 성장률이 하락한 것으로 나타나고 있다기획재정부, 『대한민국 중장기 정책과제』, 2012.12.. 특히 일본은 1990년대 이후 장기간 성장이 정체된 이른바 '잃어버린 20' 년을 경험했다. 일본과 같은 극단적인 사례는 아닐지라도, 우리 경제도 최근과 같은 투자 부진에 따라 자본축적이 저하되고 생산성도 향상되지 못할 경우 잠재성장률의 하락 기조가 고착화될 우려가 있다. 시장이 어느 정도 포화상태에 이르고 기초설비 수요가 감소하면서 기업은 투자대상 발굴에 점점 어려움을 겪을 것이다. 아울러 창의적인 인재의 부족, 중소기업이나 서비스업의 낮은 생산성 등으로 고령화에 따른 노동자본 감소를 만회할 정도로 생산성이 향상되지 못한다면 중장기적으로 성장률 제고에 한계가 있을 수밖에 없다.

고령화의 위협

이처럼 향후 우리 경제 저성장 기조의 가장 주요한 원인으로 부각되고 있는 것이 고령화 문제다. 우리나라는 이미 세계 최저 수준의 출산율2011년 1.24명로 인해 OECD 국가 중 고령화 속도가 가장 빠른 나라다. 통상 전체 인구에서 노인 비중이 7% 이상이면 고령화사회, 14% 이상이면 고령사회, 20% 이상이면 초고령사회라 부른다. 우리나라는 이미 고령화사회에 진입했으며, 2017년에는 고령사회, 2026년에는 초고령화사회에 진입할 것으로 예상된다. 선진국의 경우 고령화사회에서 초고령사회에 이르는 기간이 프랑스는 154년, 미국은 90년, 일본도 35년인 반면, 우리나라는 26년에 불과하다기획재정부, 『대한민국 중장기 정책과제』, 2012.12.. 이에 따라 2017년부터는 생산가능인구의 감소가 시작되고 2021년부터는 노동력 부족현상이 현실화될 것이란 예상이다.

이런 고령화에 따른 인구의 감소, 특히 생산가능인구의 감소는 결국 시장 수요의 축소로 이어질 수밖에 없다. 수요의 축소는 다시 투자 위축으로 연결되며 이에 따라 경제 전체의 활력이 저하될 가능성이 크다. 또한 고령화는 저성장 외에 여러 경제적 · 사회적 문제를 야기할 수 있다. 우리나라는 선진국에 비해 노인 빈곤율이 매우 높은 수준이다. 즉, 2011년 기준으로 OECD 국가의 65세 이상 노인 빈곤율 평균은 13.5%인 데 반해, 우리나라는 45%가 넘는다기획재정부, 『대한민국 중장기 정책과제』, 2012.12.. 이런 높은 노인 빈곤율에다 주택 · 교육비 지출 등으로 노후 준비도는 낮은 터라 향후 고령화에 따라 보건 · 의료,

연금 등 복지 증대에 대한 욕구가 급속히 증가할 것으로 예상된다. 이에 따라 현행 국민연금 · 건강보험체계를 그대로 유지하더라도 인구구조 변화에 따른 지출 증가로 2050년에는 GDP 대비 국가부채 비율이 200% 이상 된다는 전망도 나오고 있다기획재정부, 『대한민국 중장기 정책과제』, 2012.12.. 미리 중장기적 시계로 적정 복지체계를 확립하지 않는다면 재정의 건전성도 위협받고 성장 활력도 저하되는 악순환이 우려된다.

혁신의 한계

"일본이 실제로 창조한 것은 비데, 가라오케, 워크맨, 3개에 불과하다"란 글을 본 적이 있다홍성국, 『세계가 일본된다』, 2014. 일본의 경제성장은 결국 대부분 서구의 제품을 모방해 더 좋게 또는 더 싸게 새롭게 만든 데서 이루어졌다는 뜻이다. 우리나라는 어떨까. 분명 우리나라에서 처음 만든 상품이 있을 것 같은데 딱히 생각나지는 않는다. 여하튼 우리도 일본처럼 이른바 캣치업catch-up 전략을 통해 지금까지의 눈부신 성장 스토리를 써왔다.

그러나 최근 들어 우리 경제를 이끌어온 주력 산업에 경고등이 켜지고 있다. 최근 전국경제인연합회는 우리나라 10대 수출품목을 8개 산업으로 재구성해 세계시장 점유율을 분석한 결과, 스마트폰과 자동차, 조선해양, 석유화학, 정유, 철강 등 6개 주력 산업이 중국에 역전당한 것으로 나타났다고 발표한 바 있다서울경제신문, 2014.12.8.. 특히 상당 기간 세계 1위의 자리를 유지할 것으로 예상했던 스마트폰도

2014년 2분기 세계시장 점유율이 30.1%로 예상보다 빨리 중국31.3%에 역전당한 것으로 나타났다. 이제 8대 주력 산업 중에서 우리가 중국보다 앞선 분야는 반도체와 디스플레이 산업뿐이라고 한다. 주력 산업 전반에 걸쳐 중국 같은 신흥국의 위협은 앞으로도 계속될 것이다. 그래서 새로운 성장산업으로 돌파구를 마련하고, 기존 주력 산업에서도 보다 고품질, 고부가가치를 창출하는 등 산업구조 전반에 걸친 혁신이 요구된다. 지난 정부의 '녹색성장', 그리고 지금 정부가 최우선 정책목표로 추진하고 있는 '창조경제' 모두 이런 혁신과 돌파구를 위한 시도이자 노력이다. 어렵지만 반드시 찾아야 할 길이다.

계층 간 갈등

'양극화'란 단어는 내가 공직에 첫발을 내딛던 1990년대에 처음 등장했던 것으로 기억한다. 그러더니 양극화와 이에 따른 사회갈등은 2000년대 들어 해소되기보다는 나날이 확산되는 모습이다. 과거 대기업과 중소기업 간에 대두된 양극화 문제는 이제 제조업과 서비스업, 수출과 내수, 그리고 정규직과 비정규직, 수도권과 지방에 이르기까지 경제뿐 아니라 사회 전반에서 나타나고 있으며, 이는 결국 경제구조의 부문 간 불균형, 특히 소득 불균형에 기인한 바 크다고 생각된다. 불균형은 대립과 갈등을 초래한다. 우리 사회는 자본주의 윤리가 아직 미약하여 포용과 관용, 나눔과 배려는 기대하기 어렵고, 법과 원칙의 미확립, 공공·민간 간의 신뢰 부족 등으로 제4

의 생산요소라고 불리는 사회적 자본의 축적이 매우 낮은 수준이다. 이에 따라 대립과 갈등은 곧 집단적 이기주의에 따른 극한투쟁으로 이어지는 경우가 많다. 이런 상황에서는 아무리 우리 경제의 개혁과 혁신이 필요하다는 폭넓은 인식이 있다고 해도, 구체적인 정책결정을 위해 필요한 사회적 합의를 도출하기 어렵고, 어렵게 수립된 정책도 집행과정에서 지연되거나 표류하는 경우가 많을 수밖에 없다.

또한 앞으로 저성장 기조가 고착화되면 사회적 불균형에 대한 불만, 공평한 분배에 대한 요구는 더 커질 것으로 예상된다. 성장률이 높았던 시절에는 모든 이들에게 과거보다 나은 소득이 주어졌기 때문에 분배의 문제가 크게 문제되지 않았다. 그러나 이제는 다르다. 지난 2012년 대선에서 경제민주화와 복지지출 문제가 큰 화두로 등장한 것은 이런 사회적 흐름을 대변하고 있다.

국제경제질서의 불확실성

1960년대부터 1990년대까지 우리나라가 수출주도형 성장전략을 통해 경제발전을 지속할 수 있었던 것은 미 · 소 간의 냉전구도, 중국의 미개방과 같은 대외여건에 힘입은 바 크다. 소련의 붕괴로 냉전시대가 종식된 이후 2000년대는 미국, 일본, 유럽으로 대변되는 다극화시대의 개막과 중국의 부상으로 특징지을 수 있는데, 우리 경제는 세계의 공장으로 변해가는 중국 경제를 지렛대 삼아 수출로 성장세를 유지할 수 있었다. 그러면 글로벌 금융위기를 거친 지금의 국제경제환경은 어떠한가? 유럽과 일본의 침체 속에 미국과 중국의 양대 파워가 갈수록 가시화되고 있다. 통상 분야에서 미국 주도의 환태평양경제동반자협정TPP과 중국 중심의 아시아태평양자유무역지대FTAAP가 이런 흐름을 대변해주고 있다. 또한 중국은 그간의 투자 · 수출 중심의 성장전략에서 탈피하여 소비에 근간을 둔 내수 중심으로 성장 패러다임을 추진하고 있다. 우리나라는 전체 수출 중 대중국 수출이 차지하는 비중이 26%에 달하고 이들 수출품 중 중간재 비중이 72%에 달하기에 중국 경제의 구조변화에 대응한 전략이 시급하다.

국제금융시장을 둘러싼 환경도 급변하고 있다. 2009년 3월 미 연방준비은행FRB의 1차 양적완화로부터 시작되었던 선진국 중앙은행 간 극단적인 통화완화 정책들이 이제 서서히 방향을 틀고 있다. 총 3차례에 걸친 양적완화 조치 등으로 미 FRB의 대차대조표는 2008년 8천억 달러에서 2014년에 4조 5천억 달러로 확대되었다. 이는 그만큼의 달러화가 글로벌 금융시장에 공급되었다는 뜻이다. 2015년 이후 예상되는 미국의 금리인상은 그간 국제금융시장에, 특히 신흥국 시장에 흘러들어온 자금의 이동을 촉발할 수 있다. 그러나 그 방향은 불확실하다. 왜냐하면 유로존과 일본의 중앙은행은 여전히 양적완화와 같은 통화완화 기조를 유지 또는 확대할 것으로 예상되기 때문이다. 이와 같은 글로벌 자금흐름의 불확실성 확대와 더불어 우리 경제에 큰 영향을 미치고 있는 또 다른 요인은 일본의 무차별적 양적완화에 따른 급속한 엔저현상이다. 2012년 가을 아베 정부 출범 당시 달러당 78엔이었던 엔화는 최근 120엔까지 상승했다.

2008년 글로벌 금융위기 이후 글로벌 외환시장에서 안전자산 선호로 인해 엔화강세 · 원화약세가 이어진 덕분에 우리 수출기업은 일본 기업에 비해 높은 가격경쟁력과 원화로 환산한 매출액의 급증이라는 두 가지 큰 혜택을 누려왔다. 그러나 이제 더 이상 이런 환율 혜택은 없다.

지속 성장을 위한 정책방향

요즘 들어 '골든타임Golden Time'이란 말이 많이 등장한다. 사전적 의미로 골든타임이란 사건이나 사고의 인명 구조에서 생사를 결정지을 초기 금쪽 같은 시간을 의미한다. 우리 경제가 이런 골든타임에 있지 않나 싶다. 그만큼 중요한 갈림길에 서 있다는 뜻이다. 경제가 선순환구조로 가느냐, 아니면 악순환으로 빠져드느냐 하는 기로에 있다. 경제부처 공직자의 한 사람으로서 나는 우리 경제의 선순환구조는 높은 성장률을 이어가는 길, 즉 축소균형이 아니라 확대균형으로 나아가는 길을 찾는 것이라고 믿는다.

반면, 축소균형 또는 저성장의 고착화는 고령화에 대비해 복지 지출을 확대할 여건도, 일자리 창출과 임금 상승을 통해 소득 불균형을 해소할 계기도, 기업이 투자확대를 통해 신성장동력을 발굴할 기회도 앗아가 버릴 수 있다. 특히 국제금융 업무를 담당하고 있는 공무원의 시각에서 보면, 우리나라의 경우 대외 의존도가 높아 항상 국제금융시장 불안으로부터 자유로울 수 없으므로 확고한 대외 안전판을 마련하기 위해서는 경상수지 흑자를 더 많이 쌓아야 한다. 최근 한국은행은 2014년 9월 기준으로 우리나라의 대외투자에서 외국인 투자를 차감한 순국제투자 잔액이 227억 달러를 기록해 통계 작성 이래 처음으로 플러스로 전환했다고 발표했다한국경제신문, 2014.11.21.. 사상 처음으로 다른 나라에서 받을 돈이 갚을 돈보다 많아졌다는 뜻이다. 그러나 이 정도로는 부족하다. 일본은 그간 수십 년에 걸친 경상수지 흑자로 순국제투자 잔액이 3조 달러를 넘는다. '잃어버린 20년' 기간 동안의 재정지출 확대로 일본은 GDP 대비 정부부채가 240%에 달하는데, 이는 재정위기를 경험한 그리스175%나 포르투갈129%보다도 높은 수준이다. 그럼에도 불구하고 일본 엔화가 아직 국제금융시장에서 안전통화로 간주되고 일본이 외환·금융위기로부터 자유로울 수 있는 것은 이와 같은 막대한 국제투자 잔액 때문이다. 이는 개인에 비유하자면, 과거에 벌어놓은 재산이 많기 때문에 지금 조금 어렵다고 해도 빚 독촉이 없는 것과 같다. 따라서 1997년에 외환보유액 고갈에 따른 뼈아픈 외환위기를, 그리고 2008년에는 2,600억 달러에 달하는 외환보유액에도 불구하고 외화유동성 위기를 경험한 우리로서는 경상수지 흑자를 지속하여 순대외자산을 축적하는 것이 더욱 절실하다.

그렇다면 지속 가능한 성장을 통해 확대균형으로 나아가기 위한 바람직한 정책조합은 무엇일까? 최근 주요국의 주요 경제정책 동향을 살펴보면 일관된 조합을 발견할 수 있다. 즉, 단기적으로는 경기부양을 위해 노력하고, 중장기적으로는 신성장동력 발굴과 구조개혁에 매진한다는 내용이다. 선진국 중 가장 높은 경기 회복세를 나타내고 있는 미국을 보면, 완화적 통화정책뿐 아니라 법인세율 인하 등을 통해 기업투자의 활성화, 일자리 창출을 유도하는 한편, 쉐일가스 같은 신에너지 분야에 대한 투자 확대 및 제조업 기술혁신 지원 등을 통해 성장동력 발굴을 지원하며, 더불어 금융규제 강화, 교육 및 의료 개혁을 통해 사회적 격차 해소 등 경제체질을 개선하는 데 정책의 주안점을 두고 있다. 일본도 마찬가지다. 흔히 '세 개의 화살'로 불리는 아베 노믹스의 주요 내용도 첫째는 확장적 재정정책, 둘째는 완화적 통화정책, 셋째는 민간투자 촉진, 노동 이동 및 여성의 노동참여 확대, 의료·에너지 등 신성장산업 육성으로 구성된 장기 성장전략이다.

이처럼 주요국의 경제정책 조합이 한결 같은 이유는 역설적으로 경제에는 묘수가 없기 때문이라고 나는 생각한다. 경제정책에 있어 우리만 할 수 있는 묘수는 없다. 나라마다 처한 상황에 따라 정책 간 비중이 다를 수 있고, 나라마다 유사한 정책들을 얼마나 실효성 있게 추진하느냐 하는 차이에 따라 정책의 성과가 달라질 수 있을 뿐이다. 이런 점에서 우리의 향후 정책방향도 첫째는 적정 성장률 유지를 위한 경제활력 제고, 둘째는 경제체질 개선을 위한 구조개혁, 셋째는 신성장동력 발굴을 위한 산업혁신에서 찾아야 할 것이다. 그리고 마지막 한 가지는 선진국과 달리 대외 의존도가 높고 기축통화가 아닌 점을 감안해 대외부문 리스크 관리에도 만전을 기해야 한다는 점이다.

적정 성장률 유지

우선, 경제성장률이 잠재성장률 수준을 하회하는 기간이 오래 지속되는 것은 막아야 한다. 왜냐하면 지속적인 경기부진은 가계와 기업의 기대심리에 영향을 미쳐 소비와 투자를 더욱 감소시킬 수 있기 때문이다. 이런 점에서 적정 성장률을 유지하기 위해서는 재정이나 통화정책, 즉 거시정책수단을 통한 단기적인 경기부양 노력이 불가피하다. 2008년 전 세계에 불어닥친 글로벌 금융위기에서 우리 경제가 파이낸셜타임즈가 극찬한 것처럼 '교과서적인 회복textbook recovery'을 할 수 있었던 것도 약 5개월 동안 정책금리 325bp를 인하한 선제적인 통화완화 조치와 2009년 당시 28.4조원에 달하는 사상 최대 규모의 추경을 통한 적극적인 재정지출 확대에 힘입은 바 크다고 평가받는다.

문제는 이런 정책 노력이 늘 '단기 부양책'이란 이름으로 비난받는다는 것이다. 그러나 재정·통화정책은 본래 그 성격 자체가 경기조절용이며, 그래서 단기적 정책일 수밖에 없다. 오히려 경기부진의 원인과 성격에 따라 그 '단기'라는 시계까지 변해야 한다. 즉, 일단 경기부양정책을 시작했다면 그 성과가 어느 정도 가시화될 때까지 일관되게 추진하는 것이 중요하다. 미국은 금융위기 극복과정에서 2008년 12월 정책금리를 '0~0.25%' 수준으로 인하한 후 6년째 그 수준을 유지하고 있다. 이에 더해 2009년부터는 세 차례에 걸친 양적완화 조치를 통해 수조 원에 달하는 자금을 금융시장에 공급해 왔다. 미국 경제는 이런 지속적인 통화완화 기조에 힘입어 2014년 3분기에는 연율 기준 성장률이 5%에 달하는 등 견조한 경기회복세를 나타내고 있다. 이와 정반대인 사례가 일본이다. 일본의 '잃어버린 20년'이 대차대조표 불황balance sheet recession'이라고 정의하는 노무라 증권의 저명한 리차드 쿠Richard Koo 이코노미스트는 '갈지자之 정책policy zigzag'이 일본의 장기불황을 심화시켰다고 주장한다신장섭, 중앙선데이 칼럼, 2014.8.3.. 즉, 일본 경제가 아직 불황에서 제대로 벗어나지 못했던 1997년과 2001년도 두 차례에 걸쳐 일본 정부가 재정 건전화로 정책방향을 선회하는 바람에 불황 탈출이 최소한 5년 이상 지연되었고 이에 따른 추가적인 재정지출도 1조 달러에 달한다는 지적이다.

재정·통화정책을 통한 경기부양에 있어 마지막으로 중요한 것은 재정지출·자금지원의 내용이다. 즉, 어떤 부문에 어떤 방식으로 재원을 배분하는가 하는 문제가 중요하다. 물론 해당 시점에서 경기부양 효과가 가장 큰 분야가 우선적으로 고려되어야 한다. 그러나 이와 더불어 보다 생산적인 분야, 성장기반 확충과 신성장동력 발굴 등 보다 장기적인 효과를 기대할 수 있는 분야를 발굴해야 한다. 일본은 1990년대 막대한 재정지출의 상당 부분을 이른바 '토건형' 또는 과시형 투자사업에 쏟아부은 것으로 평가받는다홍성국, 『세계가 일본된다』, 2014. 지자체·공공기관 청사는 물론이고, 소도시의 무수한 기념관, 도서관, 미술관, 문화회관 등이 그 당시에 건립되었다. 지방정부 부채에 대한 우려가 생겨나고 있는 우리 현실을 감안할 때 반드시 반면교사해야 할 점이다.

경제체질 개선

지금 우리 경제에 경제구조 개혁, 혁신이 절실하다는 주장에 이의를 제기하는 사람은 아무도 없을 듯하다. 최근 들어 읽은 책 중에 가장 기억에 남는 구절이 "진짜 두려운 것은 시스템의 위기정구현, 『우리는 어디로 가고 있는가』, 2013"라는 말이다. 바깥 세상은 급변하고 있는데, 이에 걸맞는 새로운 시스템을 만들어내지 못하는 것이 지금 우리가 가장 두려워해야 할 일이다. 그리고 나는 우리 경제, 아니 우리나라 전체를 아울러 시스템의 개혁 중 가장 중요한 부문이 노동 · 교육 개혁이라고 생각한다. 노동 · 교육이 가장 중요하다고 생각하는 이유는 두 가지다. 첫째, 지난 세기 우리 경제성장의 근원이 바로 '사람' 에 있었기 때문이다. 호주 · 브라질과 같은 원자재 부국의 경우 경제시스템의 핵심이 원자재 관련 정책에 있는 것처럼, 우리나라는 우리가 가진 거의 유일하고 중요한 생산요소가 인력이니 인력 관련 정책이 가장 중요하다. 둘째, 이 두 분야는 거의 모든 국민이 이해관계자이기 때문이다. 경제 전반의 개혁과 혁신은 국민 모두의 합의와 동참을 필요로 한다. 그래서 국민 누구나 관계맺고 있는 노동 · 교육 분야의 개혁이 가장 중요하다고 나는 믿는다. 이런 점에서 노동 · 교육개혁은 개별 현안 위주의 단편적인 정책보다는 포괄적인 주제에 대해 사회 각 계층이 함께 충분한 논의를 통해 사회적 공감대를 만들고 지속적으로 추진하는 것이 무엇보다 필요하다. 모범적인 구조개혁 사례로 꼽히는 독일은 2000년대 초 경제의 구조적 문제가 대두됨에 따라 노동·복지는 물론 경제 활성화를 위한 세제개혁 등을 포괄한 「어젠다 2010」이라는 국가 비전을 2003년 수립해 지금껏 정권변화에도 불구하고 일관된 기조 하에 개혁정책을 추진해오고 있다.

노동 부문의 개혁은 무엇보다 정규직과 비정규직 간 불합리한 차별 등 노동시장의 이중구조를 개선하는 데서 시작되어야 한다. 이를 위해서는 정규직에 대한 과도한 보호를 완화하면서 비정규직에 대한 복지혜택 등을 확대하는 양 방향의 노력이 필요하다. 이를 통해 정규직과 비정규직이란 대립 개념에서 벗어나 다양한 형태의 고용이 활성화되어야 한다. 또한 향후 확대될 수밖에 없는 각종 복지정책도 일하는 사람, 일하려는 사람에게 더 유리하도록 제도가 설계되어야 한다. 이는 청년뿐 아니라 여성 및 중장년 계층의 고용률 제고를 위해서도 반드시 필요하다. 교육개혁은 보다 더 장기적인 시각이 필요하다. 단순한 인력수급의 불일치 문제를 넘어서, 건전한 시민으로 성장하게 도와주는 인성교육, 창의력과 문제해결 능력을 길러주는 교육, 다양한 경험을 토대로 직업세계를 폭넓게 보도록 유도하는 교육이 정말 절실하다KAIST 미래전략대학원, 『대한민국 국가미래전략 2015』, 2014.

신성장동력 발굴

"신흥국뿐 아니라 미국·일본 등에서 재산업화re-industrialization가 화두가 되고 있다. 다양한 IT 기술의 혁신, 생명공학과 신소재산업의 급속한 발전, 그리고 이들 기술이 결합하고 융·복합화하면서 이전에 존재하지 않았던 새로운 산업과 비즈니스 모델을 만들어내고 있다." 최근 한국에서 개최된 한 컨퍼런스에서 영국 파이낸셜 타임즈의 피터 마쉬Peter Marsh 전 편집장이 한 말이다조선Biz, 2014.11.7.. 이는 우리가 범정부적으로 추진하고 있는 창조경제의 의미와 일맥상통한다. 창조경제는 "창의성과 과학기술, 정보통신기술의 융합을 통해 산업과 산업이 융합하고 산업과 문호가 융합해 새로운 부가가치를 창출하여 새로운 성장동력과 일자리를 만들어내는 경제"로 정의된다창조경제타운 Homepage, www.creativekorea.or.kr. 창조경제 정의 어디에도 새로운 성장동력이 어떤 산업인지, 구체적으로 무엇인지 말하고 있지 않다. 앞서 인용한 파이낸셜 타임즈 전 편집장의 인터뷰도 마찬가지다. 지금 우리에게 신성장동력 발굴이 어려운 것은 정부도 민간도 무엇을 해야 하는지 구체적으로 명확히 알지 못하기 때문이다정구현, 『우리는 어디로 가고 있는가』, 2013. 명확한 것은 신성장동력 발굴을 어떻게 해야 한다는 방식뿐인데, 융합과 창의성이 그 해답이다. 과거 우리나라 경제개발 시대를 돌이켜 보면, 정부가 항상 차기 성장산업을 선정·육성해왔다. 1970년대의 중화학공업, 1980년대 후반 이후의 전자·IT 산업 등이 대표적인 예다. 그러나 지금은 다르다. 이른바 글로벌 산업화의 흐름이 변했고, 정부의 역량에도 한계가 있다.

결국 산업구조 혁신과 이를 통한 신성장동력 발굴은 기업과 민간의 몫이다. 정부는 이를 위한 인프라를 구축하는 역할만 담당할 뿐이다. 이를 위해 정부 차원에서는 R&D 투자 확대와 효율화, IT 네트워크 확충 등 물리적 인프라뿐 아니라, 벤처·창업 활성화, 금융지원제도 확충, 산학 연계 강화 등 소프트웨어적 여건에도 힘을 써 창의적인 아이디어가 우리 경제의 새로운 성장 에너지로 연결되도록 해야 할 것이다. 또한 산업 간 융합과 연계가 중요해지고 있는 시점에서 제조업에 비해 생산성과 부가가치가 낮다고 평가되는 서비스업의 육성도 더 이상 지체해서는 안 된다. 이제 서비스업과 제조업의 경계가 없는 시대가 다가오고 있다. 한 연구결과에 따르면, 이미 세계 제조업체들은 수입의 26%와 이윤의 46%를 서비스 비즈니스로부터 벌어들이고 있다정구현, 『우리는 어디로 가고 있는가』, 2013. 의료, 관광, 문화 등 경쟁력 있는 분야를 중심으로 서비스업을 산업으로 인식하고 시장원리가 보다 많이 적용되도록 시스템을 변혁해가는 일 또한 우리 경제의 미래 성장동력 확충을 위해 반드시 필요하다.

대외리스크 관리

1997년 외환위기는 금융기관의 폐쇄, 기업체의 도산, 이에 따른 대규모 실직까지 우리 국민에게 많은 어려움을 안겨다 주었다. 외환위기 극복 이후부터 정부는 우리 경제가 다시는 그와 같은 어려움을 겪지 않도록 지속적인 노력을 경주해왔다. 그 대표적인 분야가 외환보유액의 확충이다. 1997년 말 사실상 고갈상태였던 외환보유액은 2000년 이후 꾸준히 증가하여 2007년 말에는 2,600억 달러에 달하게 되었다. 그럼에도 불구하고 2008년 글로벌 금융위기가 국제금융시장을 강타하자, 우리 경제는 해외자금의 급격한 유출 등으로 원화의 달러화 대비 환율이 1,500원대까지 급등하는 어려움을 겪은 바 있다. 이런 경험을 토대로 정부는 2010년부터 금융위기 당시 해외자금 유출의 대부분을 차지했던 금융기관 단기외채를 축소하기 위한 제도적 장치이른바 '거시건전성 3종 세트'로 일컫는 선물환포지션 · 외환건전성부담금 · 외국인 채권투자 과세제도를 도입했으며, 그 이후 우리 경제의 대외건전성은 꾸준히 개선되는 추세에 있다. 예를 들어, 총외채에서 단기외채가 차지하는 비중의 경우 2008년 47.1%에 이르렀으나 2013년 말에는 27.7%까지 낮아졌으며, 지속적인 외환보유액의 확충으로 외환보유액 대비 단기외채비율도 2008년 말 74.0%에서 2013년 말에는 33.3%로 확연히 개선되었다.

이런 대외건전성 지표 개선에도 불구하고, 2015년 이후 예상되는 미국의 금리인상 개시 등 국제금융시장의 불확실성으로 인해 해외자금 유출 등 대외리스크에 대한 우려가 상존하고 있는 것이 사실이다. 우리의 경제규모가 세계 10위권에 근접할 정도로 성장했지만 여전히 국제금융시장에서는 신흥국의 범주에 포함되어 있고, 경제규모에 버금가는 무역규모로 외환수급이 매우 중요한 반면 대외거래의 대부분이 달러화로 이루어지고 있는 현실을 감안할 때 대외리스크의 관리는 앞으로도 경제정책의 핵심적인 부문을 차지할 수밖에 없다.

이를 위해서는 무엇보다 경제성장, 경상수지, 외채구조 등 기본적인 경제 펀더멘털을 튼튼하게 유지하는 것이 우선적으로 요구된다. 외국인 주식 · 채권 자금의 유출입을 직접적으로 관리할 수 있는 정책적 수단은 국내외를 막론하고 있을 수 없다. 그러나 우리 경제의 펀더멘털이 견조하다면 아무리 국제금융시장이 불안하다 해도 급격한 해외자금의 유출은 최소화될 것이다. 다음으로, 2008년과 같은 해외자금 이탈이 향후에 다시 발생한다 해도 우리 금융시장에 미치는 영향이 최소화되도록 국내외 안전판을 선제적으로 확보해 나가야 한다. 정부가 충분한 수준의 외환보유액을 확보하는 것은 물론이고 민간 금융기관들도 만일의 위기를 대비해 최소한의 외화는 자체적으로 보유할 필요가 있다. 아울러 이런 국내적 안전장치 외에 개별 국가와의 양자 통화스왑, 역내 국가 간 공동의 위기대응 장치 등 글로벌 금융안전망 확충 노력도 지속해 나가야 할 것이다. 마지막으로, 보다 중장기적인 시각에서 달러화 의존도가 높은 무역 · 자본거래 비중도 점차 다변화해 나가야 한다. 이를 위해 최근 개설된 위안화 직거래시장을 발판으로 무역거래 등에 있어 위안화 활용도를 제고하기 위한 정책적 노력을 지속해 나가는 한편, 원화의 국제적 수용성을 확대하기 위한 노력도 점진적으로 검토할 필요가 있다.

우리 사회의 개선 방향과 공직사회의 변화 방향

앞에서 본 것처럼 우리 경제가 지속적으로 성장하려면 어렵고 복잡한 과제들을 해결해 나가야 한다. 그래도 우리에겐 위기극복의 DNA가 있기 때문에 지금의 난제들도 결국에는 잘 해결할 것이라고들 말한다. 반면, 이런 낙관론에 반대하는 견해도 있다. 매킨지 연구소의 한국 담당이었던 리차드 돕스Richard Dobbs는 2013년 격월간 외교 전문지 『포린폴리시*Foreign Policy*』에 기고한 '멈춰버린 기적Stalled Miracle' 이란 글에서, "한국 사람들은 갑자기 닥친 위기를 단결해서 극복하는 능력은 뛰어나지만, 서서히 다가오는 위기에는 불감증이 있다"고 지적한다김대기, 『덫에 걸린 한국경제』, 2013.

대한민국의 공직자 중 한 사람으로서 나는 당연히 낙관론자다. 다만, 이처럼 서서히 다가오는 위기를 극복하기 위해서는 정부뿐 아니라 사회 전체가 인식을 전환할 필요가 있다. 첫째, 모든 과제의 해결에는 많은 시간이 필요하고, 관련 정책들도 상당 기간 동안 일관성 있게 추진되어야 한다. 지금 우리가 마주하고 있는 문제는 단기간에 해결할 수 있는 일시적 문제가 아니라 장기간 누적된 구조적 문제다. 우리 경제도 양적 · 질적으로 과거 경제개발단계와는 비교할 수 없을 정도로 크게 성장했다. 그 시절 우리의 성공방정식은 '빨리빨리'였다. 그러나 이제는 다르다. 과거의 성공방식에 얽매여서는 안 된다. 큰 배는 천천히 움직일 수밖에 없다. 정책이 결과물을 보이려면 조금은 기다려야 한다. 그때까지는 지속적으로 같은 방향으로 가야 한다. 둘째, 사회 전반의 갈등해결 능력이 한층 더 제고되어야 한다. 이제 행정부만의 역량으로 우리 사회 내 수많은 이해관계를 조정하기는 불가능하다. 반면, 우리가 안고 있는 문제는 대다수가 갈등과 대립이 누적된 사항들이다. 지방자치에서부터 중앙정부 정치에 이르기까지 대화와 타협, 양보와 배려를 통해 합의를 도출하는 사회적 시스템을 지금부터라도 차근차근 만들어가야 한다. 셋째, 정부와 민간이 구분되어야 한다. 문제해결에 있어서 정부의 역할과 민간의 역할이 따로 있다. 정부가 불필요하게 민간의 창의와 자유를 제한해서는 안 된다. 이제는 대부분의 분야에서 민간의 경쟁력이 정부를 압도하는 시기다. 그렇다고 해서 민간부문의 척도만으로 공공부문을 평가하는 것도 문제가 될 수 있다. 공직자에게 민간과 구별되는 직업윤리가 있는 것처럼, 공직수행에 있어 평가척도는 민간과 구분될 수밖에 없다.

이와 같은 사회 전반의 의식변화를 토대로 앞으로 공직사회도 행정의 전문성이 제고되는 방향으로 변화해 나갈 것이다. 이런 점에서 마지막으로 덧붙이고 싶은 것은 행정부 내 '지식 축적' 에 대한 아쉬움이다. 전문성은 해당 분야에 대한 축적된 지식에서 나온다. 그러나 지금 우리의 행정은 그렇지 못하다. 첫째, 각종 문서 등 보고서 관리를 보다 체계화해야 한다. IMF 등 국제기구의 경우 과거부터 생산된 모든 보고서들이 데이터베이스화되어 언제든 개인별 PC에서 검색 · 참조할 수 있다. 우리나라 행정부는 행정 전산화로 과거와 같은 캐비넷 속 서류철은 사라졌으나, 보고서 DB의 부재로 자료의 축적 · 검색은 더욱 어려워졌다. 이에 따라 현재 마이크로필름 등으로 보관중인 과거 문서들을 현재 업무수행에 적시에 활용할 수 있는 시스템이 마련되어야 할 것이다. 둘째, 인적자원을 통한 지식의 축적이나 전수도 미흡하다. 최근 들어 중앙부처의 경우 5급 공채로 들어와 50대 중반이 되면 대부분 퇴직하는 것이 일반적이다. 특히 국장급의 경우 본부 내 보직 횟수가 1～2회에 그치고, 이후 1급으로 승진하면 그 자리가 통상 마지막 보직이 되며 보직기간도 1～2년에 불과하다. 사회는 고령화되어가고 이에 따라 각종 회의에서 만나는 민간기업 · 공공기관의 업무관계자는 점차 연령이 높아져 가는데, 공무원의 직급별 평균 연령은 날로 젊어지는 것 같다. 어차피 공무원 정년제도가 있고, 퇴직 후에도 공무원 연금을 통해 일정 부분 정부지출이 불가피하다는 점을 감안하면 장기근무 공무원의 경험과 지식을 적극적으로 활용할 수 있는 방안을 검토해볼 필요가 있다.

나의 공직생활은 …

공직公職. 요즘 참 많은 논란의 대상이 되는 단어다. 20년 넘게 중앙부처 공무원으로 살아온 나와 같은 사람에겐 내 이름이나 고향처럼 친숙한 단어이기도 하지만, 요즘은 그 단어가 어느 때보다 무겁게만 느껴진다. 공직이란 말은 있어도 사직私職 · 민직民職이란 말은 없고, 비슷한 어감을 주는 단어 중 유일하게 기억나는 게 천직天職밖에 없다는 걸 보면, 공직은 예나 지금이나 무언가 구별되는 직업이고 직책이라고 보는 것 같다.

공직이란 이름을 내가 처음 접하게 된 것은 중학생 시절이던 1983년이었다. 1983년 10월 9일 버마지금은 미얀마의 수도 랭군에서 북한이 폭탄테러를 일으켜, 당시 대통령을 수행하여 버마를 순방중이던 공직자 17명이 목숨을 잃는 사건이 발생했다. 경제부총리를 비롯해 외교 · 상공 · 동자부 장관, 그리고 청와대 경제수석까지 당시 대한민국의 경제정책을 이끌던 많은 공직자들이 이 사건으로 순직했고, 사건 이후 많은 국내 언론에서 그분들에 대한 추모 방송 · 기사를 내보냈던 것으로 기억한다. 그 시절 사춘기 중학생에 불과했던 내게 그분들의 순직과 그 이전까지의 헌신은 큰 감동을 주었고, 그 감동이 다시 공직이라는 무언가 구별되는 직업에 대한 막연하고 새로운 동경으로 이어졌던 것 같다. 그리고 그 동경은 대학 진학 때 경제학과를 지망하는 배경이 되었고, 마침내 1993년 제37회 행정고시 재경직 합격까지 이끌었다. 철없던 중학생 시절 공무원이란 꿈을 가지게 된 날로부터 10년 후에 나는 대한민국의 공직자가 되었다.

공직생활 20년, 보람과 변화

공직생활 20년의 기억들

중앙공무원교육원 연수를 거쳐 재무부로 첫 발령을 받고, 이후 재정경제원, 재정경제부, 그리고 지금의 기획재정부에 이르기까지 나는 주로 국내금융정책, 경제정책, 그리고 국제금융정책 분야에서 일해왔다. 올해로 20년이 넘는 시간 동안 여느 중앙부처 공무원처럼 바쁘고 힘들게 살아왔고, 그래서 아내와 가족에겐 늘 미안한 마음이지만, 남들에게 자부할 만큼 내세울 수 있는 일은 기억하지 못한다.

1995년 초임 사무관 시절 예금보험제도 도입을 위한 보조업무를 하면서 이 제도가 언제쯤이나 되면 의미가 있을까 하는 생각을 했었지만, 1997년 외환위기를 맞아 일부 시중은행들에 뱅크런bank-run이 실제로 일어나는 것을 보면서 내 짧았던 생각을 후회했던 기억이 난다. 해군장교 복무를 마치고 복직한 경제정책국 사무관 시절에는 금융위기 이후 침체된 부동산시장 활성화를 위해 많은 대책들을 수립하느라 정말 밤낮없이 일했다. 그러나 그로부터 몇 년 후 부동산가격 급등이 일어났을 때에는 그 시절 수립한 많은 부양책들이 뒤늦게 한꺼번에 효과를 나타낸 것 아닌가 하며 자책한 적도 있었다.

금융위기 시절 투입된 공적자금을 회수하는 업무를 담당했던 2001~2002년에는 정책결정에 있어 책임의 중요성, 아니 책임을 지려는 자세의 중요성을 배웠다. 서울은행, 조흥은행, 우리금융, 대한생명 등 공적자금이 투입된 금융기관들의 지분매각작업을 진행하면서, 모든 정책 결정에는 책임이 따르기에 결정이 어렵다는 것을, 그럼에도 불구하고 누군가는 결정을 해야 한다는 것을, 그래서 책임을 지려는 사람만이 결정을 할 수 있고 그런 사람이 세상을 만들어 나간다는 것을 배웠다.

사무관 시절 내 마지막 보직은 증권시장 관련 업무였다. 과거와 달리 증시부양이나 시장안정 분야에 대한 정부 역할이 축소됨에 따라, 나의 주요 업무는 중장기적인 시장효율화 차원에서 증권시장 관련 기관들을 통폐합하는 일이었다. 증권유관기관, 지자체, 노조, 시민단체 간의 복잡한 갈등구조 속에서 합의점을 찾아가는 기나긴 과정을 거치면서 '갈등조정'이 얼마나 어려운 일인지 정말 뼈저리게 체험했다.

2009년 본부 과장이 되고 나서는 장관실 비서관을 거쳐 지금껏 계속 국제금융 분야에서 일하고 있다. IMF·세계은행World Bank과 같은 국제금융기구에서 우리나라의 입장을 대변하고, 외환시장에서 우리 환율의 안정을 위해 노력하고, 그리고 급변하는 국제금융시장에서 우리 경제의 대외건전성을 지키는 것이 국제금융국의 주된 업무다. 국제금융 업무는 또 다른 의미에서 공직자에게 책임이란 무엇인가를 느끼게 한다. 모두가 외국 사람인 회의장에 우리나라를 대표해 홀로 앉아 있을 때, 모두가 잠든 새벽 2~3시에 미국 뉴욕 외환시장의 동향을 체크하기 위해 깨어 있을 때에는 자연스레 책임감이란 단어를 떠올리게 된다. 이 나라를 위해 누군가는 이 순간 이 일을 하고 있어야 하고, 그 사람이 바로 나 자신이라는 것, 그 무게는 크지만 조금은 자랑스러운 책임감이다.

공무원이 느끼는 보람, 그러나 최근 공직사회 밖에서는 …

이처럼 공직생활에 자랑과 보람이 있는 것은 내가 하는 일이 이 나라를 위한 것이라는 생각 때문이다. 나라 밖에서 나라를 대표하는 일도 나라 안에서 갈등을 조정하고 정책을 만드는 일도 모두가 나라를 위한 일, 공익에 부합되는 것이라고 생각하기에 보람이 있는 것이다. 따라서 내가 하는 일이 나라에 별 도움이 안 된다고 느끼면 공직자는 보람의 원천을 잃게 된다. 요즘 들어 공직자가 느끼는 가장 큰 어려움도 바로 여기에 있다고 생각된다. 즉, 개별 공무원이나 개별 부처단위에서는 나라를 위한 일이라고 생각해온 정책들인데, 공직사회 밖에서는 그 정책들이 나라를 위한 일이 아니라고 보는 경우가 과거보다 많아지고 있다. 특히 새로운 규제를 만들거나 기존 규제를 개혁하는 과정에서 이런 경향이 두드러진다. 아울러 통화 · 환율과 같은 거시경제정책 분야에서도 최근 들어서는 국민 대다수가 찬성하고 지지하는 정책이 드물다. 이와 같은 경향에는 여러 원인이 있을 수 있다. 가장 큰 원인 중 하나는 우리 사회 내 이해관계가 복잡 · 다양해지고 있고, 이에 따라 계층 간 · 집단 간 갈등이 날로 심화되고 있으며, 그리하여 사회구성원 대다수의 이익에 부합하는 정책을 만들어내기가 갈수록 어려워지고 있다는 점이다.

최근 공직자들이 마주한 두 번째 어려움은 소위 '-피아' 라고 불리는 공무원 집단 내부의 조직문화다. '-피아' 문제가 일부 공무원의 비리문제를 지칭한다면, 그간 사회 각 분야에서 건전한 경쟁을 제한하거나, 국민안전 등을 위한 각종 정책이나 규제의 실효성을 저해해온 그런 행태를 옹호할 공무원은 대한민국 어디에도 없을 것이다. 그러나 사회 각 분야의 모든 문제를 '-피아' 문제로 결론지으려는 일부 주장에 대해서는 개인적으로 안타까움을 금할 수 없다. 그것은 어쩌면 내가 생각하는 공직자로서의 자랑과 보람 중 큰 부분이 공직에서 함께 일해온 선배 · 동료들에 있기 때문이다. 20년 전 처음 재무부에 들어와 재정경제부와 지금의 기획재정부에 이르기까지 민간에 비해 상대적으로 낮은 급여에도 불구하고 일과 여가의 경계가 없는 생활을 계속할 수 있었던 것은, 나보다 훨씬 더 훌륭하다고 생각되는 여러 선배 · 동료들이 그런 생활을 늘 해오는 것을 보아왔기 때문이었다. 우리 경제와 국민에 대한 애정과 신뢰, 맡은 분야에 대한 전문지식과 업무추진 능력, 그리고 하고 있는 일에 대한 긍지와 자부심, 지금 내게 이런 덕목들이 조금이라도 있다면 그것은 모두 공무원이 되어 만난 선배와 동료에게서 배운 것이다. 그리고 지금도 사무실에 가면 그런 사람들이 함께 일하고 있기에 힘든 일에도 보람이 있다고 나는 생각한다.

공직자가 가질 수 있는 또 하나의 보람이 있다면 그것은 새로운 정책을 만들고 그 정책이 국민생활에 좋은 변화를 가져올 수 있다는 것이다. '행정' 이란 단어의 사전적인 의미는 법 아래에서 법의 규제를 받으면서 국가 목적 또는 공익을 실현하기 위해 행하는 능동적이고 적극적인 국가 작용을 뜻한다. 입법 · 사법 · 행정이라는 현대 민주주의의 삼권분립 체제 하에서 행정권의 가장 구별되는 특징은 능동적 · 적극적이라는 데 있다. 경제 · 사회 각 분야에서 새롭게 생겨나는 문제점을 발견하여 이를 해결하기 위해, 우리 경제 · 사회 각 분야를 보다 바람직한 모습으로 만들어 가기 위해 새로운 제도를 만들고, 자원을 투입하는 것이 행정부 공무원의 역할이고 또한 보람이다. 그러나 공직생활을 하면 할수록 이와 같은 행정부 공무원의 역할이 날로 줄어들고 있다는 느낌이 든다. 과거에 비해 할 수 있는 일이 줄었고, 그나마 할 수 있는 일도 실제 정책의 수립에서 시행에 이르기까지 겪는 어려움은 커지고 있다.

행정부 공무원의 역할 변화

이와 같은 행정부 공무원의 역할 축소는 무엇보다 입법부 및 시민단체와 같은 이익집단의 역할 강화와 그 궤를 같이한다. 이는 우리 정치구조 선진화에 따른 것이라는 점에서 일견 당연하고 또한 바람직한 일이다. 국회에 제출된 법률안 중 의원 입법의 비중만 보더라도 14대 국회 시절 35.6%에 그쳤던 수치가 18대 국회에서는 87.8%, 현행 19대 국회에서는 93.9%에 달하고 있다한국경제신문, 2014.11.20.. 1990년대까지 행정부가 주요 정책에 있어 사실상 입법권을 행사했던 기억을 돌이켜 보면 놀라운 변화라고 할 수 있다. 정치구조 선진화로 거의 대부분의 분야에서 주요한 정책들은 법률로 수립되고 집행됨을 감안할 때, 이제 행정부의 기능은 정책의 수립보다는 집행에 집중될 수밖에 없고, 이에 따라 행정부 공무원의 역할도 변해야 한다. 행정부 공무원이 입법과정에 참여할 수 있는 방법은 입법부의 구성원인 국회의원과 보좌관에게 현황 설명, 의견 개진 등을 하는 것이며, 이미 그런 경향이 확산되고 있다.

언론 기능의 강화도 행정부 공무원의 역할 변화를 이끄는 주요 원인 중 하나다. 20년 전에 비해 언론 매체수도 정말 많아졌고 각 매체의 특성도 무척 다양해졌다. 2010년 기준으로, 우리나라는 인구 2,300명당 기자가 1명인 데 반해, 미국은 7,300명당 1명, 프랑스는 12,000명당 1명이라고 한다김대기, 『덫에 걸린 한국경제』, 2013. 또한 IT 기술의 발달로 인터넷에 바탕을 둔 언론매체가 많아지면서 특성상 속보 경쟁도 치열해지고 있다. 속보성이 요구되지 않는 언론의 경우에는 독자의 관심을 끌기 위해 기사제목은 물론 내용에서도 한쪽의 주장에 집중하는 선정적 · 편파적 경향이 커지고 있는 게 사실이다. 이에 따라 현재 행정부 공무원들의 업무 중 많은 부분이 언론과의 커뮤니케이션에 할당되고 있다. 민간 기업에서 "상품만 잘 만들면 광고 안 해도 잘 팔린다"란 말이 이미 옛날 얘기가 된 것처럼, 행정부에서도 "정책만 잘 만들면 된다"는 말은 더 이상 통하지 않는다. 정책 내용만큼이나, 가끔은 정책의 내용보다 정책의 홍보가 더 중요한 시대가 되었다. 더욱이 최근 SNS의 발달로 누구나 소식을 만들고 전할 수 있는 시대가 되었다. 긴 설명자료 몇 페이지를 짧은 괴담성 속보 한 줄이 이기는 경우도 있다. 이래저래 행정부 공무원의 일은 많아질 수밖에 없는 것 같다.

행정부 공무원의 역할이 축소될 수밖에 없는 세 번째 원인은 민간부문의 전문성이 비약적으로 제고된 데 있다. 민간 전문성의 제고는 실제 민간부문의 역량이 커진 데다 과거 행정부가 독점했던 많은 정보들이 민간에 개방된 데 따른 것이다. 과거 행정부는 정보의 독점만으로도 민간에 대한 경쟁력 우위를 유지할 수 있었다. 그러나 이제 대다수 정보와 통계는 국민에게 공개된다. 똑같은 데이터를 분석하고 결과물을 산출하는 데서 더 능력을 발휘해야만 민간부문보다 경쟁력이 있다고 평가받을 수 있다. 경제발전의 고도화로 우리 민간부문의 역량은 이제 세계적 수준이다. 이미 우리 경제에는 세계 초일류 상품을 만들어내는 많은 기업들이 존재한다. 금융부문도 마찬가지다. 과거에는 정부가 법률을 통해 새로운 제도를 도입했으나, 지금은 시장이 만든 상품과 제도를 법률에 반영하기도 벅찬 실정이다. 세종시 문제도 마찬가지다. 행정중심도시 건설의 당위성이나 관련 논의의 전개과정을 말하는 것이 아니다. 지금 '누구나 살고 싶은 명품도시'를 표방하며 중앙정부 주도로 건설되고 있는 신도시의 내용에 대해 말하는 것이다. 2012년 12월 처음 과천에서 세종으로 이전해 왔을 때의 혼란, 그리고 여전히 부족한 도시 인프라와 비효율적인 청사구조에 대한 논란 등을 겪으며 세종시에 거주하는 주민이기에 앞서 중앙부처 공직자의 한 사람으로서 가끔 자괴감을 느끼곤 한다. 민간 기업에서 이 도시를 건설했다면 과연 어떤 모습이었을까 하는 생각, 그리고 내가 지금 만들고 있는 정책들도 정책수요자 입장에서 보면 딱 이 정도이지 않을까 하는 생각, 이런 생각들이 민간과 비교한 현재 정부의 역량을 대변하는 것 같아 솔직히 서글프기도 하다. 그러나 이런 민간부문, 시장의 주도는 앞에서 언급한 입법부의 위상 강화처럼 또한 당연한 것이다. 세계 유수의 선진국을 보아도 정부가 민간보다 경쟁력에서 우위에 있는 나라는 흔치 않다. 이제 우리나라도 공무원의 전문성을 민간과의 비교보다는 다른 선진국 공무원과의 비교에서, 즉 행정의 전문성에서 추구해야 할 것이다.

역설적인 것은 이처럼 정부와 공무원이 할 수 있는 분야가 축소되고 있음에도 불구하고, 국민이 정부와 공무원에게 갖는 요구와 기대는 오히려 더 증가하고 있다는 점이다. 국제금융과장의 업무 특성상 파이낸셜 타임즈Financial Times나 월스트리트 저널Wall Street Journal과 같은 외국신문을 매일 보게 된다. 해외 신문에는 정부정책에 관한 뉴스가 그리 많지 않다. 반면, 우리 일간지 특히 경제신문의 경우 매일매일의 주요 뉴스가 그날 정부가 발표한 각종 대책에 관한 내용이다. 행정부의 각 부처가 이처럼 거의 매일매일 돌아가며 대책을 만드는 것은 이처럼 많은 대책을 원하는 국민의 요구가 있기 때문이다. 성장과 물가, 환율과 금리 같은 거시 분야는 물론이고 정규직과 비정규직 문제, 가계대출과 부동산가격, 유아보육과 노후보장, 환경보호와 국토개발 등 다양한 미시 분야에 이르기까지 정부가 무언가를 해결해주기를 바라는 수많은 정책수요가 있다. 그러나 정부가 단기간에 이 모든 문제들을 다 해결할 수는 없을 것이다. 우리가 지금 당면한 문제들은 무엇이 원인이고 결과인지, 어떤 게 먼저이고 나중인지를 잘 알기 어려운 복합적이고 구조적인 것들이다. 이처럼 우리가 안고 있는 문제가 복잡할수록 지금 우리에게 필요한 것은 핵심적인 과제들을 선정하고 이들 과제 간에 우선순위를 부여하여 순차적인 해결방안을 모색하는 이른바 '선택과 집중'의 원칙이 아닐까 생각한다.

미래 정부에 묻다

– 기획재정부 편

기획재정부 기획재정부 미래창조과학부 통일부 문화체육관광부 농림축산식품부
산업통상자원부 보건복지부 고용노동부 국토교통부 공정거래위원회 금융위원회

이형일 기획재정부 종합정책과장

서울대학교 경제학과 졸업

미국 Texas A&M 대학교 경제학 박사

기획재정부 자금시장과장, 경제분석과장

한국 경제, 축소균형 막기 위해 무엇을 해야 하는가?

chapter 2

불거지는 축소균형론, 그럴 만한 근거 있는가?

일본 경제를 살펴볼 때마다 이런저런 의문이 떠오른다. 제조업 경쟁력을 떠받치는 원천은 무엇일까? 상품수지는 적자인데 경상수지는 흑자인 경제구조가 적절한가? 일본 경제가 안 좋은데도 국제금융시장이 불안해지면 엔화가 강세로 가는 이유는 무엇일까? 국가부채가 GDP 대비 200%를 넘어섰는데도 일본 국채가 시장에서 소화되는 이유는 무엇일까? 하지만 그 많은 의문 중에서도 경제부처 공무원으로서 나는 뇌리를 떠나지 않는 의문이 있다. 1990년대 초반에 일본 정부와 중앙은행 관계자는 일본 경제가 장기침체에 빠질 것이라고 미리 알지 못했을까?

알고도 적절한 대응을 하지 않았다면 직무유기로 보아야 한다. 공무원으로서 기본 자세가 우리와 같다면 그랬을 가능성은 없을 것이다. 그러므로 알지 못했다고 결론 내리는 게 합리적일 것이다. 그러면 연이은 의문이 또 나온다. 경제의 장기침체를 예측하는 것이 그렇게 어려운 일인가?

경제 전문가나 정책 당국자라면 몇 가지 경제지표만 유심히 살펴보면 조만간 경제가 어려움에 처할 것 같다는 판단은 쉽게 할 수 있다. 문제는 그것이 경기순환상의 일시적인 침체인지 구조적이고 장기적인 침체의 시작인지를 구분하는 일이 쉽지 않다는 것이다. 일본 정책 당국자도 1990년대 초반에 경제가 어려워지고 있다는 점을 알았으리라……. 다만, 경기순환상의 문제가 아니라는 점을 깨닫기에는 상당한 세월이 흘러야 했고 그때는 이미 늦었던 게 아닐까?

일본에서는 1990년대 초반에 생산가능인구가 감소하고 고령화가 급속하게 진행되면서 노동공급과 생산성이 감소하고 성장잠재력이 저하되기 시작했다. 고령화는 소비여력이 낮은 고령인구의 증가, 청장년층의 부양부담 증가로 인해 가처분소득을 감소시켜 소비에도 부정적인 영향을 주었다. 또한 부동산 버블 붕괴로 기업의 부채감축이 진행되면서 민간투자도 부진했다. 특히 엔화절상 등으로 기업의 해외이전이 촉진되면서 국내 기업투자가 더욱 위축되었다. 더욱이 경기침체 초기에 디플레이션 예측을 못하는 바람에 통화정책, 재정정책, 구조조정정책이 모두 실패하게 되면서 20년간 침체가 지속되었다. 통화정책의 경우 경기침체가 가시화된 후 뒤늦게 금리를 인하했고 인플레이션이 올지 모른다는 불필요한 우려로 금리인하의 속도도 지체되었다. 0%대 디플레이터 상승률과 1%대 소비자물가 상승률에도 당시 일본은행은 인플레이션을 경고하기도 했다고 한다. 재정정책의 경우 확장과 긴축 정책을 반복하다 재정건전성만 악화시켰다. 1993년에서 1995년 사이에 GDP 대비 0.6~0.8%의 재정을 추가로 투입했더라면 초기에 디플레이션을 억제할 수 있었을 것이라고 미 연방준비은행Fed이 분석한 점을 볼 때, 1996년 경기회복 조짐이 나타나자 일본 정부가 소비세를 인상하는 등 긴축 재정정책으로 선회한 점을 볼 때 아쉬움이 남는다. 마지막으로 부실채권 정리가 지연되면서 금융중개 기능이 훼손되었고 외국인투자FDI 유치나 경제자유협정FTA 체결 등으로 새로운 수요를 창출하는 데 소극적으로 대응하는 등 구조개혁 노력도 큰 성과가 없었다.

우리 경제를 바라볼 때도 이런 일본의 사례를 반면교사로 삼아야 한다. 〈그림 1〉은 일본 경제의 장기침체기 3대 거시지표와 우리 경제의 현재 3대 거시지표를 비교한 것이다. 우리 경제는 특정 연도의 모습이라는 차이가 있지만 그림의 유사성은 눈여겨 볼 필요가 있다. 물가상승률과 성장률이 바람직한 수준보다 낮고 경상수지는 과다하게 흑자를 보이고 있다. 경상수지 흑자는 우리 경제가 일본 경제보다 지나치게 크다는 생각도 든다.

〈그림 1〉

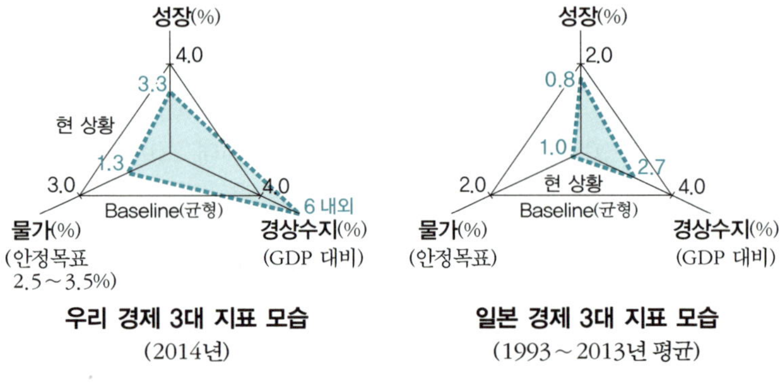

〈그림 2〉(a)는 우리 경제와 일본 경제의 성장률을 비교한 것이다. 일본 경제 성장률을 20년 뒤로 이동시켜서 우리 경제 성장률과 포개어 본 것인데 놀랄 만큼 유사하다. 〈그림 2〉(b)는 우리 경제와 일본 경제의 생산가능인구를 20년 이동시켜 포개어 놓은 것이다. 이

또한 유사하다. 그러면 우리 경제도 일본 경제와 같이 장기침체 또는 축소균형 경제로 갈 가능성이 있는 것일까?

〈그림 2〉

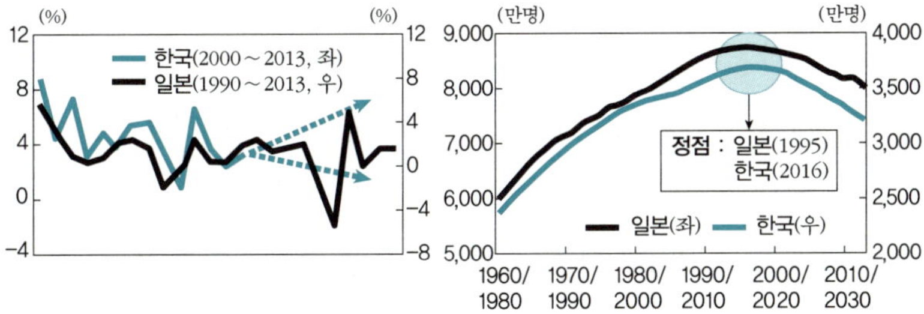

(a) 한국과 일본의 성장률 추이 **(b) 한국과 일본의 생산가능인구 추이**

이론적 배경

경제침체의 부정적 효과가 경제시스템에 고착화되는 현상을 일컬어 이력효과Hysteresis Effect라고 부른다. 이력효과는 물리학에서 파생된 말로서 용수철을 한참 동안 늘려 놓으면 원래의 수축상태로 되돌아가지 못하고 늘어진 상태로 유지되는 것을 말한다. 이런 이력효과는 경제학에서 노동시장에 처음 적용되었다. 불황이 닥쳐와 해고된 실업자가 기술습득의 기회를 상실하고 생산성이 떨어져 더 이상 노동자로서 가치가 없다는 낙인이 생기면 노동시장으로 복귀가 어려워지고 결국 장기 실업자가 되는 현상을 의미한다. 이런 이력효과는 1970년대 유럽의 고실업을 설명한 바 있으며, 2008년 글로벌 금융위기 이후 미국 장기실업자가 증가하면서 재조명을 받고 있다.

최근에는 로렌스 서머스Lawrence Summers 등 일부 학자를 중심으로 일본의 잃어버린 20년을 설명하는 데 이력효과가 사용되는 등 거시경제 현상에도 적용되고 있다. 장기간의 경기침체가 투자위축, 장기실업자 증가, 생산성 하락 등을 통해 잠재성장률 하락을 초래할 수 있다는 게 핵심 요지다. 이를 일본 사례에 적용하면 일본 기업들이 사내유보금 축적으로 투자여력이 확충되었음에도 불구하고 장기침체로 인해 투자 예상수익률 전망이 어두워져 투자행태가 보수화되면서 자본축적이 저해되고 잠재성장률마저 하락하게 되었다는 설명이다.

이와 유사한 설명방식으로 장기침체론secular stagnation이 있다. 경제가 인구고령화 단계에 진입하거나 위기상황에 처해 균형 실질이자율이 매우 낮은 수준으로 하락했음에도 거시정책이 소극적으로 운영되면서 저물가 · 저성장이 지속하는 현상이다. 고령화가 되면 대출보다는 저축을 많이 하는 고령층은 늘고 반대로 저축보다 대출을 많이 하는 청년층이 줄어들면서 경제 전체로 볼 때 저축이 대출수요를 초과하게 된다. 이에 따라 경제의 균형 금리가 하락하게 된다. 그러나 제로금리인 상황에서는 통화정책만으로는 균형금리를 더 이상 내릴 수 없으므로 과감한 재정정책을 통해 총수요 관리를 병행하지 않을 경우 장기침체에 처하게 된다는 이론이다.

이런 이력현상 또는 장기침체 상태가 되거나 징후가 보일 경우 확장적 거시정책, 규제개혁, 노동시장 구조개혁 등을 통해 위기 이전성장경로로 조속히 회복시킬 필요가 있다. 마리오 드라기Mario Draghi ECB 총재는 이력효과를 방지하기 위해 적극적인 총수요관리가 필요하며 너무 적게 대응too little하는 것에 따른 위험성이 너무 많이 대응too much하는 것에 따른 위험성보다 크다고 지적했으며, 폴 크루그먼Paul Krugman 교수는 재정 · 통화정책 등에 과단성을 발휘해야 하며 '소극성의 함정Timidity Trap' 에 빠져서는 안 된다고 언급한 바 있다.

글로벌 금융위기를 극복하기 위해 주요 선진국은 금리인하, 양적완화quantitative easing 등을 추진했으나 경기회복으로 이어지지 못하는 상황이다. 이는 금융부문의 소극적 태도, 기업부문의 부채감축de-leveraging 등으로 자금이 순환되지 않기 때문이다.

2009년 EC에서 실증분석한 자료에 따르면, 경제위기를 경험한 국가들의 위기 이후 성장경로는 크게 완전회복형, 일시적 하락형, 항구적 하락형 세 가지로 구분된다고 한다. 각 유형별 성장추세를 그리면 〈그림 3〉과 같이 구분된다. 일본 경제는 중장기 성장추세가 항구적으로 하락한 세 번째 유형의 대표적인 국가로 평가되었는데 〈그림 4〉의 일본 경제의 성장추세를 보면 고개가 끄덕여진다.

이와 관련해서 IMF 연구보고서•에 따르면, 기업의 투자결정은 경기회복 전망에 따른 예상수익률 상승이 가장 중요한 판단 요소라고 분석되었다. 따라서 투자행태가 보수화되었을 경우 임금 · 배당 · 자산가치 상승 등을 통해 가계 소득을 증대시켜 유효수요를 보완하는 것이 기업투자 회복의 첩경이

• "Balance Sheet Repair and Corporate Investment in Japan," IMF working paper. (2014. 8.)

〈그림 3〉

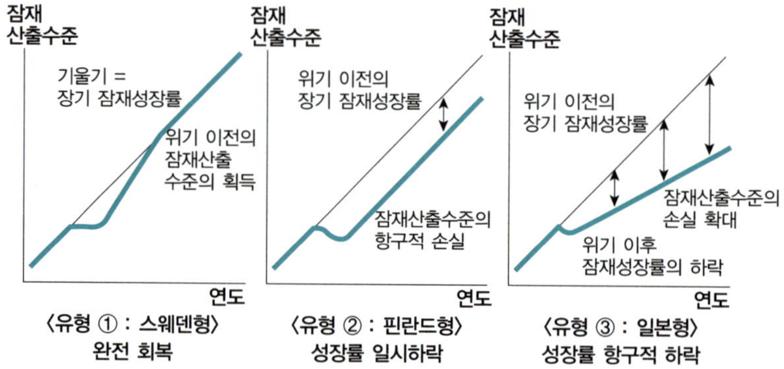

유형별 성장추세(EC)

〈그림 4〉

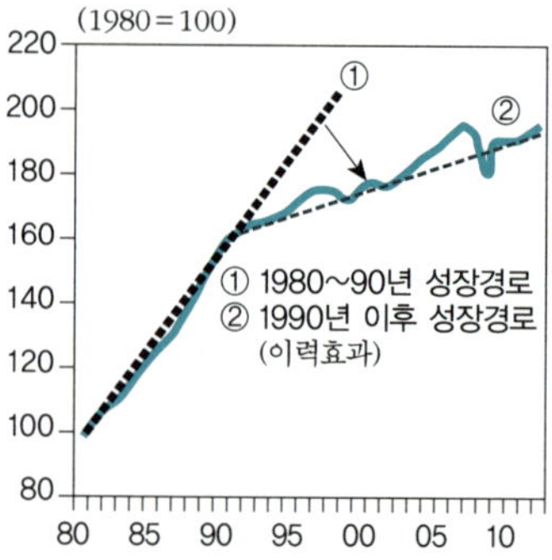

일본 경제 성장추세

다. 다시 말해, 가계와 기업소득 간 선순환 구조를 정착시키는 노력이 중요하다.

2014년 다보스포럼에서 구글의 에릭 슈미트Eric Schmidt 회장은 "중산층이 글로벌 경제의 가장 큰 소비자이며, 한 기업이 이들의 소득을 증가시키면 다른 기업의 수익이 증가한다" 고 말했다. 경제학의 게임이론Game Theory에는 죄수의 딜레마prisoners' dilemma라는 유명한 게임이 있다. 두 명의 죄수를 다른 방에 가두어 놓고 자수나 묵비권을 선택하게 하는 게임인데 결국 죄수 둘 다 가장 나쁜 결과를 초래하는 자수를 선택bad equilibrium하게 된다는 내용이다. 일상생활에서도 쉽게 이런 상황은 관찰된다. 버스 정류장에서 길게 늘어선 줄을 보면 새치기하고 싶은 욕구가 생긴다. 다들 줄을 서 있을 때 혼자만 새치기를 한다면 나에게는 최선의 결과가 올 것이다. 하지만 모두 새치기를 선택하게 되면 버스 정류장은 아수라장이 되어 버스를 제대로 타기도 힘든 최악의 결과가 도출될 것이다. 기업도 마찬가지다. 개별 기업이 근로자 임금을 깎으면 당장 이익이 늘어나겠지만 많은 기업이 임금을 깎으면 전체 근로자의 구매력이 저하되면서 기업의 매출이 줄어들게 될 것이다. 슈미트 회장은 그런 역설에 대한 경각심을 언급한 것이다.

한국 경제의 현주소

이제 우리나라의 현주소를 살펴보자. 우리나라의 실질성장률은 1980년대 8~9%에서 2000년대 4% 수준으로 하락하고 있다. 이는 20년간 1~2%p 하락한 주요 선진국과 비교해보면 상당히 큰 폭이다. 내용면에서도 수출의존도가 증가하고 수출의 성장기여율이 60%에 근접하는 등 내수와 수출 간 불균형이 확대되고 있다.

〈그림 5〉

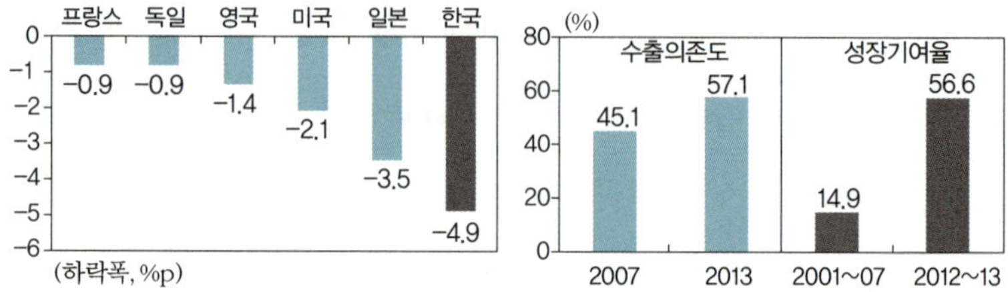

성장률 하락폭 국제비교
(1980년대 → 2000년대)

수출의존도와 수출의 성장기여율

저물가가 지속되면서 경제 외형의 성장이 부진한 것도 심각한 문제다. 저물가 지속으로 기업과 가계의 투자 · 소비를 결정하는 요인인 매출액이나 소득이 늘지 않으면서 우리 경제의 활력이 약해지고 있다. 저물가disinflation는 엄밀히 말해 물가가 하락하는 디플레이션deflation보다는 양호하다. 하지만 체감경기와 밀접한 경상성장률 개선세를 제약하고 디플레이션으로 발전할 가능성이 있다는 점에서 항상 유의해야 한다.

또한 세계화 진전과 자본의 노동대체, 비정규직 양산 등으로 임금상승률이 둔화하고 자영업 위축과 가계부채 누적, 배당성향 약화 등으로 사업 · 이자 · 배당 등 기타 소득도 크게 늘지 못하고 있다. 이에 따라 가계소득이 국민총소득에서 차지하는 비중이 G7 국가 중 이탈리아를 제외하고 가장 빠르게 감소했다. 이런 가계소득 증가세 약화는 기대수명 연장에 따른 노후준비 부담 등이 더해지면서 소비 부진의 원인이 되었다. 〈그림 6〉을 보면 2008년 글로벌 금융위기 이후 소비가 과거의 추세를 전혀 따라가지 못하는 모습을 알 수 있다.

상대적으로 소득비중이 늘어난 기업의 경우 투자행태가 보수화되면서 설비투자가 과거의 추세를 큰 폭으로 하회하는 반면, 총 자산에서 현금성 자산이 차지하는 비중이 2008년 10% 수준에서 2013년 13%에 근접할 정도로 빠르게 증가하고 있다.

〈그림 6〉

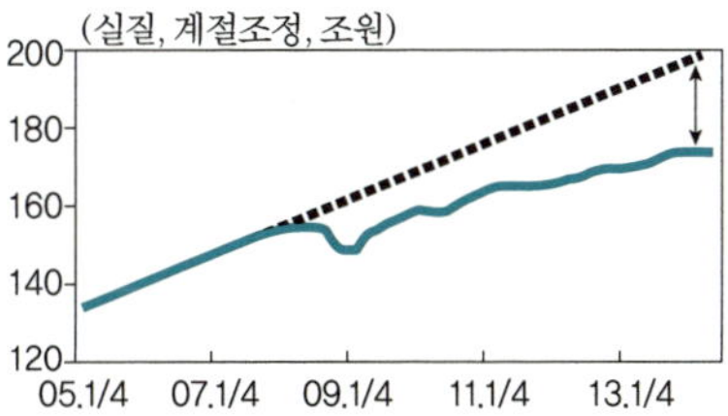

민간소비 추이

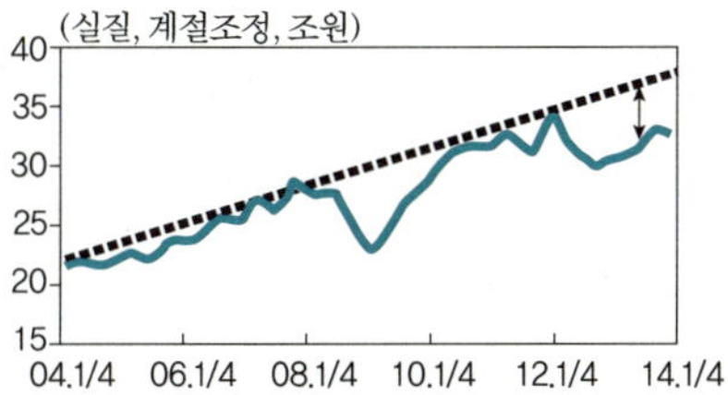

설비투자 추이

향후 우리 경제의 성장경로는 어떤 모습일까? 그리 밝지는 않다. 생산가능인구가 2017년부터 감소하고 생산성 향상이 미흡해지면 잠재성장률이 하락할 수밖에 없다. 생산인구 감소와 함께 찾아오는 고령화 현상은 노동공급시간의 감소까지 유발시켜 총노동공급이 빠르게 줄어들 것으로 예상된다. 또한 제조업에 비해 서비스업 생산성이 낮은 수준을 지속하여 전체 총요소생산성 증가세를 둔화시키고 있다. 만약 서비스업의 성장기여가 1990년대 수준을 지속했다면 2000년대 성장률이 0.6%p 상승했을 것이라는 한국개발연구원KDI의 분석도 존재한다.

우리 경제의 이런 모습을 바꿀 시간이 우리에게 얼마나 남아 있을까? 우선, 2017년부터 생산인구가 감소하면서 우리 경제가 누려왔던 인구 보너스를 잃게 된다. 앞으로 2년 정도 남아 있다는 이야기다. 신흥국과의 기술격차도 시사점을 준다. 우리 경제는 추격형 성장전략을 추진해왔으나 선진국과의 경쟁이 심화되고 신흥국으로부터 추격을 받고 있다. 그간 우리와 중국 간 기술격차 감소 속도를 그대로 적용할 경우 디스플레이는 4년, 반도체는 5년 이내에 기술격차가 사라지게 된다. 이제 짧게는 2년, 길게는 5년 정도를 허송세월로 보낸다면 우리도 일본과 같은 어려운 상황에 처하지 않을까 하는 조심스러운 전망을 해본다.

〈그림 7〉

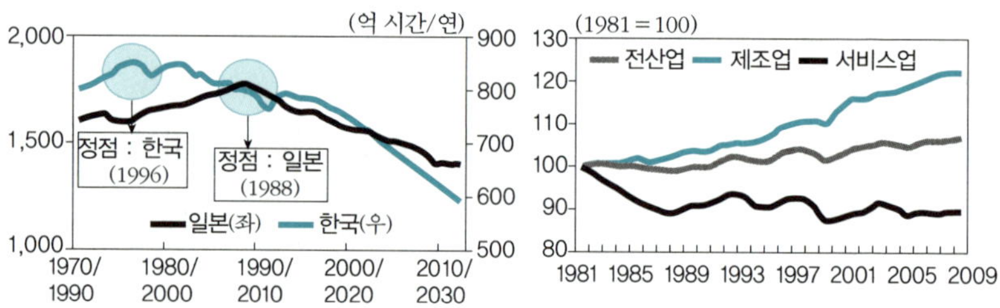

한국과 일본의 총노동공급 **산업부문별 총요소생산성 추이**

어떻게 대응해야 할까?

우리 경제가 축소균형으로 가지 않고 확대균형으로 가기 위해서는 무엇을 해야 할 것인가 답을 내야 할 상황이다. 우선 경기부양만으로는 답이 될 수 없다는 것은 자명한 일이다. 그렇다고 경기부양이 없이 축소균형을 벗어날 수 있다는 뜻은 아니다. 즉, 경기부양은 필요조건이지 충분조건이 아니다. 반드시 따라야 할 대책은 바로 구조개혁을 통한 경제체질의 개선이다. 이에 따라 2기 경제팀은 경제체질 개선과 경제활력 제고를 동시에 추진하게 된다.

구조개혁 통해 경제체질 개선해야

우선 경제체질 개선을 위해서 노동, 교육, 금융, 공공 부문의 개혁을 추진해야 한다. 노동과 교육 부문의 개혁은 생산요소 중 인력의 효율적 배분과 관련된다. 인력이 적재적소에 배치되어야 개인적으로 삶의 보람을 찾게 되고 경제 전체적으로는 성장잠재력이 높아지게 된다.

노동부문에서는 사회로 진출할 인력이 보유 기술이나 능력을 가장 잘 활용할 수 있는 직장에서 일하도록 하는 개혁이 필요하다. 현재 우리 노동시장은 10%의 대기업 · 공기업의 정규직 근로자와 90%의 중소기업 · 비정규직 근로자로 양분되어 있다.• 이들 간에는 근로계약, 임금과 복지 수준 등에서 큰 격차가 존재한다. 우리나라의 노동시장은 개별 해고 시 유연성이 OECD보다 낮은 등 경직된 모습을 보이며 비정규직이 600만 명이나 양산되어 있고 임시직 비중이 OECD 평균보다 2배 수준으로 높다. 이런 이중구조로 인해 기업

• 근로자 유형별 비중(고용노동부) : 대기업 정규직(10%), 대기업 비정규직(2%), 중소기업 정규직(57%), 중소기업 비정규직(31%).

들은 정규직 근로자의 신규채용을 꺼리게 되고, 그 결과 청년들은 질 좋은 일자리를 구하기 어려운 상황에 처하게 된다. 거시경제적으로 보면 일자리는 결국 소득인 만큼 질 좋은 일자리의 부족은 소비 부진의 구조적 원인을 제공하게 된다.

〈그림 8〉

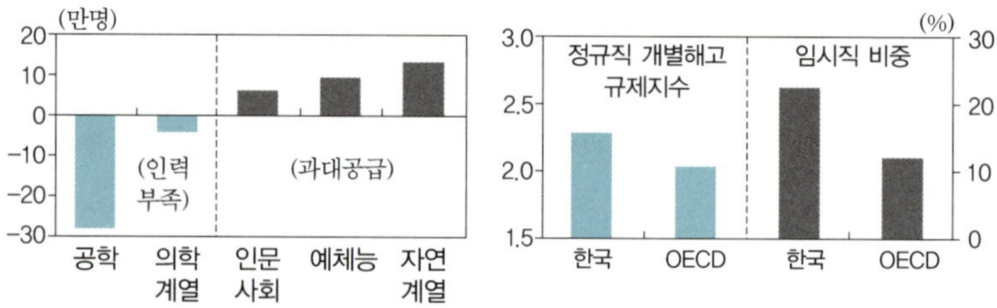

중장기 인력수급전망(2013~2023년)

자료 : 고용노동부, 「중장기 인력수급전망」(2014.12)

노동시장 국제비교(2013년)

자료 : OECD database

노동개혁은 노와 사 측이 기득권을 조금씩 내려놓는 것에서 출발이 가능하다. 다행히 2014년 12월 23일 노사정 간에 노동시장 구조개선에 대한 합의를 이루어냈다. 3개월이라는 시한을 정해 놓았기 때문에 네덜란드의 바세나르 협약과 같이 구속력이 높은 상황이다. 또한 과거 1998년과 2009년과 같은 경제위기가 아닌 상황에서도 합의되었다는 점은 높이 평가할 만하다. 현재 한국경영자총협회와 정부 측 방안이 발표되었고 조만간 노조 측 방안도 공개되면 향후 3개월간 본격적으로 논의가 이루어질 것으로 보인다. 향후 30년 우리 경제를 결정지을 좋은 결론이 사회적 대타협을 통해 결정되었으면 하는 바람이다.

교육부문에서는 숙련된 인력이 사회에 공급되도록 개혁이 이루어져야 한다. 현재는 사회가 원하는 인력이 아니라 교육계에서 배출하고 싶은 인력이 공급되고 있다. 고용노동부의 중장기 인력수급 전망에 따르면, 〈그림 8〉에서 보듯이 2013년부터 2023년까지 10년간 공학과 의학 계열에서는 인력이 부족하지만 인문사회, 예체능, 자연 계열에서는 인력이 과다할 것으로 나타난다. 인력수급의 불일치가 지속되면서 청년들이 대학에서 배운 것과 다른 부문에서 일자리를 찾거나 실직상태에 처하게 되는 것이다. 교육계가 청년들의 미래를 위해 정원조정을 과감히 추진해야 한다. 정부는 정원조정을 통해 산업계 수요에 맞는 인력을 육성하는 대학에 대해 그간의 산학협력 인센티브보다 3～4배 많은 인센티브를 제공하는 등 파격적인 지원을 제공할 계획으로 있다. 이를 통해 선도대학에서 성공사례가 배출되고 이런 분위기가 대학 전반으로 확산되면 인력수급의 불일치가 많이 완화되지 않을까 기대한다.

금융개혁은 실물경제에 자금이 잘 흘러가게 하는 것이 그 최종 목표다. 그간 금융기관 보신주의 혁신 방안 2013년 8월 등을 추진하여 6개월 만에 기술신용평가 TCB• 대출은 약 9조원 규모로 증가했다. 또한 2014년 신설 법인은 통계작성이 시작된 2000년 이후 가장 많은 8만 5천 개를 기록했고, 신규 벤처 투자액도 2014년 중 18.4% 증가했다.

• TCB : 기술신용평가회사(Technology Credit Bureau)의 줄임말. 우수한 기술력을 평가하여 은행에 제공함으로써 은행이 담보 또는 신용보증에 의존하던 대출심사 관행에서 벗어나는 데 도움을 준다.

하지만 여전히 실물경제에서는 부족하다고 평가한다. 우선 한국은행에서 발행하는 화폐가 얼마나 경제 내에 확대 재생산되는지를 나타내는 지표인 통화승수가 2008년 26배에서 2014년 19배로 줄어들었다. 또한 회사채의 순발행규모도 우량등급에서는 늘어나고 있으나 일반등급 이하에서는 순발행이 아예 되지 않고 있는 등 자금시장의 양극화도 심각하다. 이처럼 금융산업의 경쟁력이 저하되면서 부가가치나 고용 측면에서 금융업이 우리 경제에서 차지하는 비중도 하락하는 추세다. 금융업의 부가가치 비중은 2011년 6.4%에서 2014년 5.4%로 1%p나 둔화되었고, 2011년에는 금융업에서 3.8만 개의 일자리가 늘어났으나 2014년에는 2만 개 정도가 오히려 감소했다.

금융개혁은 우선 새로운 금융업태를 육성하고 은행, 증권, 보험 간 업무 칸막이를 완화하여 경쟁을 촉진하고 투자위험을 과감하게 떠안을 수 있는 모험자본이 활성화하는 방향으로 추진되어야 한다. 신금융산업을 육성하기 위해서는 최근 블루오션인 IT와 금융의 융합인 핀테크, 인터넷 전문은행 등에 활로가 열려야 한다. 또한 업무 칸막이를 완화하기 위해서는 증권, 보험사 등에 자금이체 업무, 외국환 업무 등이 확대되어야 한다. 이를 통해 가볍고 날렵한 주체들이 시장에서 활발히 움직임으로써 기존의 금융회사들이 깨어날 수 있도록 해야 한다. 또한 모험자본을 활성화하기 위해서는 사모펀드 자본금 요건을 대폭 완화하고 규제체계를 사전규제에서 사후보고 형태로 전환하는 등 대표주자인 사모펀드에 대한 규제를 획기적으로 개혁해야 한다. 그리고 투자위험이 크거나 회임기간이 긴 투자 프로젝트에 대한 금융지원이 원활할 수 있도록 민자유치를 위한 유인구조를 확충하거나 산업은행 같은 정책금융기관의 과감한 역할을 늘리는 등 정부가 일정 부분 리스크를 분담하는 구조를 마련할 필요가 있다. 이런 과제 외에도 보다 근본적인 개혁방안을 마련하기 위해 가열찬 고민이 필요하다.

마지막으로 공공부문은 그간 공공기관 정상화 1단계를 강도 높게 추진하고 있다. 대표적인 것이 부채비율을 230% 수준에서 200%로 축소하는 것이다. 이를 위해 18개 부채 중점관리기관은 2014년 10월 말 기준으로 총 24.4조원의 부채를 감축했으며, 당초 계획 대비 121%인 4조원을 추가로 감축했다. 환율 등 경제여건 변화에 따른 부채 감축분 중 5조원41개 기관 기준은 2014~2015년 중 투자확대에 활용하여 경제활력의 제고에도 기여할 계획이다. 이외에도 총 302개 공공기관 중 87%에 해당하는 262개 기관이 방만경영 개선을 완료하여, 과도한 복리후생비의 경우 향후 5년간 약 1조원 수준을 감축하는 효과를 거두었다. 이처럼 공공기관 정상화 방안을 차질없이 추진하여 공공기관의 고질적 병폐를 시정하고 재무건전성을 제고했다. 이에 따라 신용도를 높이는 결과를 거두었다. 무디스는 LH한국토지주택공사, 한국도로공사 등 8개 공공기관의 신용등급을 상향 조정했다.

이제는 공공기관의 정상화는 단순히 부채를 줄이고 방만경영을 축소하는 수준을 넘어 새로운 단계로 나아가야 한다. 즉, 공공기관의 기능을 평가하여 핵심업무에 역량을 집중하고 불필요하거나 중복되는 업무는 재조정해야 한다. 2015년에는 SOC, 농림수산 분야 등 국민수요가 높은 분야에 대해 기능 점검을 추진할 계획이다.

〈참고〉 주요국의 구조개혁 사례와 성과

영국, 독일 · 북유럽은 구조개혁을 통해 경제체질을 획기적으로 개선했다. 영국의 경우 대처정부1979~1990년 시기 노동 · 금융 · 공공부문 개혁 등 체질개선 노력으로 상당기간 잠재성장률의 상승세를 유지했다. 독일의 경우 2000년대 노동 · 재정개혁 등으로 잠재성장률 하락속도를 완화하고 글로벌 금융위기 극복에 기여했으며 스웨덴, 핀란드 등 북유럽국은 재정 · 교육부문 구조개혁으로 2008년 남유럽 재정위기에도 건실한 경제체질을 유지할 수 있었다고 평가받는다.

주요국 구조개혁을 부문별로 살펴보면, 생산요소와 관련된 금융 · 노동 · 교육개혁과 재정여력 확보를 위한 공공부문 개혁이 핵심인 것을 알 수 있다. 노동개혁에서는 파견 · 기간제 사용제한 완화, 고용조정 규제개선 등으로 고용률을 획기적으로 제고했다. 예를 들면 독일의 고용률이 2003년에 65% 수준이었으나 2013년에는 73% 수준이다. 금융개혁에서는 은행업과 증권업 간 영역 철폐, M&A를 통한 대형은행 육성 등 금융 자유화로 금융업 경쟁체제를 구축하는 등 영국의 모범사례가 있다. 교육개혁으로는 독일이나 핀란드의 경우 학년제 폐지 등 학제개편, 진학경로 다양화, 전일제 학교 등 교육개혁으로 미래 성장동력을 확충하고자 했다. 공공개혁으로는 연금의 수급연령이나 수급수준을 개편하는 등 대대적 연금개혁을 실시하고, 과도한 복지지출을 감축하는 등 재정건전화를 추진했다.

<그림 9>

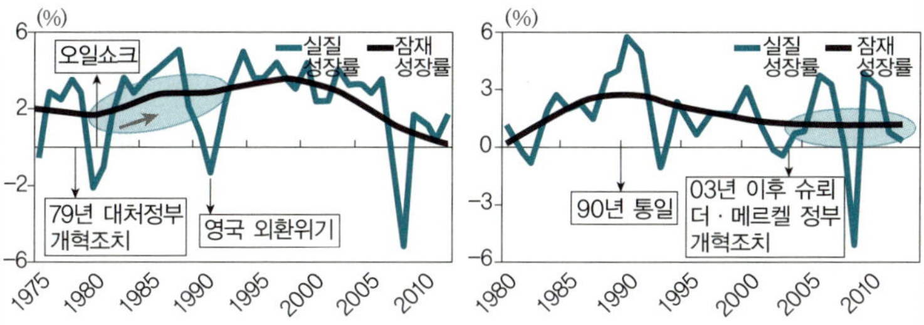

영국 성장률 추이　　　　독일 성장률 추이

가계소득과 기업소득 간 선순환 통해 경제활력 제고해야

가계소득 증대를 위해서는 크게 두 가지 경로two-way track로 노력을 지속할 필요가 있다. 일자리 창출을 통한 가계소득을 확충하는 전통적 방식이 있고, 또 하나는 '소득증대'를 위해 가계소득을 결정하는 요인들을 직접 타겟팅하는 방식이 있다.

전통적인 방식의 접근이 한계가 있더라도 이 방식을 소홀히 할 수는 없다. 정부는 기업 투자여건 개선이나 투자의욕 고취를 통해 경제 역동성을 회복하는 노력을 줄기차게 해야 한다. 이를 위해 규제개혁, 설비투자 가속상각제도 도입, 안전 · 설비투자펀드 지원 등을 추진해오고 있다. 매년 1,000여 건 이내의 규제를 완화했으나 2014년에는 2,000여 건을 완화하여 대대적인 규제개혁을 추진해왔다.• 그리고 대규모 민간투

• 규제개혁의 경제적 효과가 예상대로 나타날 경우 향후 3년간 총부가가치 10.4조원 창출 기대

자 프로젝트를 조기에 추진•하는 한편, 한정된 정부재정을 감안하여 민자유치에서도 창의적인 대안을 강구하고 있다. 예를 들면 그간 최소수입보장MRG이 폐지되면서 위축된 민자사업을 활성화하기 위해 위험분담, 수익공유형BOA 민자유치를 추진할 계획이다. 이는 일정한 수입을 보장하는 것이 아니라 최소비용의 일부를 최소한으로 보장하여 민간에서 예측하기 어려운 수요 부진에 따른 위험을 분담하는 구조다. 반면에 수익이 발생하면 정부와 나누어 갖도록 할 필요가 있다.

또한 민간의 설비투자를 촉진하기 위해서도 특단의 프로그램이 필요하다. 현재 우리 경제는 주력 제조업이 중국 등 신흥국의 추격에 힘겨워하고 있으나 신성장동력을 찾는 데는 어려움을 겪고 있다. 이를 타개하기 위해서는 R&D 투자를 효율적으로 혁신하고 기업의 위험을 과감하게 분담하는 투자 프로그램을 운영하는 것이 필요하다. R&D 투자가 나눠먹기식으로 변질되지 않도록 경쟁원리를 파격적으로 도입하고 성과 산출 시 인센티브를 과감하게 제공함으로써 미래 성장동력 발굴에 기여할 수 있도록 해야 한다. R&D 투자 등을 통해 투자기회가 발굴되었더라도 실제 투자로 연결되기 위해서는 미래의 불확실성을 떠안을 기업가정신과 금융시스템이 필요하다. 정부는 정책금융기관을 통해 기업의 투자리스크를 과감하게 분담하는 기업투자촉진프로그램30조원을 2015년 2월부터 가동하고 있다. 많은 기업들이 이를 적극 활용하여 성공하는 사례들이 나오기를 기대

• 제2서해안 고속도로, 수도권 광역급행철도, 평택호 관광단지 등

한다.

그리고 건설투자 측면에서는 부동산시장 정상화가 긴요하며 임대주택 산업을 유망산업으로 육성하는 것이 바람직하다. 부동산시장을 정상화하기 위해 LTV · DTI 규제•, 재건축부담금, 분양가상한제•• 등 과거 과열기에 투기억제 수단으로 도입된 각종 규제를 합리화해 나가고 있다. 2014년 들어 주택가격이 안정적인 가운데 거래량이 2006년 이후 처음으로 100만 호를 돌파했다. 2006년이 주택가격 급등기인 점을 감안하면 주택시장이 정상화되고 있다고 평가된다. 또한 전세에서 월세로 추세가 전환되는 과정에서 전세가격 상승으로 서민생활의 어려움이 가중되고 있다. 이를 근본적으로 해결하기 위해서는 임대주택의 공급이 획기적으로 늘어야 하는데 공공임대주택만으로는 한계가 있는 만큼 민간에서 임대주택 공급이 자발적으로 공급될 수 있도록 수익모델이 개발되어야 한다.

현장수요 중심의 인력양성체계 구축, 여성 경력단절 해소 등을 통해 청년 · 여성 중심의 고용률 70% 로드맵도 본격 추진하여 공급 측면에서도 일자리 창출이 확산되도록 노력하고 있다.

• 은행에 대해서는 규제비율을 완화하고, 금리 · 리스크가 높은 제2금융권은 강화
–[LTV] **수도권** : 은행 · 보험 50~70%, 비은행권 60~85%
기타 : 은행 · 보험 60~70%, 비은행권 70~85%
⇨ 전 금융권 70%
–[DTI] **서울** : 은행 · 보험 50%, 비은행권 50~55%
경기 · 인천 : 은행 · 보험 60%, 비은행권 60~65%
⇨ 수도권 · 전 금융권 60%

•• 2014년 12월 29일 국회에서 분양가상한제의 탄력적용을 허용하는 주택법, 재건축 초과이익 환수를 3년간 유예하는 재건축초과이익환수법, 재건축 시 조합원이 3주택까지 보유할 수 있도록 하는 도시주거환경정비법 등 부동산 3법이 통과되었다.

이런 전통적 방식 외에도 가계소득 중 근로소득, 배당소득 등을 개별적으로 해결하는 방식도 필요하다.

근로소득 측면에서는 1억 2천만원 이하 근로자의 임금을 과거 3년 평균 상승률보다 높이는 기업에 대해 세제상의 혜택을 주는 근로소득증대세제를 도입했다. 또한 최저임금의 단계적인 상승을 추진한다. 또한 600만 명에 달하는 비정규직의 임금격차를 해소하기 위해 임금, 근로시간, 계약 등에서 유연성을 제고하고 비정규직의 처우를 개선하는 노동개혁을 추진할 것이다. 자영업자 자생력 강화 방안을 통해 소상공인시장진흥기금을 2조원 규모로 신설하여 소상공인의 경쟁력 제고, 재활 및 전직 등을 지원하고, 긴급복지 확대 등 취약계층 보호를 통해 서민생활 안정도 도모할 것이다.

배당소득 측면에서는 배당성향이나 배당수익률이 시장평균보다 높은 기업의 주주에 대해 분리과세 등 세제상 혜택을 부여하기로 했다. 또한 자본시장법 시행령에서 국민연금 등 연기금이 배당과 관련하여 주주권 행사에 제약하고 있는 부분을 개정하여 배당을 요구할 수 있는 권한을 제대로 활용할 수 있도록 했다. 앞으로 최소배당기준과 중점관리기업 리스트 등을 마련하여 배당에 대한 관심을 키운다면 국민연금 등이 국민의 노후소득 보장에 기여하는 부분이 커질 것으로 기대된다.

이와 더불어 기업의 과도한 사내유보이익에 대해서는 추가과세를 통해 기업소득이 임금인상, 배당, 투자에 활용되도록 유도할 계획이다. 예를 들면 전체 기업이익 중 80% 이상을 임금인상이나 배당, 투자에 활용하지 않으면 약 10%의 추가과세기업소득환류세제가 부과된다. 기업소득환류세제상 공제대상이 되는 배당에 자사주소각이 포함되고 투자에는 중소기업에 대해 설비를 설치 · 대여하는 경우도 포함되어 여러 가지 간접적인 효과도 기대된다.

확장적 거시정책 통해 경제활력 제고해야

소비 · 투자 부진의 구조적인 문제를 해결하는 방식과 더불어 정부는 과감한 거시정책을 추진해오고 있다. 우선 46조원의 재정 · 금융 패키지를 통해 경제에 신속히 자금을 투입하는 한편, 2015년 예산을 20조원 증액 편성하고 이를 2015년 상반기 중 58% 조기 집행하여 경제활력을 제고할 계획이다.

금리도 한국은행이 2014년 하반기 이후 0.75%p를 내려 현재 기준금리가 1.75%이며, 이는 2014년 하반기와 2015~2016년에 걸쳐 경제활력 회복에 지속적으로 효과를 발휘할 것이다. 이런 금리정책 외에도 한국은행은 선별적인 통화정책도 확대해 나가고 있다. 과거 총액대출한도제였던 금융중개지원대출을 12조원에서 15조원으로 3조원 확대하여 조기에 집행해 나갈 계획이다. 늘어난 3조원은 기술금융 등에 활용하여 시중은행의 리스크를 줄여 나갈 것이다.

환율은 엔화 약세와 달러화 강세의 영향, 경상수지 흑자 등으로 방향성을 예단하기 어려운 상황이다. 다만, 경제 펀드멘털과 시장수급 등을 감안하여 결정되도록 하되 급변동을 완화하는 노력을 지속할 필요가 있다. 그러나 지나친 엔화 약세가 지속될 경우 일본 기업의 수익성 향상을 기반으로 한 가격경쟁 격화나 기술력 제고가 우려된다. 이를 극복하기 위해 우리 기업도 주력 산업의 재편이나 신성장동력 발굴, 신시장개척 등의 노력에 박차를 가해야 한다.

이런 노력의 와중에도 명심할 것이 있다. 리스크 관리에는 항상 만전을 기해야 한다. 가계부채 리스크, 자본유출입 리스크 등에 유념하여 경제위기가 발생하지 않도록 모니터링을 강화하고 필요한 안전망을 확충하며, 필요하다면 취약한 부분은 미리미리 제거해야 한다.

시간이 많지 않다

지금까지 한국 경제의 축소균형 가능성을 짚어보고 이론적 배경과 이웃나라의 사례도 분석해보았다. 마지막으로 2기 경제팀이 추진하고 있는 대응방안도 소개해보았다.

우리 경제에 시간이 얼마 남지 않았다. 앞으로 얼마 후면 생산가능인구가 줄어들고 중국과의 기술격차가 언제 없어질지 모를 상황이다. 구조개혁과 경제활력이라는 두 마리 사자를 동시에 잡아야만 하는 어려운 시기다.

선배 세대가 현 세대를 위해 땀과 희생을 바쳤듯이 지금 우리나라의 정부, 정치인, 사용자, 노동조합, 교육계 · 금융계 · 공기업 종사자 모두가 앞으로 이 나라에서 계속 살아갈 미래 세대를 위해 조금씩 더 양보하고 대화하여 구조개혁이 반드시 이루어지기를 기대한다.

미래 정부에 묻다

– 미래창조과학부 편

신준호 미래창조과학부 과학기술정책과장

미국 Syracuse대학교 경영대학원 MBA

서울대학교 행정대학원 정책학 석사

미래창조과학부 과학기술전략과장

교육과학기술부 과기인재정책과장

교육과학기술부 원자력기술과장

주중한국대사관 (교육)과학관

국가균형발전위원회 지역혁신과장

과학기술부 기획법무팀장

과학기술혁신,
1인당 국민소득 5만 달러 시대
오는가?

chapter 3

한국이 처한 현실과 당면한 과제는?

우리나라는 지난 50년간 추격형 국가성장 전략을 통해 '한강의 기적'을 일궈내 경제 대국으로 성장했다. 명목 GDP는 1970년 89억 달러에서 2012년 1조 1,296억 달러로 성장하여 세계 15위에 올랐고, WTO 세계무역통계상 2012년 무역량은 총 1조 675억 달러로 세계 8위 수준 수출 5,479억 달러(7위), 수입 5,196억 달러(10위)이 되었다. 이는 자동차 세계 5위, 시장점유율 5.7%, 스마트폰 세계 1위, 35.3%, 조선 세계 1위(계약기준), 32.7%, 반도체(메모리) 세계 1위, 52.2%, 디스플레이(패널) 세계 1위, 52.8% 등의 산업이 세계 시장에서 약진한 덕분이다. 2010년에는 OECD 개발원조위원회 DAC에 가입함으로써, 1961년 OECD 출범 이후 원조 수혜국에서 원조 공여국으로 지위가 바뀐 첫 사례가 되기도 했다. 이런 괄목할 만한 성장의 배경으로 국내외 전문가들은 대체로 기업가정신이 충만한 기업인들, 근면·성실한 국민들, 정책방향을 잘 설정한 유능한 정부, 과학기술 및 인적자원 육성을 위한 꾸준한 투자 등을 꼽고 있다.

이처럼 국가의 경제규모가 확대되고 국격이 향상된 반면, 개개인의 삶의 질은 상대적으로 방치되었고 국민행복 수준은 낮은 것으로 평가되고 있다. OECD 국가 중 국민행복지수가 27위인데 극심한 소득격차에서 오는 상대적 박탈감 등이 원인으로 작용한 것으로 분석된다.

이런 시점에서 우리는 여러 도전에 직면해 있다. 우선, 성장동력 약화와 저성장 구조화다. 경제성장률 추이 및 전망을 보면, 2000년 8.8%, 2005년 4.0%, 2006년 5.2%, 2007년 5.1%로 유지되다가 금융위기를 거치면서 2008년 2.3%, 2009년 0.2%로 하락했고, 2010년에 6.2%로 반짝 회복했으나, 향후 4.3%2011~2020년에서 2.8%2021~2030년로 점차 낮아질 것으로 전망되고 있다. 우리의 주력 산업에서 미국, 일본 등 선진국뿐만 아니라 중국 등 신흥국들과의 경쟁이 가속화되기 때문이다. 즉, 글로벌 금융위기 이후의 세계 경제 불황, 신흥국의 부상 등 외부적 요인에다가, 기술-시장 간 연계가 힘든 경직된 구조, 기술 · 환경 변화와 공진coevolution하지 않는 낡고 불합리한 규제 등 내부적 요인이 겹치면서 그동안의 추격형 성장이 한계에 다다랐다 하겠다. 아울러 고용률 정체 및 양극화 심화로 앞날을 긍정적으로 평가하기보다는 우려하는 목소리가 점차 커지고 있다. 맥킨지 앤드 컴퍼니Mckinsey & Companys (2013년)는 "지금 한국 경제는 뜨거워지는 물 속의 개구리와 같다. 새로운 성장동력을 찾지 못하면 추락하고 말 것"이라고 평가한 바 있다. 새로운 모멘텀이 될 수 있는 신성장동력 창출이 시급한 실정이다.

다음으로, 기존 해법으로는 풀기 어려운 복잡다기한 사회문제들이다. 기후 · 환경변화, 에너지 · 식량 · 물 부족, 저출산 · 고령화, 경제적 불평등, 양극화 문제 등이 그것이다. 출산율은 세계 최저 수준1.29(2012년), 미국 2.12, 프랑스 2.0, 영국 1.96을 보이며, 65세 이상 인구는 536만 명2011년, 11%에서 1,799만 명2050년, 37.4%으로 증가할 것으로 전망된다. 그것도 노후 준비가 취약한 '질 나쁜' 노령화가 급속히 진행되고 있다. 2012년 10대 재벌의 매출액[946조원]은 GDP[1,237조원]의 76%를 차지하고 있고, 소득 상위 1%의 소득 비중은 7.22%[1995년]에서 16.6%[2012년]로 확대된 반면, 중산층 비율은 71.1%[2000년]에서 67.5%[2010년]로 하락하여 사회통합을 위해 반드시 해결되어야 하는 중요한 문제로 대두하고 있다.

끝으로, 대외적으로 특수한 상황이다. 1948년 이래 60년 넘게 한반도는 분단되어 있고 우리는 평화적 통일을 이뤄내야 한다. 평화적 통일은 이 시대 민족에게 주어진 숙제이자 사명이고, 미래 번영을 위해 꼭 필요한 조건이다. 우리에게 이미 1위의 경제·통상국가가 된 중국은 모든 방면에서 급부상하고 있어 외교·안보·통일 문제를 함께 풀어가야 할 존재다. 중국은 온 국민이 지혜를 모아 극복·협력해 나가야 할 기회이자 도전의 대상이다. 보통국가화를 추구 중인 일본은 우리가 통일로 가는 길에서 기본적으로 한-미-일 동맹의 체제를 유지하면서도 반드시 최소한 대등한 경쟁력을 토대로 협력·경쟁해야 하는 경쟁국이다.

이런 현재와 미래의 국내외 다양한 위협과 기회에 어떻게 전략적으로 대응할 것인가? 우리의 생존과 번영은 이에 달려 있다. 낮은 국민행복 수준을 개선하고 성장동력을 확대하며 제반 사회문제에 효과적으로 대응해야 하는 등 시대적 과제가 대두하고 있다. 국가 간 또는 부처 간의 공동 대응 및 민관 협력이 필요하고, 새로운 국정운영 패러다임이 요구된다 하겠다.

나아갈 방향과 걸림돌은?

10년 뒤, 20년 뒤 우리나라는 어떤 나라가 되어야 할 것인가? 먼저 떠올릴 것은 평화통일된 한국이 아닐까 한다. 그와 함께 삶의 질, 환경, 건강, 안전 등의 측면에서 양질의 수준을 달성하고 골고루 잘 사는 부강하고 경쟁력 있는 국가가 되어야 할 것이다.

그렇다면 이런 나라가 되기 위해 극복할 장애요인은 무엇일까? 우선, 여러 갈등이다. 남 · 북한 간 대립과 갈등, 소득 양극화 심화에 따른 계층 간 갈등, 지역 간 갈등, 세대 간 갈등 등. 무엇보다 문제는 정치 리더십의 부족이다. 효율적 자원배분에 신경써서 제반 갈등의 해소에 기여해야 할 정치권은 우리 사회에서 발전이 가장 더딘 분야가 아닐까 한다. 국가안보나 국익 등 어느 한 분야나 이슈에서도 서로 한목소리로 공감하고 깔끔하게 지지하는 모습을 좀처럼 보기가 어렵다. 지켜보는 국민으로서는 깊은 우려를 자아내는 부분이라 하겠다. 필자는 1998년 클린턴 전 미국 대통령 탄핵소추에 대한 상원 투표 전 날, 클린턴 대통령이 단행했던 공습 '사막의 여우' 작전은 미 · 영 연합군이 이라크의 대량살상무기 은닉의혹 및 제조시설에 대한 공습을 감행한 사건에 대해 당시 공화당의 상원 외교위원장이 주요 언론을 통해 대통령의 공격명령이 정당하다고 지지 발언을 하는 것을 본 적이 있다. 우리나라의 여 · 야도 정치문화가 국민의 의식수준만큼 성숙해지면 주요 사안에 대해 한목소리를 내게 될 것이라 기대해본다.

다음으로, 짧은 정책시계政策視界 아래서의 단기성과주의다. 중·장기적 안목에서 국가경쟁력의 체질과 근간을 단계적·체계적으로 다져 나가는 노력이 부족하지 않나 하는 생각이 든다. 특히 정권이 바뀔 때마다 추진해온 정책과 사업을 세심하게 점검·평가해서 피드백하려는 노력보다는 새로운 정책을 내놓는 일에 급급한 모습을 자주 본다. 물론 새로운 정책기조와 방향 정립은 필요하다. 그러나 기존 정책과 사업에 대한 보다 체계적인 분석·평가에도 관심을 기울일 필요가 있다. 임기 내에 새로운 실적을 내려는 의욕만 충만하고 정치적 이해관계에 맞는 정책과 사업만 추진하는 형국이 바람직한 모습은 아니다. 전략과 정책은 시간의 측면에서도 현재와 미래 간에 적절한 안배가 되어야 할 것이다. 미래를 생각하고 대비해야 한다. 현재의 전략과 정책은 미래에 대한 영향을 염두에 두고 추진해야 한다.

과학기술혁신정책, 중요한 이유는?

대한민국의 미래를 위해 정부가 중점적으로 해야 할 일은 무엇일까? 여러 요소가 있겠으나 필자는 특히 과학기술정책을 중심으로 논의해보고자 한다. 앞에서 지적한 미래 투자와 관련하여, 우리 정부는 그동안 세계 어느 나라보다도 적극적으로 미래에 투자해오고 있다고 본다. 바로 과학기술혁신 및 인적자원에 대한 투자다. 과학기술혁신정책은 우리의 미래를 여는 중요한 열쇠 중 하나다. 과학기술과 과학기술에 기반을 둔 혁신역량이야말로 기업, 산업, 지역, 국가의 지속 가능한 경쟁우위를 가져오는 원천이 되기 때문이다. 게다가 세계 경제의 패러다임도 이미 그런 과학기술혁신 역량이 결정적인 역할을 하는 쪽으로 나아가고 있다.

알다시피, 세계 경제가 글로벌화되고 초연결사회로 가면서 시장은 통합되고 경쟁은 가속화되고 있다. 또한 고령화 사회와 글로벌 금융위기 등의 여파로 저성장 기조가 추세로 자리잡는 이른바 '뉴노멀new normal'의 시대에 접어들고 있다. 이에 대해 주요 선진국가들은 단기적으로는 확장적 거시경제정책을, 중장기적으로는 새로운 성장동력 확보 전략과 구조개혁을 단행하고 있다. 우리나라도 경제혁신 3개년 계획과 창조경제 전략을 통해 대응해 나가고 있는데, 기초가 튼튼한 경제, 역동적인 혁신경제, 내수 · 수출 균형경제가 3대 전략이다. 이는 창조적 혁신 역량이 경제발전의 관건이라는 점을 반영한다.

유럽은 '호리즌Horizon 2020 전략'을 통해 새로운 성장과 일자리 창출을 위해 80억 유로를 투입할 계획이다. 영국은 자국의 강점 분야인 서비스업 중심의 창조산업 육성을 추진해 나가고 있다. 독일 또한 자국의 강점 분야인 제조업에서 경쟁력 우위를 확보하기 위해 정보기술information technology과 소프트웨어software를 접목한 제조공정 혁신을 위해 '인더스트리Industry 4.0 전략'을 추진하고 있다. 이스라엘은 벤처 · 창업 후 나스닥 상장 및 M&A 시장을 통해 투자 자금을 회수하여 재투자하는 벤처 생태계 조성 등의 전략을 성공적으로 구사하고 있고, 싱가포르는 혁신 추구 및 R&D 상용화 촉진 등 기술과 혁신을 통한 성장전략을 추구하고 있다. 미국 또한 제조업의 자국 내 복귀를 유도하는 오프쇼링offshoring 정책을 추진하고, '스타트업 아메리카Startup America 정책'을 통해 새로운 아이디어를 테스트하고 새로운 제품을 시장에 출시하고 새로운 비즈니스를 창출할 수 있는 환경을 만들어내는 데 주력하고 있다. 이렇듯 각국은 자국의 혁신역량 구축을 국가경쟁력 강화의 관건으로 보고 제반 노력을 다하고 있다.

과학기술혁신정책이 나아갈 방향은?

지금까지의 현황

그렇다면 우리는 어떤 과학기술혁신 전략을 추구해야 할까? 이를 위해서는 우선 우리의 현 여건을 살펴볼 필요가 있다.

우선, 앞에서 살펴본 바와 같이 우리나라는 어려운 여건 속에서도 정부 연구개발 투자를 지속적으로 확대2014년 17.7조원, 정부 총 지출의 4.9% 수준하고 과학기술을 기반으로 선진국을 빠르게 추격하는 전략을 추진하여 논문 게재 건수나 특허 출원 건수 등에서는 양적인 성과를 거두어왔다. 이런 노력으로 IT, 철강, 자동차, 조선 등 주력 산업의 기틀을 마련하고 유례 없는 압축성장을 달성하는 데 기여R&D 투자의 경제성장 기여도(1971~2004년) 30.6%; 미국 20.8%, 일본 48.8%; KDI/STEPI한 것으로 평가된다.

그러나 부가가치 창출의 핵심요소가 노동·자본에서 지식·정보로, 다시 혁신적 기술과 창의적 아이디어로 이동해감에 따라 그동안의 추격형 전략은 한계를 드러내고 있다. 게다가 그동안 효과를 본 기획·투자방식이나 평가제도 등이 새로운 기술·시장 경쟁 패러다임 하에서는 오히려 경직성rigidity으로 작용함으로써 투자 대비 질적 성과예: 논문의 피인용 횟수, 미국 등록특허 중 S/A 등급 비중가 정체되거나 후퇴하는 문제가 생기고 있다. 정부투자 대비 기술료 징수로 측정되는 연구생산성도 0.1~0.2% 수준2008~2012년에 머무르는 형편이다. 또한 기술무역수지도 2009년 48억 달러 적자에서 2011년 58억 달러 적자로 심화되었다. R&D 투자의 미래 잠재력을 감안할 때, 이런 주요 성과지표는 과연 우리의 R&D 투자가 적정·적절한 것인가 하는 회의감을 일게 한다.

해외에서 내놓은 여러 국제비교 평가결과도 호의적이지 않다. 국제경영개발원IMD은 우리의 산학연 협력을 29위, 기업의 혁신역량을 28위 수준으로, 세계경제포럼WEF은 우리 과학연구기관의 수준을 27위, 과학자 및 기술인력 확보 용이성을 42위 수준으로, OECD는 우리 과학기술의 국제화외부 R&D 자금 유입, 해외 공동연구 등가 미흡하다고 각각 평가하고 있다.

이런 국내외 지표나 평가는 우리의 R&D 투자가 효율적이지 않고, 혁신체제의 운영에 어딘가 문제가 있다는 방증이라 할 수 있다. 제도가 현상을 이끄는 힘을 고려할 때, 새로운 환경변화에 과학기술혁신 관련 제도가 제대로 대응하지 못한다 하겠다.

현재의 문제점

우리 과학기술혁신체제의 문제점은 무엇인가?

정책 패러다임은 기술·경제체제의 발전에 발맞춰 진화해야 효율적으로 작동한다. 그러나 우리나라는 과거의 정책 패러다임과 모델이 기술·경제체제의 변화에 따라 제때 변화하지 못하고 정체해 있는 점이 문제다.

1980년대 이전 민간의 혁신역량이 상대적으로 부족했을 때는 정부의 선도적 역할이 주효했다. 기술적 역량 자체가 부족했을 때는 R&D 투자를 통한 기술적 성과 창출이 중요한 임무일 수 있다. 자체의 기초연구 역량science harvesting이 커져야 외부로부터의 기술흡수 역량도 커질 수 있기 때문이다.

기술·경제체제가 상대적으로 단순하고 기술혁신의 원리에 대한 이해가 부족black box한 상태에서 혁신정책의 틀과 수단이 주로 R&D 과정 중심으로 이루어졌다고 볼 수 있다. 그동안 국가혁신체제National Innovation System 등을 통해 혁신정책은 개념적으로 혁신과정 전반으로 확대되긴 했으나 정책 현장에서는 정책수단들이 연계성 없이 제각기 추진되었다고 볼 수 있다. 여기에다 관료적 성과주의가 맞물려 성공 가능성이 높은 연구만 선별·지원하고, 회계처리 중심의 연구비 관리체제가 강조되었다. 더불어 민간 영역의 흡수 역량이 부족하고 창업·사업화 여건이 어려웠을 때 형성된 연구자기술공급자 중심의 연구행태가 여전히 남아 있다. 아울러 정부 내 집중형 R&D 체제가 수요 부처들로 분산됨에 따라 부처·사업별로 R&D 체제가 단절되어 왔다. 조정 문제가 대두되었으나 효과적인 방안 도출에는 난관을 겪어왔다. 이런 정책 학습과 실험들이 누적되고 확산되기만 할 뿐 종합·정리되지 못하면서, 두 차례의 정부조직을 개편하는 등 부담legacy으로 작용하고 있다.

과거로부터의 반성과 학습은 미래에 대한 대비에 참고가 된다. 그러나 과거의 경험이 미래에는 별로 가치가 없거나 장애로 작용할 수도 있기에 맹목적인 적용은 지양해야 할 것이다. 미래의 기술·경제·사회 환경변화는 예측하기 어려운 방향과 속도로 전개될 것이기 때문이다. 미래 대응 전략과 방향을 어떻게 설정할지 깊은 고민이 필요한 이유다. 향후 10년을 우리가 어떻게 대응하느냐가 미래 발전에 심대한 영향을 미칠 것으로 판단된다. 그렇다면 불확실한 미래에 우리는 어떻게 대응해야 하는가?

앞으로의 방향

힘써 개발 또는 축적한 기술·지식이 빛을 보려면 창업화나 사업화되어 경제적·사회적 가치 창출로 이어져야 한다. 그러려면 R&D의 전방위적 혁신이 있어야 한다. 이를 중심으로 몇 가지 중요하다고 생각하는 과학기술혁신 정책방향, 특히 R&D 정책방향을 살펴보겠다.

그동안의 추진현황과 성과를 돌아보고 창의적·도전적 연구를 장려하고, 연구목표와 관리에 유연성을 불어넣어야 한다. 단절적·폐쇄적으로 추진되어온 부처·사업들 간에 개방·연계·협력을 강화하여 공통의 목표를 지향하도록 조정해 나가야 한다. 양·투입·공급자 중심의 평가체제를 질적 성과, 수요자 중심으로 전환해 나가야 한다. 그리하여 연구성과 기반의 사업과 창업이 활성화되도록 유인하는 일이 필요하다. 즉, 다가올 그리고 당면한 경제적·사회적 수요에 부응할 수 있고 미래 평화통일 한국의 국민행복시대를 이끄는 선도형 R&D 시스템이 절실하다.

이와 같은 R&D 투자의 효율화는 이 시점에서 반드시 해결해야 할 중요한 과제라 하겠다. 복잡하고 불확실한 환경 속에서는 완벽한 계획을 수립한 후 실행하기보다는 불완전한 계획이지만 실행하면서 실험을 통해 배우며 계획을 부단히 수정해 나가는 방식learning by experiment이 오히려 창조적일 수 있다는 점을 염두에 둘 필요가 있다. 즉, 연구현장과 시장에 적용해보고 효과성 높은 제도와 시스템을 차근차근 만드는 일이 중요하다 하겠다. 아울러 R&D 투자가 주요한 경제적·사회적 목표달성에 얼마나 기여하는지 적절한 지표metrics를 통해 측정하고 환류할 수 있어야 한다. 지표는 지표로만 끝날 게 아니라 우리 혁신 시스템의 현황과 문제점을 잘 나타낼 수 있어야 한다. 객관적이고 과학적인 증거가 기반이 되어야 정책의 오차를 조금씩 수정해 나갈 수 있다. 다소 늦더라도 그런 객관적 지표체계를 구축·활용하여 정책수단들이 미세 조정될 때 우리가 바라는 미래도 현실로 한걸음씩 다가올 수 있으리라 생각한다. 그런 일에 힘과 예산을 실어주어야 한다. 그것이 과학기술혁신정책의 출발점이라 본다.

R&D 투자의 효율성 제고 노력이 전제되어야 중·장기 국가경

쟁력 제고의 토대가 되는 R&D 투자의 저량[stock]을 꾸준히 확대해 나갈 논의의 기반이 형성된다. 연구원 1인당 연구개발비[만 달러]는 우리가 15.5[2012년]인 데 비해, 주요 선진국은 미국 34.3[2011년], 일본 30.9[2012년], 독일 29.2[2012년], 영국 16.8[2012년], 프랑스 25.1[2011년] 등이다. 세계 경제 침체 속에서 복지 등 재정 수요의 압박과 제약이 커지는 상황에서도 평화통일 한국의 미래를 위한 선제적 투자는 지속적으로 확대되어야 한다고 생각한다. GDP 대비 비율 같은 유량[flow] 기준으로 전략적 투자의 의미가 퇴색되어서는 안 될 것이다.

이와 함께 중시해야 할 것은 창의적인 인재 양성이다. 결국은 사람이다. R&D도 사람이 한다. 시스템 경쟁력도 우수한 인재가 바탕이 되어야 한다. 꿈과 끼, 도전정신을 갖춘 창의적 인재를 얼마나 양성하느냐에 우리의 미래가 달려 있다 해도 과언은 아니다.

이 점에서 우리나라 공과대학은 변해야 한다. 이론과 실용을 균형 있게 다루고, 실용화와 산업현장에 대한 기여가 대접받을 수 있어야 한다. 초중고에서도 개개인의 적성과 소질에 맞는 체험·탐구형 교육, 질문·토론 중심의 자기주도적 학습 등을 통해 통섭적 문제해결 능력을 갖춘 융합형 인재들을 키워내는 교육혁신이 체계적으로 추진되어야 할 것이다. 아울러 우수 인재의 해외 유출을 막고 선순환[brain circulation]이 일어나도록 국내의 교육·연구 환경의 국제경쟁력을 부단히 제고해야 하고 해외의 우리 및 외국인 우수 인재를 적극적으로 유치·활용할 수 있어야 한다.

미래의 기술·경제·사회 환경에서는 불확실성이 더욱 증대할 것이다. 그럴수록 더욱 중요한 것은 창의적 기초연구 역량이 아닐까 한다. 우리는 정부 R&D 투자 중에서 40% 수준을 2016년까지 기초연구에 투자해 나갈 계획으로 있다. 이를 통해, 과감하고 도전적인 연구과제에 '한 우물 파기' 식 몰입을 할 수 있는 여건을 조성해 나갈 필요가 있다. 또한 개인연구 및 소규모 · 중규모 · 대규모 집단연구 등의 체계를 구축하여 안정적으로 지원해 나갈 필요도 있다.

이와 함께 개발연구, 후속 · 중계연구 등은 사업화 지원을 통해 강화해 나가되 처음부터 사업모델이나 시장수요를 명확히 하여 체계적인 산학연 협력을 추진해 나갈 필요가 있다. 기술창업이나 사업화 및 신산업 창출에 장애요인으로 작용하는 제반 규제는 필요에 따라 강화예: 생명, 안전 등과 관련된 기준설정하거나 완화해 나가야 할 것이다.

우리는 미래 국가경쟁력의 기반이 될 성장동력을 발굴하고 중장기적 안목 하에서 민관 협력을 통해 전략적으로 지원해 나갈 필요가 있다. 문제는 미래 기술 · 시장의 불확실성이 높아지는 가운데 소요되는 투자 규모도 하나의 기업이 부담하기에는 크다는 점이다. 그렇기에 실험과 빠른 피드백을 통해 전략적 목표를 민첩하게 조정해 나갈 필요가 있다. 앞으로는 민간이 주도하여 미래전망과 과학기술 예측을 해 미래 수요를 파악하고, 현재의 기술수준과 경쟁 · 산업 여건 등을 분석해 핵심기술의 확보 및 시장창출 전략을 강구해 나갈 필요가 있다.

이와 함께 잊지 말아야 할 점은 기존 산업에도 축적된 과학기술과 ICT 역량을 접목하는 것이다. 기술혁신이 반드시 첨단기술 기반일 필요는 없다. 이 점을 유의하고 제반 산업 및 사회문제에도 그동안 축적된 과학기술 역량을 적용하는 노력을 강화해 나가야 한다. 개도국, 나아가 향후 통일 한국에서 북한 지역의 경제적 · 사회적 수요에 대응해 나가야 한다. 이들 지역의 경제적 · 사회적 수요를 충족시킬 수 있는 제품 · 서비스는 보다 혁신적인 해법예: 첨단제품의 50%의 성능에 15% 수준의 가격이 필요하다. 이런 해법은 나중에 선진국의 주변지역의 수요에도 적용되고 결국에는 주류시장에서도 경쟁력을 획득할 수 있다reverse innovation. 즉, 첨단기술 개발만이 기술사업화의 관건은 아니라는 점을 염두에 둘 필요가 있다.

이런 맥락에서 기술혁신의 전반적 과정에 대한 이해도를 높일 필요가 있다. 과학기술혁신정책을 보다 넓은 시각으로 봐야 한다는 점을 지적하고자 한다. 넓은 시각으로 적재적소에 정책을 처방하는 지혜가 무엇보다 필요한 때가 아닌가 싶다.

1990년대 초 우리 경제는 노동집약적 산업구조에서 기술집약적 구조로 전환되고 있었다. 민간부문의 기술개발투자가 점차 증대하고 그와 함께 정부 R&D 투자도 차츰 확대되면서 발전전략의 토대를 형성해 나가는 시기였다. 그 당시 나는 과학기술이 성장의 동력이라는 뭔가 모를 신념이 있었다. 어렴풋한 그 신념이 나를 과학기술 공무원으로 이끌지 않았나 싶다. 부존자원이 부족한 나라가 내세울 건 우수한 인적자원이다. 그리고 그런 인적자원이 이룩할 수 있는 게 과학기술이다. 이런 나름의 신념을 갖고 나는 1992년 제35회 행정고등고시를 통해 공직에 발을 내딛었다.

과학기술 분야 공무원의 고충

20년이 넘도록 과학기술 분야 공무원으로 있으면서 어려웠고 지금도 부족함을 느끼는 것이 있다. 바로 전문성이다. 특히 정책형성-집행-평가라는 과정을 기본적으로 이해하고서 과학기술정책을 기획해 나갈 필요가 있다. 급변하는 기술 · 경제 · 사회 환경 속에서 글로벌 경쟁력을 제고해 나가기 위한 대응 전략을 기획하려면 보다 체계적 · 전문적 · 객관적 분석정보가 토대가 되어야 한다. 잦은 보직이동을 경험하는 우리 정부의 공무원들로서는 더더욱 보강이 필요한 점이다. 경험의 가치가 줄어들고 때에 따라서는 과거 경험이 오히려 역효과를 낼 수도 있는 과학기술혁신정책 영역에서는 환경변화에 따라 대응하는 동태적인 학습 역량dynamic learning/unlearning capability이 무엇보다 중요하다. 특히 과학기술혁신정책 분야는 과학기술 발전이 갖는 의미와 특성에 대한 깊은 이해와 함께 기업-산업-지역-국가-글로벌 차원에서의 혁신체제에 대한 체계적인 이해가 동반되어야 할 것이다.

공직자의 중요한 덕목

나는 공직을 시작했을 때나 지금이나 앞으로나 변함없이 중요한 공직자의 덕목으로 꼽는 게 있다. 바로 청지기steward로서의 자세다. 전문성 보강 등의 이유로 공직이 민간에 개방되는 부분이 확대되고 있지만, 내 경험에 비춰본 바로는 이로 인한 효과보다 대리인 비용이 오히려 클 개연성가설이 있지 않은가 한다.

체계적 · 주기적인 교육훈련이 뒷받침된다면 평생직업 공무원의 청지기 정신은 대체하기 어려운 비교우위라 하겠다. 실효성 있는 정책을 수립하여 각 분야에서 그 정책의 목표를 달성하는 데서 존재의 가치를 찾는 게 공직자다. 그런 점에서 청지기 정신은 우리의 미래 정부에서도 중요한 몫을 담당하리라 본다.

정권 바뀔 때마다 조직개편, 꼭 필요한가?

우리는 최근 정권이 바뀔 때마다 정부조직을 개편하는 실험을 해왔다. 국내외 기술 · 시장 등 정책 환경이 변화하면 그에 따라 또는 선제적으로 조직개편을 추진하는 전략을 추진할 필요가 있다. 그러나 조직개편에도 비용이 수반된다는 점, 따라서 조직개편은 기대효과가 기대비용보다 크다고 판단될 때 추진해야 한다는 점을 간과해서는 안 된다. 그런데 문제는 연방정부가 아닌 우리 같은 단일 정부체제에서는 실험 비교군이 없다는 점이다. 과연 조직개편이 최선의 선택이었는가에 대해 확신하기가 어렵다. 그런 점에서 미래에 여파를 미치는 기능을 갖는 조직에 대한 개편은 보다 신중할 필요가 있음을 강조하고 싶다.

조직도 그 역량이 성장하고 학습을 하며, 지능을 갖는 유기체라고 본다. 특히 미래에 대한 투자와 전략을 담당하는 조직들의 역량은 꾸준히 축적되고 확대되어 나갈 필요가 더욱 크다. 한때 핵심역량으로 작용하던 조직이 새로운 기술·경제 환경 하에서 오히려 제약요인 내지 장애요인으로 작동하는 경우, 전혀 새로운 가치체계와 역량을 갖는 조직을 신설하는 것은 바른 선택일 수 있다. 그러나 면밀한 분석과 전략적 판단에 따른 결정이 아니라 정권이 바뀌었으니 하는 정부조직 개편은 다시 생각해볼 문제다. 특히 미래 과학기술혁신전략을 다루는 조직은 보다 중장기적 관점에서 체계적으로 설계되고 안정적으로 운영될 필요가 있다.

미래 정부와 공무원이 갖추어야 할 역량

미래에는 정부–국민 간 관계방식에 있어 지금보다 더욱 큰 변화가 예상된다. 국민의 정책에 대한 참여나 투명성 요구가 증대되고,

정부와 민간의 관계가 보다 더 협력적인 관계로 진화될 것으로 보인다. 지식과 기술의 융·복합 혁명으로 다양한 정책문제 해결이나 국민에게 제공하는 맞춤형 서비스에 있어 정보통신기술 같은 과학기술의 활용이 절대적으로 필요할 것이다.

이에 따라 미래의 공무원은 올바른 공직관과 전문성을 갖추고 국민과의 개방-공유-소통-협력에 있어 보다 적극적인 역할을 수행하여 높은 신뢰를 얻어야 할 것이다. 이와 함께 국가 차원에서도 부처 간, 국가 간 소통과 협력에 부분 최적화가 아니라 체제 전반의 최적화systemic optimization를 추구해야 할 것이다.

미래 정부는 주어진 제약 하에서 국내외 자원을 동원하여 사회적·경제적·문화적 여건들을 향상시켜 경쟁력을 높여 나가야 한다. 미래 공무원의 역량, 정부의 경쟁력, 민간의 역동성이 한데 모인다면 경제부흥, 국민행복, 문화융성, 평화통일의 기반이 조성될 것이라고 본다.

미래 정부에 묻다

-통일부 편

박형일 통일부 정책기획과장

중국인민대학 중국공산당사과 법학 박사

서울대학교 행정대학원 행정학 석사

연세대학교 행정학과 졸업

주중대사관 참사관(통일안보관)

통일부 장관비서관

주중대사관 1등서기관(문화홍보관)

통일부 개성공단사업지원단 개발기획팀장

NSC사무처 · 대통령비서실 행정관

통일부 개성공단사업지원단 서기관

제37회 행정고등고시 합격

통일,
어떻게 준비할 것인가?

chapter 4

한국이 맞이할 현실

향후 우리 사회에 지속적으로 영향을 미칠 메가트렌드를 분석하는 일은 미래학자들의 견해를 듣는 것이 더 나을 것이나, 개인적으로는 남북통일, 중국의 부상에 따른 국제환경의 변화, 인구구조의 변화고령화 심화, 저성장 추세와 맞물린 복지수요 증대 등을 꼽아본다. 다른 사항들은 더 전문적인 식견을 갖춘 분들에게 맡기고 통일부와 관련된 두 가지에 대해서만 짚어보고자 한다.

통일, 어떤 시각으로 봐야 할까?

향후 20～30년 내에 통일이 되든 되지 않든 간에 통일 관련 사안은 우리 사회에 지속적으로 영향을 줄 것으로 본다. 무엇보다 통일은 우리나라에 있어 엄청난 도전인 동시에 기회가 될 수 있다. 우리에게 미칠 영향이 워낙 크고, 그 시기를 예측하기가 어려운 게 사실이다. 그렇다고 해서 준비를 소홀히 할 수 있는 문제는 아니다. 분단의 지속으로 인해 안보, 외교는 물론 경제와 사회 분야에 있어서도 막대한 비용을 치르고 있다는 점을 잊지 말아야 한다. 통일을 실현하지 못한다는 것은 분단이 야기한 문제를 맥없이 지켜보며 많은 분단비용만 계속 부담한다는 의미이기도 하다.

사실, 통일은 우리에게 있어 비용-편익, 유 · 불리에 따라 선택하거나 회피할 수 있는 성질이 아니라 민족의 과제인 동시에 헌법적 의무라고 할 수 있다. 우리나라 최고의 규범인 헌법은 제4조에서 "대한민국은 통일을 지향하며, 자유민주적 기본질서에 입각한 평화적 통일정책을 수립하고 이를 추진한다" 고 규정하고 있고, 대통령에게는 "조국의 평화적 통일을 위한 성실한 의무" 를 부과하고 있기 때문에 평화통일을 추구하는 것은 국가적 과제라고 할 수 있다. 따라서 어떤 비용과 어려움을 감수하고서라도 통일을 이루어야 하는 게 맞다. 통일로 인한 비용을 걱정하는 이가 많다. 하지만 통일은 비용보다는 그 편익이 훨씬 크다. 그리고 통일된 한반도의 국력과 위상은 지금의 대한민국과는 비교할 수 없이 높아질 수 있다.

물론, 통일 초기에는 적지 않은 혼란이 발생하고 통일 비용 부담도 크게 느껴질 수 있지만, 분단 비용은 지속적 · 소모적 비용인 반면, 통일 비용은 일시적 · 투자성 비용이며 언젠가 한 번은 져야 하는 부담이다. 통일 비용에 대한 걱정으로 통일의 기회를 놓치고 마는 잘못을 저질러서는 안 될 것이다. 통일을 이루고 또 남북 간 통합을 이루어가는 과정에서 산업경쟁력 약화, 청년실업 등 우리가 직면한 여러 어려움들을 극복하고 한 단계 도약할 계기를 마련할 수 있다. 통일이 우리가 처한 모든 문제를 일거에 해결하는 도깨비 방망이로 묘사되어서는 안 되겠지만 적어도 새로운 도약을 위한 환경을 만들어 줄 것은 분명하다. 박근혜 대통령께서 '통일은 대박' 이라고 한 표현은 통일에 대한 인식이 약한 젊은 세대들에게 그들의 용어로 통일의 좋은 점을 알리고 우리가 고민할 새로운 화두를 던졌다는 점에서 긍정적으로 평가할 만하다. 우리만 노력한다고 해서 통일이 금방 올 수 있는 건 아니지만, 통일을 미리 준비하고 최대한 앞당기는 것이 장기적으로는 우리에게 제일 유리하다는 점은 분명하다.

또한 통일된 한반도는 남북한 주민 개개인, 통일 한국, 국제사회 모두에 새로운 기회가 될 것이다. 남북한 주민 모두 자유롭고 평화로운 삶을 보장받게 될 것이고, 국가적으로는 경제공동체 형성 및 이에 따른 시너지 효과로 국제경쟁력이 제고되어 저성장의 늪에서 벗어나게 될 것이다. 국제적으로도 분쟁지역인 한반도에 평화를 추구하는 통일국가가 들어섬으로써 자연스럽게 북핵문제가 해결되고 평화가 정착될 것이기에 세계평화에도 기여하게 된다. 그리고 통일된 한반도의 인구규모나 국력을 감안할 때 동북아시아에서 평화와 공동번영에 더욱 적극적인 역할을 할 수 있게 된다.

중국이 부상한다

정확한 시기를 점치기 어려운 통일 문제와 달리, 코앞에 닥친 문제는 중국의 부상에 따른 국제환경의 변화다. 지금까지 우리나라는 경제적으로는 중국과의 협력을 강화하고, 안보적으로는 한 · 미 동맹을 유지한 채 중국과의 외교적 관계를 격상시키는 노력을 해왔다. 그런데 'G2Group of 2' 라는 말이 나올 정도로 중국이 글로벌 강국으로 부상하면서 동북아시아의 환경도 크게 바뀌었다.

중국은 '아시아로의 회귀Pivot to Asia', '재균형Re-Balancing', '한 · 미 · 일 동맹론' 과 같은 미국의 아시아 전략을 자국에 대한 견제 및 봉쇄 의도로 받아들이고 있다. 그리고 이에 대한 대응으로 미국에

'신형 대국관계新型大國關係' 라는 양자 간 협력 구상을 제시하는 동시에 러시아 및 중앙아시아 국가 등과 함께 '상하이협력기구SCO ; Shanghai Cooperation Organization' 와 같은 별도의 지역안보기구를 설립하고 '신아시아 안보관新亞洲安全觀' 이라는 자국 중심의 새로운 안보협력 모델을 내세워서 주변국들을 끌어들이려 하고 있다. 또한 중국의 급부상 이후 중 · 일 관계가 급속히 악화되고 있으며, 이는 단순한 역사문제나 영토문제가 아닌 전략적 대결 양상으로까지 번지고 있다. 중국은 한 · 중 관계의 발전에 따라 여러 외교 문제에 있어 우리나라의 더 높은 역할을 요구하는데, 한국이 미국의 동맹국이자 중국과 '전략적 협력 동반자 관계' 를 맺고 있는 나라로서 미 · 중 관계에 건설적 역할을 해주고 여러 국제 사안에서 중국의 이익을 고려한 결정을 해주기를 기대하고 있다. 더불어 북한 핵문제가 계속 악화되는 가운데 북 · 중 간 특수 관계가 정상적 국가 간의 관계로 바뀌고 있다. 북한은 제재 및 고립 국면에서 탈피하기 위해 중국 일변도에서 벗어나 일본 및 러시아와의 관계 발전을 도모하는 움직임을 보이고 있다.

이런 상황에서 우리나라가 어떠한 자세와 원칙으로 주변국, 특히 중국과의 관계를 관리할 것인가 하는 문제는 우리에게 커다란 숙제로 다가오고 있다. 일부에서는 한 · 중 관계가 '정치는 차갑고 경제는 뜨거운政冷經熱' 현상을 보이다가 박근혜 정부가 들어서서 정치적 관계도 발전하여 '정치와 경제가 모두 뜨거운政熱經熱' 상황이 되자 우리나라가 너무 중국에 밀착하여 한 · 미 동맹을 소홀히 하는 것이 아닌가 하는 문제를 제기하고 있다. 또 다른 한편으로는 우리나라가 미국과 중국 사이에 끼어 어느 한 국가를 선택해야 하는 것이 아닌가 하고 우려하거나, 우리의 대외무역에 있어 대중 의존도가 너무 높아 중국에 휘둘리지 않을까 걱정하는 사람들도 있다.

개인적 견해를 밝히자면, 한 · 미 동맹과 한 · 중 관계 발전은 양자택일의 문제가 아니며, 동시에 추진해야 할 외교정책 방향이라고 본다. 물론 미국과 중국이 심각하게 대립할 경우 우리의 국익에는 매우 부정적인 영향을 미칠 것이기 때문에 동북아에서 강대국 사이의 첨예한 대립이 일어나지 않도록 잘 대처해야 할 것이다. 또한 미국과 중국의 의견이 대립되는 사안에 대해 우리의 입장과 원칙을 세워 일관되게 유지하고 논리적으로 양국에 우리 입장을 설명하고 설득해야 할 것이다. 단기 이익이나 어느 한 나라의 강력한 압력에 따라 의사를 결정하게 된다면 계속 이런 영향력 하에 놓일 수 있다. 그렇기에 세운 원칙을 잘 지켜 상대국에게 예측이 가능한 나라로 자리잡는 게 중요하다고 본다. 즉, 한국은 강한 압박을 가하더라도 특정 사안에 대한 입장을 바꾸지 않는다는 인식을 심어줘야 한다.

특히 중국과의 관계에서는 고구려 역사 문제, 이어도를 둘러싼 해양 관할권 문제, 중국 어선의 불법 조업 문제 등 양국 간 국민 감정이나 여론을 급격히 악화시킬 수 있는 민감한 사안들이 있어서 먼저 이런 요소를 잘 관리하여 우리의 국익 손상을 예방해야 할 것이다.

한국의 가장 큰 위협은 뭐니뭐니 해도 북한

우리가 대처하기 힘든 위협 요인 중에서도 북한의 위협은 큰 자리를 차지한다. 북한의 위협은 어제 오늘 일이 아니지만, 3대 세습 이후 북한은 더더욱 예측이 어려워지고 있고 호전적인 언사를 서슴지 않으면서 핵과 미사일 개발을 지속하고 있다. 그 점에서 볼 때 문제는 더욱 심각해지고 있다 할 것이다. 또한 북한은 한반도에 긴장이 조성되면 한국이 국제신인도 하락을 우려한다는 점을 잘 알고는 이를 압박 수단으로 빈번하게 사용하고 있다.

물론 우리 정부와 국민은 경험을 통해 이런 북한의 위협에 대처하는 방법을 체득했다고 생각한다. 북한의 위협에는 두려워 말고 의연하게 대처해야 한다. 남측을 위협하는 전술이 여전히 효과가 있다는 생각을 하면 북한은 위협의 강도를 더욱더 높일 것이다. 북한에게 이런 오판의 여지를 주지 말아야 한다. 현 정부의 대북정책인 '한반도 신뢰 프로세스'가 '튼튼한 안보'를 기반으로 추진하는 점 역시 북한의 위협에 대한 우리의 분명한 입장을 보여주는 것이다.

그런 가운데 남북관계의 개선을 위해 지속적인 노력을 기울여야 한다. 남북관계의 가장 근본적인 문제는 '신뢰'의 부재다. 그러므로 당장 북한의 호응을 이끌어내지 못하더라도 우리의 선의와 남북관계 개선 의지를 계속 표출하는 노력은 지속하는 것이 바람직하다고 본다. 남북관계에 있어 우리의 원칙을 훼손하지 않는 범위 내에서 유연성을 발휘하는 것은 주저할 필요가 없다는 뜻이다. 북한의 표면적이고 일시적인 유화책을 영속적인 정책변화로 오판하는 일은 없어야 하지만, 그런 북한의 작은 변화도 리스크 관리와 '신뢰' 증진에 활용할 수 있다면 적극 활용하는 것이 좋을 것이다.

지금까지 통일 준비는 어땠고, 앞으로는 어때야 할까?

지금까지의 통일 준비는?

통일부에서의 20년 넘는 경험에 비추어볼 때, 그간 정부 차원의 통일 준비 업무에 일정한 한계가 있었다고 평가할 수밖에 없다. 남북대화와 교류협력을 통한 남북관계의 안정적 관리 및 발전에 중점을 두다 보니 통일 준비에는 상대적으로 소홀했고 뒤로 미뤄왔던 것이 사실이다. 또한 정치적 · 경제적 차원의 거대 담론 차원에서 접근하다 보니 일반 국민들이 실감하기 어려운 방향으로 추진된 것 같다. 무엇보다도 '취업'과 같이 현실적인 문제에 직면해 있는 젊은 세대의 통일 무관심 사조 확산에 적절히 대응하지 못했다. 또한 정부 주도의 접근방식을 취함에 따라 통일 준비를 국가적 의제로 부각시키지 못한 것도 반성할 점이라고 생각한다.

그렇다고 해서 그간 정부의 통일 준비 노력이 없었다거나 부실했다는 것은 아니다. 역대 모든 정부는 나름대로 통일과 관련하여 여러 대책을 마련하고 발전시켜왔다. 그리고 통일과 관련한 정부의 입장은 정권의 교체와 무관하게 일관성을 유지해왔다. 통일의 바뀌지 않는 기본 정신은 헌법이 추구하고 있는 가치인 "자유민주적 기본질서에 입각한", "평화적 통일"이라 할 것이다. 또한 우리의 통일방안도 1989년 '한민족공동체 통일방안'이라는 이름으로 전국적 공론화와 여야 합의 등을 거쳐 발표되어 1994년에 '민족공동체 통일방안'으로 보완된 이후, 여러 정권을 거치면서도 바뀌지 않고 계속 유지되고 있다.

현 정부가 4대 국정기조 중 하나로 '평화통일 기반구축'을 선정하고, 2014년 새로운 민관 협력 거버넌스라고 할 수 있는 '통일준비위원회'를 구성하여 본격적인 활동에 나선 것도 통일 준비를 보다 본격적으로 추진하기 위한 것이다. 남북관계가 정체됨에 따라 어쩔 수 없이 우리 독자적으로 추진할 수 있는 통일 준비를 내세우는 것이라는 시각도 있지만, 언젠가는 해야 할 일이라는 점에서 현 정부의 이런 행보를 폄하할 일은 아니라고 생각한다.

앞으로의 통일 준비는?

미래의 통일 상황을 생각해볼 때, 점진적이고 단계적인 통일이 이루어진다면 통일 준비에 대한 부담도 적어질 수 있을 것 같다. 지금까지 학계의 연구 결과에 따르면 급작스러운 통일은 단기간에 많은 비용을 요하게 된다. 하지만 점진적인 통일을 이룬다면 비용이 전체적으로 줄어들 뿐 아니라 분산 효과도 나타나게 된다. 또한 점진적인 평화통일이 이루어질 경우 통일로 나아가는 단계별 상황을 반영해서 적절하고 현실성 있는 대책을 마련할 수 있으므로 혼란도 최소화할 수 있다. 따라서 중점적으로 준비해야 할 것은 통일 초기 단계이다. 초기 단계를 큰 혼란 없이 넘어갈 수 있다면 그 이후에는 재원 마련이나 제도 통합 등 제반 분야에서 대처가 크게 어렵지는 않을 것이다.

통일 준비는 세 가지 차원에서 추진해야 한다고 보는데, 남북관계 발전, 국제사회와의 협력, 우리 내부적 준비가 바로 그것이다. 우선, 남북관계에서는 '한반도 신뢰 프로세스'를 본격 추진하여 표면적인 남북관계의 개선이 아닌 '신뢰 구축'이라는 구조적 변화를 이끌어내고 신뢰를 바탕으로 남북관계의 지속적인 발전을 이루어내야 한다. 다음으로, 통일에 대한 원칙적 지지를 호소하는 그간의 단순한 통일외교에서 탈피해서 국제사회가 통일과정에 적극 참여하고 그 혜택을 공유할 수 있는 방향으로 노력해야 할 것이다. 한반도 통일은 일부 국가의 이익과 여타 국가의 손해라는 '제로섬zero-sum' 관계가 아니라, 한반도 통일이 가져올 새로운 파이를 공유할 기회가 된다는 점을 납득시켜야 한다. 마지막으로, 우리 내부적으로도 젊은 세대의 통일에 대한 무관심과 남남 갈등을 극복하고 통일 친화적인 사회로 발전해 나가야 한다. 다문화가정이나 북한이탈주민들이 우리 사회에 성공적으로 정착하는 것이 좋은 준비가 될 수 있다.

무엇을 준비할 것인가 좀 더 구체적으로 들여다 보자. 우선적으로, 국민 통일의식 제고 및 공감대 확산이 긴요하다고 생각한다. 통일 준비의 첫걸음은 우리 국민이 통일에 대해 관심을 갖는 것이며, 이런 관심을 바탕으로 통일을 준비해 나간다면 그 자체로 통일을 앞당기는 요소로 작용할 수 있다.

다음으로, 통일을 위한 물적 토대를 마련할 필요가 있다. 우리의 경제가 발전하는 것 자체가 통일 준비가 될 수 있다. 또한 단순히 세금을 통해 통일 비용을 마련하는 것뿐만이 아니라 국제개발기구나 민간투자 등 다양한 재원조달 방안도 추진해야 한다고 본다. 이렇게 함으로써 통일 비용에 대한 과도한 우려를 줄일 수 있다. 그리고 북한의 개혁개방을 유도하고 남북 경제협력 강화 등을 통해 남북 간의 경제적 격차를 줄여 나가는 것도 통일 비용을 줄이는 효과가 있다.

끝으로, 통일과정에 따르는 제반 문제들을 미리 연구해서 방안을 마련해둘 필요가 있다. 통일이 이루어지는 시기에 급하게 문제를 검토해서는 올바른 해결방안을 찾기가 힘들다. 이런 연구 및 기초조사는 통일준비위원회의 여러 활동을 통해 한 단계 더 높은 수준으로 올라설 수 있을 것으로 기대한다.

나의 공직생활은 …

학부 전공이 공직에 많이 진출하는 행정학이이서 대학 시절에 자연스럽게 공무원이 되면 어떨까 하는 생각을 했다. 생각만 했을 뿐 일찍부터 본격적인 준비를 하고자 마음이 동한 건 아니었다. 단순히 돈을 벌기 위한 직업을 갖기보다는, 국가와 사회에 공헌할 수 있고 보람을 얻을 수도 있는 분야에 진출하고 싶다는 막연한 희망만 품고 있었다. 이런 바람은 나중에 공무원 연수를 받은 후 부처를 선택할 때에도 영향을 미쳤던 것 같다. 그러다가 진로를 구체적으로 고민해야 하는 시기가 되니 내가 무엇을 하고 싶은가보다는 내가 무엇을 할 수 있는가, 할 수 있는 능력이 되는가가 중요하다는 점이 절실하게 다가왔다. 그때부터 공직 시험을 준비하고자 하는 마음이 크게 일어났다.

공직 시험 준비를 시작한 계기는 병역의무를 마친 후 복학하기 전에 도서관에서 우연히 고시잡지에 실린 대학 동기의 합격 수기를 본 것이었다. 대학 동기 여러 명이 합격하는 것을 보면서 나도 열심히 하면 될 수 있겠다는 자신감(?)이 생겼던 것 같다. 나보다 2~3년 먼저 공무원이 된 친구들이 좋은 본보기가 되었다고 할 수 있다. 이렇게 나는 공직의 길에 들어서게 되었다.

공무원이라는 직업은 어떤가?

어떤 직업이든 장점과 단점이 공존하기 마련이다. 공무원이라는 직업도 그렇다. 공무원 직업의 장점은 무엇일까? 다른 직업을 경험해보지 못해서 공무원 직업의 장점을 다른 직업과 비교해가면서 구체적으로 말하기는 어렵지만, 개인적인 경험을 근거로 몇 가지 열거해보면 이렇다.

첫째, 장기적인 인생 계획이 가능하다. 다른 말로는 고용안정이 보장된다는 것이다. 본인이 이직을 원하거나 징계를 받지 않는 이상 장기간 근무가 가능하기 때문에 자신의 미래를 어느 정도 예측하고 그에 따른 계획을 세울 수 있다.

둘째, 본인의 노력 여하에 따라 자기계발의 기회를 가질 수 있다. 각 부처 교육 · 연수 기관에서도 다양한 교육 · 훈련 프로그램을 운영하고 있고, 많은 인원은 아니지만 어학 시험을 통해 해외연수 기회도 제공하고 있다. 나 역시 통일부에 입부한 이후 향후 남북관계 및 통일문제에 있어 중국의 역할이 커질 것이고 중국의 사례를 통해 북한을 더 깊게 이해할 수 있겠다는 생각이 들어 중국어를 공부하기 시작했고, 유학시험에 합격해서 중국 유학을 가 박사학위를 받을 수 있었다. 또한 이것이 기초가 되어 나중에 주중대사관에서 통일부 주재관으로 근무하는 기회를 얻었다.

셋째, 본인의 적성과 마음가짐에 따라 업무에서 만족감과 보람을 얻을 수 있다. 물론 이는 일반적으로 말할 수 있는 사항은 아니다. 똑같은 업무라도 어떤 사람은 만족하지만, 다른 사람은 힘들어할 수 있다. 다만, 다른 직업에 비해 공공적 성격이 강하므로 그럴 수 있는 개연성이 높다는 것이며, 업무에서 만족감과 보람을 찾는 것이 공직자로서의 생활을 건강하게 지속하는 데 중요하게 작용할 수 있다는 것이다.

그렇지만 공무원 나름의 애로사항도 많고, 당초의 기대에 미치지 못하는 것도 많을 것이다. 공무원이 안정적이고 오래 근무할 수 있어 좋은 직업이라는 평가도 많지만 금융권이나 대기업에 취업한 친구들과 비교하면 급여 수준이 꽤 차이 난다. 특히 공직 입문 초기에는 가족부양이나 자녀양육에 있어 매우 빠듯할 수밖에 없다.

또한 공무원이 되기 전에는 사무관으로 일하게 되면 크고 중요한 일을 할 것으로 기대하지만, 사실 중앙부처에서 초임 사무관의 재량이나 실권은 거의 없다고 해도 과언이 아니다. 이는 어떻게 보면 지극히 당연한 일이다. 실무 경험과 지식을 갖춤에 따라 더 중요한 일을 맡게 되는 것이다. 실무자가 보고서의 초안을 작성하고 기안자가 되긴 하지만 일의 성격에 따라 과장, 실·국장, 차관, 장관의 순으로 검토를 받고 관계부처와도 의견조율을 해야 하기 때문에 실무자 개인이 미치는 영향은 그리 크다고 할 수 없다. 따라서 공직자가 된다고 해서 곧바로 중요한 업무를 좌지우지할 수 있는 위치에 간다는 것은 아니기 때문에 겸손한 마음과 낮은 자세로 일을 배워 나간다는 마음가짐이 바람직하다.

기억에 남는 일화, 그리고 그로부터 깨달은 점

통일부에서 여러 분야의 일을 해보았지만, 개인적으로 제일 기억에 남고 보람을 느꼈던 일은 개성공단 사업 초기에 실무를 맡아보았던 것이다. 남북회담을 통해 북측과 원칙적인 합의는 물론 제도적 보장 장치를 만드는 일을 했었는데, 특히 개성공단을 한창 준비하던 2002년 12월을 떠올리면 되살아오는 기억이 하나 있다. 제1차 개성공단 실무접촉 이틀째 회의가 열리던 금강산 여관은 무척 추웠다. 개보수 준비로 모든 집기를 복도에 내놓고 손님도 받지 않는 빈 건물에서 난방도 되지 않고 툭하면 정전이 되는 상황이었지만 남북 대표단들은 밤새 협상을 계속했다. 쉽게 좁혀지지 않는 입장 차이가 있었지만 개성공단 출범을 위해서는 이 문제를 해결해야만 한다는 공통의 인식을 바탕으로 하룻밤 사이에 적지 않은 분량의 통신, 통관, 검역 분야의 합의서를 만들어낼 수 있었다. 남북관계가 비교적 좋고 협조적이었을 때 이야기이긴 하지만, 그날 밤 밤새 온기라고는 남아 있지 않은 방에서 촛불을 밝혀놓고 합의서 조항을 협의하던 열기를 서로 잊지 않는다면 적어도 실무 차원에서 토론을 통해 해결할 문제들은 풀어 나갈 수 있을 것 같다.

2003년 초에는 한국전쟁 정전 이후 최초로 경의선이 지나갔던 지점에 임시도로를 개설해서 버스를 타고 개성공단 부지를 방문했던 일이 기억에 남는다. 당시 논과 포도밭이 있던 자리는 몇 년 후 현대식 공장이 들어서고 5만 명이 넘는 북한 근로자와 수백 명의 우리 측 인원들이 함께 일하는 남북협력의 터전이 되었다. 남북경협에 있어서 최초의 윈윈win-win 모델이 되고, 정치권과 우리 국민은 물론 국제 사회가 모두 함께 지지하는 성공적인 모델로 발전함에 있어 일조를 했다는 점에서 이 사업에 참여한 모든 사람들과 마찬가지로 보람을 느낀다.

물론 개성공단 사업이 본궤도에 올라서기까지는 적지 않은 난관이 있었다. 실무적으로 제일 어려웠던 사안은 개성공단에 체류하는 우리 측 인원의 안전을 보장하는 문제였다. 개성공단을 가동하기 위해 필요했던 최소한의 제도적 보장 장치 중 다른 분야는 비교적 쉽게 합의가 되었는데, 우리 측 인원의 안전보장 문제가 난관에 부딪혔다. 북측은 법질서 위반자에 대한 처벌은 자신들의 고유한 권한이라는 입장이었고, 남측은 우리 인원이 북측에 의해 형벌로 처벌받는 상황을 받아들이기 어려웠다. 양측의 입장이 첨예하게 대립되면서 합의는 계속 늦춰졌다. 개성공단 가동이 시급하다는 현실적 필요성과 우리 측 인원의 신변안전을 최대한 보호해야 한다는 원칙 사이에서 관계부처 간 이견을 조정하는 일도 쉽지 않았다. 하지만 개성공단 가동이라는 대의에 입각하여 담당자들이 아이디어를 도출한 끝에 결국 북측과 협상의 여지가 있는 우리 측 안을 만들어냈고, 이를 바탕으로 북측과 적극적으로 협상하여 '개성공업지구와 금강산관광지구의 출입 및 체류에 관한 합의서' 를 체결할 수 있었다. 비록 이 합의서가 잠정적인 성격을 갖고 있어 후속 합의가 필요하고, 우리 측 인원의 신변안전 보장에 있어 다소 개선의 여지가 있는 것도 사실이지만, 개성공단 가동을 가로막고 있던 마지막 장애물을 제거하고 현재까지 개성공단 사업의 연속성을 보장할 수 있었던 중요한 합의서를 적기에 체결할 수 있었던 것은 정말 다행스런 일이었다.

개성공단과 관련해서 예측과 초기 대처가 부족했던 점도 있었다. 개성공단 추진 초기에 인력 공급 문제에 대해서는 중국과 동남아의 비슷한 규모의 공단에 고용된 노동자 수를 근거로 예측치를 산정했고, 2단계 개발 시까지 개성시 및 인근 지역 주민으로 인력 공급이 가능할 것으로 판단했다. 그러나 실제 입주가 시작되어 어느 정도 시간이 지나자 인력 수급 문제가 갑자기 대두되었고 아직까지 근본적으로 해소되지 못하고 있다. 저임금에다 직장 이동이 제한되어 있고 노동시장도 형성되어 있지 않은 북한의 상황에서 먼저 입주한 기업들이 노동력을 선점하고 계속 고용을 늘리다 보니까 후발 입주기업들은 원하는 만큼 인력을 고용할 수 없는 상황이 발생했다. 노동집약적 업종의 업체들이 주로 들어가면서 젊은 여성인력을 선호했던 것도 이런 인력부족 현상을 심화시켰다. '5 · 24조치' 로 신규 투자가 제한되면서 인력 부족 문제가 더 심각해지지는 않고 있지만 이런 문제점을 조기에 포착해서 토지 분양 시 입주 업종 조정 등 완화 조치를 적기에 실시하지 못한 점은 큰 아쉬움으로 남는다.

공무원으로서 여러 가지 일을 해야 하지만, 가장 힘든 것은 해본 적도 없고 선례도 없는 일을 하는 것 같다. 그 일이 국가원수인 대통령 행사와 관련된 일이면 더더욱 그럴 것이다. 개인적으로는 그런 경우가 두 번 있었다.

첫 번째는 개성공단 방문 관련 업무를 담당하던 과장 시절 노무현 대통령의 개성공단 방문 업무를 처리했던 때다. 2007년 10월 노무현 대통령은 정상회담을 위해 육로를 통해 평양을 방문하고 귀환하는 길에 개성공단에 들러 우리 기업인들을 격려했다. 대통령이 육로를 통해 방북하는 일은 선례가 없었고, 개성공단을 방문하는 일에는 해결해야 할 난제가 많았다. 많은 실무적인 사항들을 북측과 협의해서 해결해야 했는데 북한이 이 문제들을 평양에서 일괄 결정할지, 개성에 권한을 가진 사람을 파견해서 결정하게 할지도 불분명했다. 더군다나 대통령 행사이기 때문에 대통령 비서실의 의전 담당관과 경호실의 담당자의 요구사항도 최대한 반영해야 했다. 많은 것이 불확실한 상황에서 준비하기가 너무 어려웠다. 그래도 유관 부서, 개성공단관리위원회, 개성공단 입주 기업 관계자들이 적극적으로 도와주었고, 북측도 우리가 원하던 만큼은 아니었지만 나름대로 협조적인 자세를 보여서 큰 문제 없이 행사를 마칠 수 있었다.

두 번째는 주중대사관에서 홍보관으로 근무하던 2008년 5월 이명박 대통령 국빈방문 행사 공보 업무를 맡았던 때다. 통일부 관련 업무만 하다가 주중대사관 홍보관 자리에 응모하여 홍보 업무를 담당한 것은 개인적으로는 큰 도전이었다. 당시에는 대사관에 홍보 담당 공사가 있어서 공사님의 지시를 받으며 업무를 처리했지만, 잘해야 본전이고 하나라도 문제가 생기면 큰 실패라는 대통령 방문행사를 맡은 것은 큰 부담이었다. 그 부담감 때문에 2달 전부터 매일 야근하면서 나름대로는 최선을 다해 준비했지만, 확실한 방향도 모르면서 좌충우돌했던 것 같다. 몇 가지 작은 문제들은 있었지만 우여

곡절 끝에 행사를 마칠 수 있었고, 이때 경험을 바탕으로 같은 해 8월 베이징 올림픽 기간 및 같은 해 10월 '아시아-유럽 정상회의ASEM ; Asia-Europe Meeting' 시 대통령 방중 행사도 잘 치러낼 수 있었다. 이때 일을 통해서 결국 중요한 것은 개인적인 능력보다는 해당 업무를 잘 아는 사람들에게 계속 물어보고 확인하고 도움을 받는 것이라는 점을 깨달을 수 있었다. 그리고 업무 상대방과 좋은 관계를 유지하면서 우리 측의 요구와 그 필요성을 정확히 전달해서 최대한의 협조를 받는 것이 모든 업무 처리의 기본이라는 점을 실감할 수 있었다.

미래 정부에 묻다

– 문화체육관광부 편

최보근 문화체육관광부 문화기반정책관

서울대학교 사회학과 졸업

제38회 행정고등고시 합격

문화체육관광부 예술원사무국, 관광기획과 등 근무

영국 써리대학교 관광학 박사

대통령실 문화체육관광비서관실 파견

문화체육관광부 대중문화산업과장, 문화산업정책과장 역임

행복한 나라 만들기, 문화가 기여할 몫은 무엇인가?

chapter 5

문화체육관광부는 업무영역이 넓은 부처다. 그간 내가 거쳐온 분야는 대부분 관광과 문화콘텐츠 산업이었다. 얼마전 국장 보직을 받은 분야가 문화정책 관련부서이긴 하지만 아직 경험이 충분치 못하다. 체육 분야는 더욱 그렇다. 지난 2008년부터 2011년까지 청와대 문화체육관광비서관실에서 근무하며 문화체육관광부 업무 전반에 대해 간접적으로나마 경험하고 의사결정에 참여하면서 맛을 본 정도에 불과하다.

이렇듯 넓은 업무영역을 두루 경험하기에는 한계가 있다. 그런 까닭에, 문화체육관광부를 대표하여 부처의 정책을 소개해 달라는 제의를 받고 나는 다소 당혹스러웠다. 정부정책 소개는 경험해온 분야와 내용에 따라 다르지 않겠는가. 따라서 이 글을 통해 문화체육관광부 정책들을 종합적이고 객관적인 면에서 언급하기에는 다소 무리가 있다. 문화체육관광부에 근무해온 한 공직자가 경험하고 느낀 점을 얘기하는 정도로 이해해주었으면 한다.

문화체육관광부는 국민행복부처

정부정책의 궁극적인 목적은 국가발전과 국민행복이다. 그중에서 국민행복과 관련하여 문화체육관광부는 가장 중요한 정책 업무를 담당하고 있는 부처라고 생각한다. 문화체육관광부는 부처명에서 보듯이 어쩌면 서로 다른 것처럼 보이기도 하는 다양한 업무를 갖고 있다. 문화, 예술, 콘텐츠산업, 관광, 종교, 레저, 스포츠, 그리고 국정홍보 업무를 포괄한다. 그만큼 정책 이해관계자도 다양하다. 사실 1990년도만 하더라도 예술과 일부 문화산업을 관장하는 그야말로 문화부로서의 한정적인 역할을 수행해왔다. 그러다가 1993년도에 체육청소년부와 합치며 문화체육부로 바뀌었고 1994년도에는 교통부로부터 이관받은 관광업무가 통합되었다. 1998년도에는 관광정책의 중요성을 부각시키기 위해 문화관광부로 명칭이 변경되기도 했다. 2008년도에는 이명박 정부 출범에 따른 정부조직 개편으로 문화관광부와 국정홍보처의 국정에 관한 홍보 및 정부발표 기능, 정보통신부의 디지털콘텐츠 기능 등을 통합해 문화체육관광부로 개편되었다. 박근혜 정부 들어서는 디지털콘텐츠 업무만 미래창조과학부에 이관했을 뿐 명칭이나 담당 정책분야는 큰 변화가 없었다. 지난 25년간의 조직변화를 겪어오면서 문화체육관광부는 업무가 다양해지고 범위도 넓어졌다. 그래서 종합선물세트라고 표현하기도 한다. 정체성에 대한 문제제기도 있어왔다. 하지만 이런 다양한 업무 영역을 꿰뚫고 있는 문화체육관광부의 핵심 존재의의를 말하라면 나는 국민의 행복과 삶의 질이라고 말하고 싶다. 물론 모든 부처 정책의 궁극적 목적이 부강하고 행복한 국가를 만드는 것이란 점에는 차이가 없을 수도 있다. 하지만 문화 · 예술 · 관광 · 스포츠 활동을 통해 국민이 여가시간을 좀 더 윤택하고 즐겁게 보내는 여건을 마련해주고, 다양한 종교적 활동을 보장하여 정신적 삶을 고양하는 기반을 갖춰주며, 인문정신 진흥을 통해 나눔 · 소통 · 배려의 문화를 조성하는 것은 국민행복과 가장 밀접한 선상에 있는 정책이 아닐까 한다. 그만큼 정책의 추상성이나 모호성이 높아 계량화된 성과를 보여주기 어려운 점도 있지만 그래서 더욱 중요한 것은 아닐까 하는 억지를 부려본다.

이 글을 통해 나는 문화체육관광부가 하고 있는 업무 중에서 문화콘텐츠산업 육성, 관광산업 진흥, 그리고 문화융성 관련 정책을 소개할까 한다. 내가 주로 담당했던 업무였던 만큼 경험을 토대로 정확하게 전달할 수 있는 분야라는 생각에서다. 체육정책도 중요한데 경험이 적은 관계로 담지 못함을 아쉽게 생각한다.

문화콘텐츠산업 5대 강국을 꿈꾼다

문화체육관광부가 관장하는 콘텐츠산업의 범위는 출판, 만화, 음악, 게임, 영화, 애니메이션, 방송, 광고, 캐릭터, 지식정보, 콘텐츠솔루션 등 10개 업종 정도다. 여기에 뮤지컬과 같은 공연산업, 패션, 공예도 추가할 수 있는데, 이쯤 되면 문화산업 또는 창조산업이라고 표현하는 것이 더 적절할지도 모르겠다. 어쨌든 현재 콘텐츠산업 통계조사와 백서는 위에서 소개한 10개 업종을 중심으로 작성되고 있다.

요즘 우리나라에서는 콘텐츠산업이란 표현을 주로 쓰고 있는데, 창조산업, 콘텐츠산업, 문화산업, 창의산업 등 나라마다 다양한 개념을 쓰고 있어 좀 헷갈리기도 하다. 각 개념이 나오게 된 역사적 배경이나 국가적 상황이 다를 수 있고, 이에 따라 정의와 포괄하는 범위도 다소 차이가 있다. 여기서는 문화체육관광부 내 담당실의 명칭이 문화콘텐츠산업실임을 감안하여 문화콘텐츠산업으로 표현하고자 한다.

문화콘텐츠산업은 지금 정부가 표방하고 있는 두 국정기조인 창조경제와 문화융성을 동시에 구현할 수 있는 매우 중요한 산업 분야다. 신성장동력이자 전후방 연계효과가 큰 서비스산업의 핵심 분야라 해도 과언이 아니다. 수출입은행의 통계에 따르면 콘텐츠 수출이 100달러 증가할 때마다 소비재 수출이 412달러 증가한다고 한다. 글로벌 시장에서 연관 산업의 해외진출을 돕는 마중물 역할을 하고 있는 것이다. 올해 초 선풍적인 인기를 끌었던 「별에서 온 그대」라는 드라마가 중국 내에서 발생시킨 경제효과가 3천억원을 넘어선다는 분석도 있다. 일자리 창출효과 또한 상당하다. 최근2014년 6월 한국문화관광연구원이 발표한 고용유발계수에 따르면 콘텐츠산업의 고용유발계수는 15.32로 제조업 평균의 3배에 이른다.

이처럼 중요한 문화콘텐츠산업 분야에서 우리나라의 위치는 어떨까. 잘라 말해 현재 세계 7위다. 2013년도 기준으로 국내 콘텐츠산업의 매출은 91.5조원이고 수출은 51억 달러다. 매출규모에 비해 수출실적이 낮은 것이 하나의 특징이다. 수출의 절반도 게임으로부터 나온다. 그만큼 게임을 제외하고는 아직 우리나라 콘텐츠의 글로벌화가 부족하다고 볼 수 있겠다. 물론 문화를 수출한다는 것은 제조업과 같은 일반 상품 수출보다 훨씬 어려운 일이다. 문화 소비는 생존과 편의성보다는 전통, 정서, 감정 등이 관련되어 있기 때문이다. 그만큼 문화수출에 대해서는 정서적 저항이 따를 수밖에 없다. 그리고 그런 정서와 전통은 나라마다 다르다. 한류 현상이 같은 동남아국가 내에서도 나라마다 차이가 있고, 중국 내에서도 성별로 다르게 나타나는 이유이기도 하다. 정부는 2017년까지 문화콘텐츠산업 규모를 120조원, 수출 100억 달러 달성을 위한 목표 아래 다양한 정책과제를 추진하고 있다. 여기서 2015년도에 역점을 두고 추진할 정책 방향을 짚어볼까 한다.

부처 간 협력

첫째로, 문화콘텐츠산업 육성은 문화체육관광부만의 일이 아니다. 미래창조과학부, 방송통신위원회, 산업통상자원부 등 다양한 부처 간 협력이 중요하다. 이제 문화체육관광부 중심의 나홀로 정책에서 벗어나 관련 부처의 역량을 함께 투입하고 정책의 효과성을 높일 계획이다. 미래창조과학부는 창조경제혁신센터, 창조경제타운, 디지털콘텐츠코리아랩, 기술개발, 유통플랫폼 정책 등 콘텐츠산업 육성과 밀접히 관련을 맺고 있는 다양한 정책수단을 지니고 있다. 박근혜 정부 출범 때 미래창조과학부가 신설되면서 디지털콘텐츠 업무가 문화체육관광부에서 이관되었다. 그만큼 양 부처 간의 협력과 정책 연계가 무엇보다 중요하다. 방송통신위원회 역시 방송 콘텐츠의 공정 환경 조성, 방송제작지원, 애니메이션 방송권료 인상 등 함께 풀어 나가야 할 현안을 많이 갖고 있다. 한류와 제조업의 동반 해외진출, 디자인산업 육성, 폐산업 단지 활성화 등은 산업통상자원부와의 협력이 필요한 과제들이다. 규제개혁 역시 관련부처가 함께 머리를 맞대고 풀어 나가야 할 숙제다. 웹툰과 뮤직비디오 등에 대한 민간 자율심의제도를 도입하고 청소년 유해매체물 지정과 음반심의 기준을 체계화하는 것 등 상호 간 양보와 조정을 통해 콘텐츠산업의 경쟁력을 높일 수 있는 좋은 정책을 만들어 나갈 것이다.

금융지원

둘째로, 맞춤형 금융지원이다. 정부는 지난 2007년부터 중기청 모태펀드 내 문화계정을 관리해오며 총 4,300억원의 국가 재정을 투입하여 문화콘텐츠산업에 1조 600억원의 펀드를 조성했다. 지난 8년간 설립된 투자조합도 47개에 이른다. 문화산업 펀드가 그간 우리나라 영화와 게임 산업 발전에 많은 기여를 해온 것이 사실이지만, 비인기장르에 대한 배려가 부족했고, 영세기업 지원과 기획 단계부터의 지원이 부족했다는 지적을 받아왔다. 콘텐츠산업은 매출 10억원 미만 기업의 비중이 90%가 넘을 정도로 기업의 영세성이 특징 중의 하나다. 따라서 영세한 기업을 지원하는 금융 시스템을 잘 갖추는 것이 중요하다. 이를 위해 초기 기획 단계부터 투자가 가능한 기획개발전문 펀드를 2015년도에 300억 규모로 신규 조성할 예정이다. 시나리오와 출연진이 확정되기 전이라도 초기 창작 기획서에 대한 평가를 통해 투자가 가능해지는 것이다. 아울러 자본금과 매출규모가

10억원 미만인 기업에 대한 투자를 전문으로 하는 소위 10-10-10 펀드도 2015년도에 조성되어 투자가 이루어질 것이다. 중국 시장 진출을 위한 전문 펀드도 만들어진다. 한국과 중국 정부가 각각 400억원씩 출자해서 총 2,000억원 규모의 한중 공동펀드를 조성하여 양국 합작 영화, 공연, 드라마 등에 투자하게 된다. 이 경우 외국산이 아닌 중국산 콘텐츠로 인정받게 되어 쿼터제한으로부터 자유로울 수 있게 된다.

융합

셋째로, 융합을 통해 새로운 시장을 창출해 나가는 일이다. 창조란 있는 것을 연결시키는 것이라고 한다. 올해 문화체육관광부에서 설립한 콘텐츠코리아랩은 첨단기술과 문화예술 간 융합, 그리고 문화콘텐츠 장르 간 융합과 연결을 통해 새로운 콘텐츠를 창작해내고 이를 기초로 창업을 가능하도록 하는 공간이다. 정부가 주도하는 문화융합형랩이 서울 홍익대 대학로아트센터에 자리를 잡았고, 지역기반형랩도 경기 · 인천 · 대구 · 부산 등 4개 도시에서 문을 열었다. 2015년도에는 2개소를 지역에 추가한다. 콘텐츠코리아랩은 열정과 아이디어를 갖고 있는 누구나 방문하여 다양한 프로그램에 참여하면서 상호 소통하고 융합하면서 콘텐츠산업 분야에서 새로운 사업 기회를 만드는 공간이다. K-Pop 안무를 앱을 통해 따라하고 배울 수 있도록 하는 사업, 공연 창작에 필요한 자금을 티켓 선先판매를 통해 모으는 사업 등 새로운 비즈니스 기회가 현재 콘텐츠코리아랩을 통해 만들어지고 있다. 2015년도에는 가시적 성과가 훨씬 더 많이 나올 것으로 기대된다. 융합형 문화기술개발도 중요하다. 스마트폰을 활용한 저가형 3D 영화촬영시스템 기술, 3D프린팅 적용 원스톱 미술품 복원·복제 기술, 자체발광 플렉시블Flexible 디스플레이 기술을 활용한 패션쇼 제작기술, 웹 기반 유비쿼터스 음악제작 및 실시간 연주 기술 등은 대표적인 융합형 문화기술의 사례라 할 수 있다. 아울러 디자인적인 요소가 각 산업과 융합되어 상품가치와 문화적 가치를 높일 수 있는 기회도 만들어가야 한다. 디자인을 통한 구도심 활성화, 미디어 아트 축제 등이 좋은 예일 것이다.

지역의 문화콘텐츠산업

넷째로, 2015년도에는 지역 문화콘텐츠산업 육성을 위한 정책 지원 사업이 본격화된다. 지난 5년간 수도권과 지역 간 문화콘텐츠산업 매출 비중을 비교해보면 지역의 비중이 감소하는 것으로 나타난다. 여전히 수도권 편중 현상이 심각하다는 뜻이다. 이에 따라 정부는 처음으로 국고예산 150억원을 반영하여 지역특화 콘텐츠 개발과 콘텐츠 누림터 조성사업을 추진할 계획이다. 지역의 역사, 문화, 스토리에 기반을 둔 지역 고유의 콘텐츠를 개발한다. 예를 들면 유명 웹툰 작가인 주호민 씨가 안동의 전설과 민담을 스토리 소재로 제작한 『제비원 이야기』 같은 콘텐츠가 지역 차원에서 많이 발굴되고 창작될 수 있도록 하는 것이다. 『제비원 이야기』는 네이버 조회수가 750만에 이를 정도로 많은 사랑을 받았다. 지역기반 콘텐츠도 충분히 성공할 수 있다는 가능성을 보여주는 좋은 사례라 할 수 있겠다. 그 밖에도 음악 창작소, 지역 스토리 창작센터, 코미디 창작촌 등 지역 인프라 확충에도 지원을 확대해 나갈 예정이다.

글로벌 진출

끝으로, 글로벌 진출 확대다. 현재 우리 문화콘텐츠의 해외수출은 아시아 지역에 편중되어 있고, 게임이 50% 이상을 차지하고 있다는 것이 문제점으로 지적되고 있다. 이에 따라 수출 장르 다변화와 함께 중국 등 유망시장과 중동 · 러시아 · 남미 등 신규시장 진출을 위해서도 노력할 예정이다. 특히 중국 시장이 중요하다는 판단이다. 이에 따라 이미 한 · 중 문화산업협력 MOU를 체결하고 한 · 중 문화산업 포럼을 개최하는 등 중국과의 협력을 확대해 나가고 있다. 그럼에도 불구하고 중국 정부의 진입 규제, 중국 거대 자본의 국내 기업 인수, 제작기술과 노하우 이전, 중국 위주의 수익구조 등에 대한 우려가 있는 것 또한 사실이다. 하지만 중국 시장이 지니고 있는 잠재력을 고려할 때 우리 기업들이 중국과의 긴밀한 협력 속에 적극적으로 진출할 수 있도록 좋은 여건을 만들어 나가는 정책이 필요하다고 본다.

그 밖에도 저작권 보호, 공정한 생태계 조성, 전문인력 양성, 지속 가능한 한류 등 콘텐츠산업 5대 강국의 꿈을 이루기 위한 많은 숙제가 산적해 있다. 어쩌면 5대 강국의 꿈은 어려운 과제인지도 모른다. 그럼에도 불구하고 우리에게 주어진 숙제를 하나하나 해결해 나간다면 꿈을 현실로 만들 가능성은 점점 높아지지 않을까.

외국인 관광객 2천만 시대 연다

나는 문화체육관광부 여러 실 · 국 중에서 관광분야에서 업무를 가장 오래 했다. 거의 7년 이상을 관광업무를 담당했으니 유학기간을 제외한 전체 공무원 생활의 거의 절반 정도를 관광정책 업무에 몸담은 셈이다. 심지어는 유학 가서도 관광학을 전공했다. 그래서 문화체육관광부 내에서는 관광 전문가로 통하기도 했다. 다만, 최근 3년간의 공백기로 관광정책에 대한 감(?)이 다소 떨어진 채 정책을 소개하는 것은 아닌지 걱정스럽기는 하다.

한국 관광산업의 현주소

정부의 관광정책 기조는 크게 변화되지 않는 것 같다. 외국인 관광객 유치와 국내관광 활성화 간 정책적 균형을 맞추는 것이다. 한국관광을 이야기할 때 많이 의문스러워 하는 것은 과연 우리나라가 외국인 관광객을 유치할 만큼 매력적인 자원이 많이 있는가 하는 점이다. 내 대답은 '그렇다' 다. 그렇지 않다면 어떻게 한해 1,200만 명이 넘는 외국인 관광객이 우리나라를 방문할 수 있겠는가? 우리의 역사자원, 자연환경, 문화, 그리고 삶 자체가 모두 훌륭한 관광자원이 될 수 있다. 오히려 현재 걱정하는 것은 계속 증가하는 외국인 관광객을 수용할 숙박시설 같은 관광 인프라의 부족과 외국인 관광객이 수도권 특히 서울에 집중되는 현상이다. 아울러 국민의 해외여행도 중요하겠지만 국내여행을 좀 더 활성화하는 관광여건을 조성하는 것도 해야 할 정책과제다.

몇 가지 지표로 한국 관광이 성장해온 성과를 소개할까 한다. 지난 5년간 우리나라를 방문한 외국인 관광객 수는 2008년도 645만 명에서 2013년도 1,217만 명으로 거의 2배가 늘었다. 세계 22위다. 접근성을 보면 육로로 입국할 방법이 없는 섬이나 다름 없는 나라가 거둔 성적치고는 꽤 준수하다. 물론 중국과 일본 관광객 수가 전체 외국인 관광객에서 700만 명을 차지해 두 나라에 대한 의존도가 지나치게 높지만 접근성과 인구수 등의 변수로 볼 때 당연한 결과라는 판단이다. 다만, 좀 더 부가가치가 높은 유럽과 미주지역과 같은 원거리 인바운드 여행시장을 키우는 것은 새로운 과제라 하겠다. 관광수입 역시 61억 달러에서 141억 달러로 늘었고 국제회의 개최 횟수는 2013년 기준 635건으로 세계 3위다. 국제회의는 MICE Meeting, Incentive, Convention, Exhibition 라고 하는 산업의 하나로 높은 부가가치를 올리는 중요한 관광산업이다. 그만큼 앞으로 더욱 성장시켜야 하고 잠재력 또한 높은 분야라 할 수 있겠다.

관광산업은 복합산업이다. 관광객의 만족도를 높이고 재방문을 유도하기 위해서는 교통, 숙박, 안내, 마케팅, 문화콘텐츠 등 다양한 요소들이 모두 충족되어야 한다. 그만큼 관광산업과 관련을 맺고 있는 정부의 정책도 다양할 수밖에 없다. 리조트 개발을 위한 토지이용 규제, 환경규제, 부담금 문제, 관광호텔과 관련되는 여러 가지 건축 관련 규제, 케이블 카 설치 관련 찬반론, 캠핑장 설치의 안전문제 등 관광정책은 다양한 이해관계자들 간, 특히 정부 부처 간 협력과 조정이 원활히 이루어져야만 그 목표를 달성할 수 있다. 이에 따라 역대 정부에서는 대통령이 직접 주재하는 관광 회의를 통해 부처 간 막혀 있는 제도적 장애를 해소하고 부처의 정책수단이 집중되어 시너지 효과를 발휘하도록 해오고 있다. 이명박 정부 당시 관광산업 경쟁력 강화회의를 4차례 개최한 바 있고 박근혜 정부 역시 대통령이 직접 주재하는 관광진흥 확대회의를 2차례 개최하여 총 77건의 제도개선 과제를 확정 · 추진해오고 있다.

목표는 외국인 관광객 2천만 유치, 관광 GDP 3% 달성

현재 한국 관광의 비전은 관광을 통해 국민행복과 창조경제를 실현하는 것이다. 다소 거창하고 추상적이긴 하지만 문화체육관광부가 지향하는 최상위의 정책 목표가 국민행복이라는 점에서 의미를 찾을 수 있겠다. 좀 더 계량화된 목표를 보면 2017년에 외국인 관광객 2천만 시대를 열고 관광수입은 300억 달러를 달성하는 것이다. 아울러 국내관광 시장규모를 현재 24조원에서 2017년 30조원으로 키우는 것이다. 모든 지표가 달성하기 만만치는 않다. 나는 또 하나의 중요한 지표로서 관광산업이 GDP에서 차지하는 규모를 제시하고 싶다. 관광위성계정Tourism Satellite Account이라고 하여 국민계정 속에서 관광산업의 위치를 통계적으로 파악하기 위해 UNWTO세계관광기구가 별도로 개발한 통계시스템이다. 우리나라도 개발에 참여하고 이를 적용한 조사 분석도 한 바 있다. 이에 따르면 2008년도 기준으로 우리나라 관광시장의 부가가치 규모는 전체 GDP의 2.39%를 차지하는 것으로 나타나 있다. 대부분의 선진국을 보면 2.5~4% 수준인 것으로 나타나고 있다. 특히 관광산업이 발달한 영국은 3.8%, 호주는 4.2%다. 어느 수준이 적정하고 지향할 수준인지 판단하기 어렵지만, 우리나라가 일자리 창출 효과가 큰 서비스산업을 키운다는 비전을 갖고 있다면 3% 수준으로 높여 나가는 게 적절하지 않을까 한다. 이 부분은 좀 더 많은 논의를 거쳐 좋은 목표치를 도출해야 한다고 본다.

목표달성을 위해서는?

외국인 관광객 2천만, 관광 GDP 3% 시대를 맞이하기 위해서 정부는 어떤 정책을 펼쳐야 할까?

첫째로, 관광숙박시설 확충이다. 2016년에는 1일당 수도권 내에서 약 54,000실의 관광숙박시설이 필요한데 이를 위해서는 25,500실을 추가로 확보해야 한다. 다행히 현재 관광호텔에 대한 민간투자가 많이 이루어지고 있어 현재 추세라면 실제 부족분은 7천 실 정도가 예상된다. 부족분을 메우는 것은 기본적으로 시장기능에 맡기는 것이 맞다고 본다. 그럼에도 불구하고 입지규제, 용적률, 관광기금 융자 등의 정책수단을 통해 시장의 기능을 활성화하는 것은 정부의 역할인 만큼 정부와 지자체가 뜻을 모아 좋은 대안을 모색할 필요가 있다. 특히 개별 관광객의 비중이 높아지는 추세에 맞추어 관광호텔 외에 게스트 하우스, 관광숙박형 레지던스, 뷰티크 호텔, 한옥민박 등 다양한 형태의 숙박시설이 많아지도록 노력이 필요하다.

둘째로, 지속적인 중국 시장 확대다. 최근 몇 년간 중국 인바운드 시장이 큰 폭으로 성장했지만 여전히 중국은 잠재력이 크다. 앞으로 몇 년 후면 중국인 해외여행자 수가 1억 명까지 갈 것이라는 전망도 있다. 그중 10%만 유치해도 1천만 명이다. 또한 중국인 해외여행의 행태도 달라지고 있다. 과거 단체 저가 패키지 중심의 여행에서 개별여행과 고급여행의 비중도 커지고 있다. 따라서 단체여행객을 위한 여행상품과 안내시스템은 유지해 나가면서 개별여행과 고부가가치 여행객을 위한 상품개발과 숙박시설 그리고 안내체계 개선을 위한 추가적인 노력이 필요하다. 이에 문화체육관광부에서는 개별여행객을 위한 전용 가이드북을 발간하고, 비자절차를 간소화하며, 수도권 외의 지역방문을 촉진하는 문화관광축제 상품개발 등을 추진하고 있다. 앞으로 중국인들이 관심을 가질 만한 공연, 음식, 스포츠, 쇼핑 등 다양한 상품을 개발하고 여기에 스토리를 입혀 재방문을 적극 유도해 나갈 필요가 있으며, 중국 전담 여행사의 역량과 중국어 관광통역안내사의 자질도 높여 나가야 할 것이다.

셋째로, 서울과 수도권에 집중되어 있는 인바운드 시장의 지역 분산이다. 지역에 대표적인 관광거점을 정하여 외국인 관광객 유치

인프라를 확충하고 대표상품 개발 및 마케팅에 힘쓰는 것이 좋지 않나 싶다. 이를 위해 지역특별회계 예산지원 외에 관광기금을 지원하는 방안도 함께 고려했으면 한다.

끝으로, 한국 관광의 고부가가치화다. 한국을 방문하는 외국인 관광객 수는 계속 늘고 있지만 1인당 지출액은 1,200달러 수준으로 지난 몇 년간 정체되어 있다. 의료관광, 한류, 국제회의, 크루즈 등 부가가치가 높고 관광객의 큰 지출을 유도하는 관광 인프라 구축과 상품 개발을 위한 지속적인 노력이 필요하다. 콘텐츠산업도 여러 부처와의 협력이 중요하지만 관광산업은 특히 그렇다. 의료관광은 보건복지부와, 국제회의는 전시산업을 담당하고 있는 산업통상자원부와, 크루즈는 해양수산부와 협력하는 것이 관건이다. 다행히 대통령 주재 관광진흥확대회의를 통해 제도개선, 인프라 구축 등 부처 간 조정과 협력이 원활히 이루어지고는 있지만 정책이 시행되는 현장에서도 지자체 등 이해관계자들 간의 협력이 중요할 것이다.

문화로 행복한 나라가 되려면?

박근혜 정부의 주요 국정기조가 문화융성이다. 문화융성의 의미에 대해서는 전문가들 사이에서 의견이 분분하지만 문화적 혜택이 국민에게 골고루 확산되고 이를 통해 삶의 질과 국민 행복감을 높이는 것이라 말할 수 있다. 이를 위해 문화융성위원회가 출범했고 대통령이 직접 참석하는 회의를 4차례 개최했다. 문화가 있는 날, 길 위의 인문학, 작은 영화관 등 생활 속 문화체험과 체감을 높일 수 있는 사업을 추진해오고 있으며, 문화누리 카드, 소외시설 문화공연, 장애인 문화예술센터 건립 등 문화 취약계층의 문화예술 향유 기회 확대를 위한 다양한 사업을 추진하고 있다. 문화융성을 위한 법적 토대를 만들기 위해 문화기본법, 지역문화진흥법, 문화예술후원활성화에 관한 법률, 문화다양성의 보호와 증진에 관한 법률, 대중문화예술산업발전법 등을 제정했고, 예술인 복지법 개정을 통해 예술인 맞춤형 복지 지원을 대폭 확대한 것도 중요한 성과라 할 수 있겠다. 이렇게 다양한 정책과 사업을 추진해오고 있음에도 불구하고, 아직 문화융성에 대한 국민적 이해도와 체감도는 생각보다 높지 않은 것 같다. 문화정책이 무형의 서비스인 만큼 물질적 혜택을 주는 것에 비해 체감도가 낮을 수밖에 없는 한계가 있긴 하지만 국민이 좀 더 적극적으로 참여하고 체감할 수 있는 실천적 대안들이 모색되어야 할 필요는 있겠다. 이 글을 통해서 구체적인 실천계획을 제안하기는 어렵지만 내가 현재 맡고 있는 문화기반정책관실 업무와 관련하여 두 가지 대안을 제시해볼까 한다.

첫째로, 도서관의 역할이다. 도서관은 주로 도서를 수집 · 보관 · 정리하여 일반인이 쉽고 편리하게 빌리고 읽을 수 있는 여건을 만들고, 학술정보 등 다양한 지식정보를 모아 서비스하는 기능을 한다. 하지만 최근에는 도서관을 방문하지 않고서도 인터넷이나 스마트 기기를 통해 책을 보거나 자료검색이 가능해짐에 따라 도서관의 기능도 변화할 필요성이 제기되고 있다. 이미 공공도서관과 작은 도서관들 중에는 변화하는 환경에 맞춰 새롭게 변신하고 있는 사례도 많아지고 있다. 여전히 도서관의 핵심은 책이다. 하지만 그런 책을 기반으로 하여 다양한 콘텐츠를 만들고 서비스하는 일 또한 도서관이 확장해 나갈 기능이라 생각된다. 그중에서도 핵심은 소통하고 연결하는 것이라 말하고 싶다. 과거와 현재 간의 소통, 관심 분야가 비슷한 사람들 간의 소통 혹은 전문 분야가 다른 사람들 간의 소통, 미래를 함께 꿈꾸는 사람들 간의 소통 등 다양한 소통이 도서관 내에서 이루어진다면 창조적 활동도 촉진될 것이라 생각한다. 정부와 지방자치단체는 이를 위해 소통과 연결에 필요한 다양한 프로그램이 개발될 수 있도록 국립도서관과 공공도서관, 그리고 작은 도서관을 대상으로 차별화된 지원사업을 추진해 나갈 필요가 있다.

둘째로, 인문의 가치 확산이다. 문학, 사학, 철학, 미학 등으로 구분하여 인문학의 실체를 정의하고는 있지만 어쨌든 인문학은 인간을 지향하는 학문이 아닐까 한다. 인간답게 사는 것이 무엇인가에 대한 근본적인 질문에서부터 물질 중심의 현대사회가 지닌 병폐를 어떻게 치유해 나갈 수 있을지에 대해 실천적인 대안을 고민하는 것 또한 인문학이 짊어진 숙제다. 어쩌면 인문을 통해 인간적 삶을 회복하고 한층 더 성숙한 사회를 만드려는 정책은 모든 정부정책 중에 가장 어렵고 모호한 것일 수도 있다. 그럼에도 불구하고 인간으로서 행복한 삶을 누리고자 한다면 인문을 연구하고 그 가치를 퍼뜨리기 위해 끊임없이 노력해야 하며, 문화정책의 중요한 자리가 되어야 한다. 당장의 정책효과를 기대하기는 어렵지만 긴 호흡을 갖고 가다 보면 분명 좋은 결과가 있으리라 본다. 인문학자들이 도서관과 박물관에서 다양한 인문학 강의를 하는 '길 위의 인문학', 2015년도부터 새롭게 추진할 예정인 인문과 예술이 함께 하는 '인생 나눔 교실' 등이, 앞으로 인문정신문화 확산이 문화융성의 중요한 축이 될 수 있다는 사실을 입증하는 중요한 정책 사업으로 자리 잡기를 희망해본다.

끝으로

지난 20년간 공무원 생활을 하면서 깨달은 점을 짚어보며 마무리할까 한다.

먼저, 답은 현장에 있다는 것이다. 지금까지 여러 정책업무를 맡아오면서 적절한 대안을 찾기가 어려운 경우가 여러 번 있었다. 그때마다 현장에 있는 분들의 다양한 의견을 듣다 보면 생각하지 못한 좋은 대안이 나오기도 했다. 그렇게 하는 것이 맞는 정책이다. 심지어 현장을 한 번 가본 것만으로도 좋은 판단을 하는 데 큰 도움을 줄 수 있다. 얼마 전 국회 예산소위에서 대한민국역사박물관 특별전시실 구축 예산이 의원들의 부정적인 의견으로 보류사업으로 분류되어 다시 심의받게 되었다. 나는 대한민국역사박물관을 직접 방문하여 특별전시실 구축의 필요성과 추진방향을 직접 확인했고 며칠 후 개최된 예산소위 재심사에 좀 더 자신감을 갖고 임하여 예산을 방어할 수 있었다. 현장의 힘이 도움이 된 것이다.

둘째, 피드백이다. 정부는 다양한 의견수렴을 위해 자문회의를 많이 한다. 외부 전문가, 업계 현장 관계자들이 간담회에 참석하여 정부의 정책에 대해 다양한 의견을 쏟아낸다. 회의 참석자들은 사명감을 갖고 회의에 앞서 나름 준비도 열심히 했을 것이다. 물론 정부는 그런 좋은 의견에 귀 기울이고 정책에 최대한 반영하기 위해 노력한다. 다만, 진행상황을 모르는 자문위원들은 자신들의 의견이 얼마만큼 존중받고 있는지 궁금해할 것이다. 심지어는 자문회의가 그저 형식에 그치는 것은 아닌가 하는 의구심도 갖게 될 것이다. 의견에 대한 정부 입장과 진행상황을 참석자들에게 피드백해주면 어떨까? 그렇게 하면 참석자들은 정책결정과정에 참여했다는 보람을 느끼고 다음 회의 때는 더욱 성실하고 열정적으로 임할 것이다. 그만큼 좋은 아이디어와 정보가 나와 좋은 정책이 될 가능성도 높아지게 된다.

마지막으로, 소통이다. 말하는 것보다는 듣는 것이 더 중요하다. 특히 공직자는 그렇다. 물론 정책을 홍보하고 상대를 설득하기 위해서 때로는 많은 말을 해야 할 때도 있다. 하지만 공무원을 만나는 사람들은 하고 싶은 이야기가 많은 이들이다. 경청하고 적절히 반응해주는 것이 공직자로서 필요한 자세다. 충분히 이야기를 들어주는 것만으로도 민원의 절반은 해결한 것이다. 그리고 머리로만 듣는 데 그치지 말고 때로는 마음으로 들을 수 있다면 더욱 좋겠다. 공감하고 이해하고 더 나아가 함께 대안을 고민한다면 정부에 대한 국민의 신뢰도 점점 더 높아져 가지 않을까 한다.

나의 공직생활은 …

나는 숫자 1과 인연이 많은 편이다. 1등 인생을 살아왔다는 말이 아니다. 나는 1월 11일 결혼했다. 또, 내 막내가 태어난 날이 11월 1일이다. 그리고 2014년 11월 11일 나는 국장으로 승진했다. 삶에 있어 결혼하고 아이가 태어나고 승진하는 일 모두 커다란 의미 아닌가. 이 모든 일이 숫자 1로만 된 날짜에 일어났다는 것이 우연치고는 참 신비스럽기까지하다. 지난 얼마간 어색하고 무거운 마음으로 국장으로서 일을 경험했다. 국회 예산소위에 참석하여 삭감될 뻔한 예산을 지키기 위해 열심히 국회의원들께 사업의 당위성을 설명하기도 했고 실 · 국장 회의에 참석하여 내가 맡은 문화기반정책국의 업무도 보고했다. 국장실에 앉아 과장님들과 사무관님들의 보고도 받고 회의도 했다. 초임 사무관 시절 내가 경험했던 국장의 모습은 권위적이면서도 한가한 듯 보이는 어려운 존재였다. 일도 많이 시키고 혼도 많이 내며 저녁 약속은 많았던 그런 분들? 하지만 지난 얼마간의 경험은 그런 나의 생각에 큰 변화를 가져왔다. 국장으로서 고민해야 할 현안도 많았고 국회, 언론, 간담회 등 참석해야 할 회의와 행사도 많았다. 그리고 머릿속은 온통 업무와 관련된 고민으로 가득 차 있었다. 물론 지난 20년간 공무원 조직의 문화가 크게 변화되었고 국장들의 업무량도 많아졌겠지만 고위직으로 올라갈수록 감당해야 할 업무의 무게감과 느끼는 바람의 강도는 지금이나 옛날이나 다르지 않을 것이다. 과거 모셨던 국장님들이 어떠한 고민과 부담을 안고 일하셨을지 다시 생각하게 되었다. 승진발령을 받고 문화체육관광부를 거쳐 가신 선배님들께 문자 인사를 드리며 아직은 나한테 맞지 않는 옷을 입은 거 같아 무척 부담스럽다고 했다. 한 선배께서는 그 옷에 너를 맞추기 위해 몸집을 불리라는 재미있고도 의미 있는 말씀을 해주셨고, 다른 한 분은 앞으로 모든 일에 임함에 있어 무엇이 정의인지를 항상 잊지 말라는 조언도 해주셨다. 오랜 기간 공직에 몸담았던 선배님들의 지혜와 관록이 배어 있는 조언들을 들으니 그분들이 더욱 존경스럽고 그립게 느껴졌다.

문화체육관광부에 들어오다

나는 축복받은 87학번이다. 대학 1학년 때에는 대통령 직선제 개헌을 위해 열심히 민주화 운동에도 참여했지만, 그래도 권위주의 정부에서 민주정부로 점차 바뀌는 시점이었던지라, 캠퍼스 안까지 전투경찰이 들어와 학생들을 감시하고 심지어 연행해가는 어둡고 공포스런 시대의 경험은 하지 않았다. 대학 캠퍼스에서 학업과 낭만도 나름대로 즐길 수 있었던 좋은 시기였다. 졸업할 당시도 경제가 성장기에 있어 청년실업이 심각한 요즘처럼 취업이 어려운 시기는 아니었다. 사실 나는 내 미래에 대해 치열하게 고민한 사람이 아니었다. 공직이란 길을 걷기로 마음먹은 것도 제대 후 친한 친구의 권유 때문이었다. 그 친구 역시 당시 행정고시를 준비하고 있었다. 공무원이란 직업의 안정성과 명예 그리고 부모님의 권유 정도가 나를 공직의 길로 이끈 주된 요인이었다. 지금 근무하고 있는 문화체육관광부당시 문화체육부를 선택한 것도 당시 내 연수원 성적과 평소 음악과 운동을 좋아하던 내 취향이 적절히 타협된 결과일 뿐 우리나라를 문화국가로 만들겠다느니 관광대국으로 발전시키겠다느니 하는 대한민국 관료로서의 거창한 꿈과 의지가 담긴 것은 아니었다.

기억에 남는 일화

문화체육부에서 공무원 생활을 시작한 나는 첫 근무지로 대한민국예술원 사무국 진흥과에 발령을 받았다. 예술원은 우리나라 예술계에서 많은 공적을 쌓아오신 원로 분들을 예우해 드리는 기관이다. 조병화, 황순원, 서정주, 김춘수 등 이름만 들어도 우리 모두가 잘 알고 있는 유명한 원로 분들을 가까이서 뵐 수 있었던 것은 나에게 큰 행운이었다. 특히 문학, 음악, 미술, 영화, 연극, 무용 등 각 분야별로 우리나라 근현대 문화예술계를 이끈 인물들에 대한 큰 흐름을 이해할 수 있었고 이런 경험과 지식은 지금까지 문화체육관광부에 근무해오면서 적지 않은 도움을 주었다. 본부가 아닌 소속기관 근무였지만 어떻게 하느냐에 따라 그 경험 하나하나가 소중한 자산이 될 수도 있다. 그럼에도 불구하고 중앙부처 관료로서 내가 하는 일들이 국가와 국민에게 적지 않은 영향을 줄 수 있는 만큼 사실 확인과 판단에 있어 신중하고 세밀해야 한다는 교훈을 실감한 것은 본부에서 근무하면서부터인 것 같다. 그중 사무관 시절 가장 보람을 느낀 업무 하나와 다시는 되풀이하고 싶지 않은 악몽 같은 경험 하나를 각각 소개해볼까 한다.

1997년도 관광국 관광기획과에 근무하면서 나는 쇼핑 활성화 업무도 담당하고 있었다. 당시 우리나라는 외국인 관광객이 국내에서 쇼핑을 하면 부가가치세와 특별소비세를 환급해주는 제도를 시행하고 있었다. 문제는 공항 출국장에서의 환급은 불가능했고, 출국 후 송금 방식으로만 가능하여 시간이 오래 걸리는 등의 불편함이 있었다. 이를 해소하기 위해서는 공항 출국장에서 현금으로 환급이 가능하도록 법령을 개정하고 민간 사업자가 공항 내 면세구역에서 대신 환급해주는 여건을 만들어주는 일이 필요했다. 당시에는 쇼핑 활성화에 대한 윗분들의 관심이 높지 않았고, 세금 환급은 오히려 국부 유출이 아니냐는 부정적인 견해도 있었다. 하지만 나는 세금 환급의 편의성을 높이면 쇼핑을 촉진하고 이것이 결국 관광수입 증대로 이어질 수 있다고 보았다. 그래서 당시 해당 법령을 관장하고 있던 재정경제부를 설득하여 관련 규정을 개정했고 아울러 당시 국제공항이던 김포공항의 협조를 얻어 환급 사업자가 공항 내에서 사업할 공간도 마련했다. 우리도 선진국처럼 공항 출국장에서 현금 환급이 가능해진 것이다. 이 제도가 외국인 관광객의 쇼핑 활성화에 얼마나 긍정적인 영향을 미쳤는지 계량화하여 증명할 수는 없지만, 한국관광의 선진화와 이미지 개선에 도움이 되었다고 생각한다. 지금도 해외 출장 갈 때 인천국제공항에 있는 환급창구를 볼 때면 가슴 뿌듯함을 느낀다. 하지만 가장 기억하기 싫은 경험도 이 업무로부터 시작된 것은 참으로 아이러니가 아닐 수 없다.

1998년도 IMF를 겪으면서 당시 우리나라는 일자리 창출이 매우 중요한 사회적 이슈였고 정부 또한 일자리를 만들기 위한 여러 대책을 고민하고 있었다. 당시 일자리 창출을 담당하고 있던 나는 어느 날 갑작스러운 지시를 받았다. 예산 500억원을 투입하여 관광분야에 일자리를 창출할 대책을 조속히 만들라는 것이었다. 각 과로부터 발굴된 사업들을 급하게 제출받아 정리하면서 내가 맡고 있는 업무를 통한 일자리 사업도 발굴해보았다. 그래서 나온 것이 외국어 쇼핑도우미 사업이었다. 시내 사후면세점 쇼핑매장에 도우미를 배치하여 통역과 부가세 환급전표 작성을 돕게 하는 사업이었다. 나 스스로 좋은 아이디어라는 생각이 들었다. 당시 과장님과 국장님도 동의해주셨다. 예산 50억을 배정했다. 전국적으로 수백 명에 이르는 도우미를 선발했고 교육도 시켰다. 문제는 그 이후에 발생했다. 정작 도우미가 활동할 사업장을 찾기가 쉽지 않았다. 당시 사후면세점 수가 생각보다 많이 늘지 않았고 업주들 또한 본인들이 직접 면접하지 않은 직원을 정부가 인건비를 지원해준다는 이유만으로 채용에 적극적이지 않았던 것이다. 이미 선발한 인력의 절반도 소화시키지 못했다. 민원이 많이 제기되었고 급기야 지상파 방송사의 비판기사까지 보도되었다. 많이 혼났다. 며칠간 마음고생을 하며 수습하느라 진땀을 뺐다. 현장 의견수렴을 소홀히 하고 수요를 제대로 파악하지 않고 서둘러 추진하다가 생긴 문제였다.

예나 지금이나 변함 없는 신조

앞에서 소개한 두 일화는 공직자로서 내가 갖추어야 할 자세와 관련하여 많은 교훈을 던져주었다. 특히 두 번째 쇼핑 도우미 사태는 정책을 기획할 때 충분한 의견수렴과 현장에 대한 정확한 분석이 얼마나 중요한지 실감한 사건이었다. 이때 깨달은 점은 내 공무원 생활에 중요한 신조가 되어 오늘까지 이르고 있다. 당시 면세점을 운영하는 사업주를 만나 몇 마디 이야기만 나누었어도 충분해 예측할 수 있었던 문제였던 것이다. 또한 중앙부처 관료의 판단이 얼마나 많은 사람들에게 영향을 줄 수 있는지도 느꼈다. 비록 사무관의 위치지만 내 결정이 최종 의사결정으로 연결될 수 있는 만큼 무거운 책임감을 갖고 신중해야 하며, 최대한 정확한 사실에 기초해야 한다는 신념을 갖게 되었다. 그것은 국장이 된 지금도 변함이 없다.

미래 정부에 묻다

–농림축산식품부 편

정현출 농림축산식품부 농업정책과장

서울대학교 사회과학대학 경제학과 졸업

제39회 행정고등고시 합격

공보관실, 시장과, 유통정책과, 농업협상과 사무관

자유무역협정과장, 경영인력과장, 지역개발과장

OECD 무역농업국 농업정책분석관

농업정책,
무엇을 어떻게 준비할 것인가?

chapter 6

농업정책의 문제는?

1997년 2월, 수습사무관 신분으로 농림부에 들어왔으니 벌써 17년을 훌쩍 넘겨버렸다. 햇병아리 공무원이 어느덧 중장기 농업정책 방향을 고민하는 자리에 앉아 있으니 세월의 무서움을 실감한다. 세월이 흐른 만큼 농업정책에 대한 식견도 높아졌는가 하고 스스로 물어보지만 그리 자신은 없다. 깊게 들여다 볼수록, 아는 것이 늘어날수록 정책 담당자가 고민해야 할 문제의 수와 무게가 늘어나는 것을 경험하기 때문이다.

물론 이런 고민은 농업정책 분야에만 있는 것은 아닐 것이다. 다른 부처의 선배·동료들을 만나도 대개 비슷한 하소연을 듣게 된다. 굳이 행정학 용어를 빌려 말하자면 정책 환경은 복잡해지고, 정책 수요와 과제는 폭증하며, 정책 수단은 제한되어 있는 반면, 정책 담당자의 책임은 점점 커지고 있어서 발생하는 현상이라고 진단해볼 수 있겠다. 정부가 경제와 사회의 발전을 주도하던 시절은 지나가고, 국회의 권한이 커지고 공무원의 역할에 대한 사회 일반의 시선이 냉정해진 것도 달라진 여건이라 하겠다.

이런저런 이유로 날이 갈수록 예전보다 일을 더 많이 하고 있는 것은 분명한데, 정작 농업과 관련해 언론을 장식하는 제목을 보면 좋은 내용보다는 인상을 구기게 만드는 것이 더 많다. 물론 비판을 업으로 하는 언론인지라 좋은 기사보다는 고쳐야 할 점을 지적하는 것이 당연하지만 "보조금 부정수령", "대풍에 이은 가격 폭락", "수입 개방으로 성난 농심", "농약, 과연 안전한가?" 등의 기사를 계속 읽다 보면 청춘을 바쳐 일한 결과가 겨우 이것밖에 안 되나 하는 자괴감이 들기도 한다.

우리 사회에서 농업을 바라보는 시각에도 뭔가 진부하다는 인식이 깔려 있는 것으로 보인다. 전근대적인 산업, 경쟁력이 없어서 언젠가는 퇴출시켜야 할 산업, 어딘가 능력이 모자란 사람들이 어쩔 수 없이 남아서 하는 산업 등 부정적인 인상이 많고, 농업과 농촌의 실상과 가능성을 제대로 살펴보는 작업은 활발하지 않다. 이런 인식은 우리나라가 빠른 속도로 경제성장을 하면서 농업에서 제조업, 서비스업으로의 이탈 역시 매우 빠르게 진전되었다는 사실과 무관하지 않다. 이제 적어도 우리나라에서는 굶주림의 문제가 더 이상 현실적인 걱정이 아닌 것이 되면서 한때 생존 여부를 결정하는 기초 산업이었던 농업이 점차 부차적인 경제 영역으로 밀려나고 있는 것이 사실이다. 불과 두 세대 만에 농업은 국민 대부분의 일상생활과 거의 무관해보일 정도로 '사실상' 잊혀져가고 있는 것이다.

한편, 몇몇 통계 중 평균 지표만을 놓고 보면 농업의 미래가 그리 밝아보이지는 않는다. 농촌은 우리 사회 전체의 고령화 속도를 훨씬 앞서가는 초고령사회로 진입한 지 오래인데, 논을 제외한 작물은 생산기반 정비나 기계화의 수준이 낮아 여전히 노동집약적인 생산구조를 가지고 있다. 농업무역 환경도 유리하지 않다. 1995년 WTO 체제가 출범하면서 쌀을 제외한 모든 농산물이 관세화되었고, 이후 주요 교역 국가와의 FTA 체결 확대, 2015년 쌀 시장 개방 등 농산물 시장의 개방이 계속 확대되어 왔다. 국제 농산물 시장에 그대로 노출되면서 가격경쟁력이 떨어지는 우리 농산물의 판로는 지속적으로 위협받고 있다.

물론 비관적인 면만 있는 것은 아니다. 농업기술도 계속 발전하고 있고, 새로운 아이디어와 열정으로 남들이 걸어가지 않은 길을 개척하는 농민도 있다. 각종 규제의 완화와 권한의 분산이 진행되면서 지방자치단체장이나 농협조합장이 좋은 지도력을 발휘하여 지방의 자율적인 역량이 높아지는 사례도 늘고 있다. 큰 흐름에서 보면 평균 농가소득은 정체되어 있다고 할 수 있지만, 젊은 농가를 따로 놓고 보면 고소득을 올리는 비율이 점점 증가하고 있기도 하다.

이처럼 명암이 교차하는 가운데 '우리 농업의 장래는 과연 어떻게 될 것인가' 하는 질문을 던져보면 아직은 희망보다는 걱정의 목소리가 더 많은 것으로 보인다. 과연 우리 농업과 농촌, 농민은 사면초가에 휩싸여 사그라지는 촛불과 같은 신세가 될 것인가? 수많은 정책 처방에도 불구하고 정부와 지자체, 농민의 노력은 수포로 돌아가고 말 것인가? 농업의 미래를 전망하고 정책을 준비해야 하는 담당자를 잠 못 들게 하는 고민이다. 앞으로 우리는 무엇을 어떻게 해야 하는가?

문제가 복잡하고 현실이 답답해보이는 때일수록 기본 요소로 돌아가 천착하는 것이 필요하다. 농업이 나라의 경제와 사회에서 담당해야 하는 기본 역할을 분명히 하고, 이를 효과적으로 수행하는 환경을 만들어야 한다. 이를 위해서는 농업을 떠받치고 있는 각각의 하위 요소를 지속적으로 혁신해 나가는 길 외에 왕도는 없다. 뉴스의 주목을 받는 일시적이고 개별적인 사건을 처리하는 데 급급하지 않고 농업과 농촌의 근본을 떠받치는 기둥을 어떻게 강화해 나갈 것인지가 진정으로 정부가 집중해야 할 내용이다.

그것은 바로 땅, 사람, 그리고 돈이다. 하나씩 살펴보고자 한다.

땅, 사람, 그리고 돈

현대 경제학의 모태가 농업경제학이라는 것은 상식이다. 경제학의 태동기에 가장 비중이 높은 산업이 농업이었으므로 어쩌면 당연한 일이라 하겠다. 기초 경제학 교과서의 생산이론에서 처음 만나는 가변 생산요소가 노동과 자본이고, 토지를 고정요소로 상정하고 있는 것은 아마도 농업경제학에서 받은 영향이라고 할 수 있겠다. 산업혁명 이후 수많은 새로운 재화가 나왔지만 시장구조 분석을 위한 원론인 완전경쟁시장 이론에 가장 부합하는 것 역시 농산물 시장이라고 할 수 있다.

오늘날에도 경제학 발달 초기에 주목했던 농업 생산요소와 농산물 시장구조는 매우 중요한 의미를 가지고 있다. 농업정책이 다루고 있는 주제가 복잡하고 다양해졌지만, 앞으로도 농업을 우리 생존을 책임지는 지속 가능한 산업으로 육성해 나가기 위한 실마리를 찾기 위해서는 이들 기본 생산요소인 땅, 사람, 돈을 살펴보는 것에서 출발해야 한다.

1) 땅농지 : 누가 소유하고, 어떻게 관리할 것인가?

농업은 땅에서 영위한다. 물론 도시농업, 식물공장 등과 같이 농지와는 다소 거리를 둘 수 있는 새로운 농업 개념이 등장하고는 있지만 국가 단위의 산업 전체로 볼 때 땅은 농업을 위한 제1의 생산요소임이 분명하다. 땅, 즉 농지를 어떻게 조성하고 관리할 것인지의 문제는 농업의 미래와 직결되는 가장 중요한 문제다.

우리나라의 농지 문제를 다룰 때 가장 큰 현실적인 제약조건은 농지가 전용될 경우의 비가역성이다. 즉, 농지를 택지나 도로, 공장 용지 등으로 전환하면 다시 농지로 되돌릴 수 없다는 것이다. 토지의 형상이나 토질의 변경도 문제가 되고, 무엇보다도 농지 환원을 위해 치러야 할 비용이 너무 크기 때문이다. 대규모 농지 간척 사업이 더 이상 불가능해졌으므로 우리나라의 농지는 시간이 흐를수록 축소 일변도의 길을 걸을 수밖에 없다. 따라서 농지제도의 발전 방향과 관련해서는 다른 무엇보다도 경자유전耕者有田의 원칙과 농지의 전용轉用에 대한 입장을 정리해야 한다.

농지는 농민에게 : 경자유전耕者有田의 원칙

우리 헌법 제121조는 제1항에서 "국가는 농지에 관해 경자유전의 원칙이 달성될 수 있도록 노력해야 하며, 농지의 소작제도는 금지된다", 제2항에서 "농업생산성의 제고와 농지의 합리적인 이용을 위하거나 불가피한 사정으로 발생하는 농지의 임대차와 위탁경영은 법률이 정하는 바에 의하여 인정된다"라고 규정하고 있다. 이에 따라 현행 농지법은 원칙적으로 농업인에게만 농지를 소유할 수 있는 자격을 주고, 농지취득자격증명제도를 두어 농지 매수인의 농지 소유 자격과 소유 상한을 정하고 있다. 또, 농지를 취득한 후 농업 경영의 목적대로 이용하지 않으면 처분 명령을 내리는 등 농지가 농업 외의 용도로 사용되지 않도록 강력한 규제를 운용하고 있다.

경자유전 원칙을 둘러싼 주요 쟁점은 우리 경제구조와 인구구성 변화와 긴밀하게 연결되어 있다. 역사를 보면 지주-소작 관계에서 나타난 수탈 문제가 경제·사회 문제에 큰 갈등구조를 낳았으며, 전근대적인 사회를 벗어나지 못하게 한 걸림돌로 작용했음을 알 수 있다. 따라서 대한민국의 건국과 함께 농지개혁을 실시하고 농지를 경작하는 자에 한해 농지를 소유하도록 한 것은 매우 혁신적인 조치였으며, 이후 우리나라에 교육받은 중산층이 형성되는 경제적 토대가 되었다고 평가받고 있다. 또한 소작농의 처지에서 벗어나 농지를 직접 소유한 농업인이 이윤 동기를 적극 발휘하여 생산성 향상, 영농기술 발전 등 농업의 발전을 선도했다. 즉, 1960년대와 70년대 경제의 고도성장기에 녹색혁명이 병행될 수 있었던 것은 경자유전 원칙이 비교적 잘 지켜진 것이 중요한 역할을 했다고 볼 수 있다.

역설적이게도 이런 순기능의 결과로 또 다른 문제가 배태되었다. 대부분의 자영 농업인은 자녀를 교육시켜 도시로 보내 경제 성장의 역군이 되게 했는데, 그러다 보니 노후에는 정작 농지를 물려받아 농업을 이어갈 후계자가 없어 소유한 농지를 이웃에 임대할 수밖에 없는 상황이 많이 발생했다. 또, 경제성장으로 토지가격은 전반적으로 급등했는데 농지 소유자는 이용 규제에 막혀 지가 상승으로 인한 이익을 누리기 어려웠다. 그러다 보니 비농업인이 상속으로 농지를 소유하게 된 경우나, 도시 근교에 농지를 가지고 있는 경우에는 보유 농지를 다른 용도로 전환하여 개발이익을 누리려는 유혹이 증가했다. 한편, 농업을 새로 시작해보고자 하는 신규 농업인은 그동안 꾸준히 상승한 농지 가격으로 인해 필요한 만큼의 농지를 구입하기가 어렵게 되었다.

현실을 보면 비농업인의 농지 소유는 갈수록 확대되고 있다. 전체 농지의 50%가 임차농지이고, 농가 중 다른 사람의 농지를 조금이라도 임차하고 있는 농가의 비중도 59%에 달하고 있다. 이런 현실을 반영하여 농지 소유에 대한 규제는 점점 완화되어왔다. 주식회사 형태인 농업회사법인도 농지를 소유할 수 있게 한다든지, 도시민에게도 주말농장용 농지 소유 등을 허용하는 등 '직접 농사짓는 사람만 농지를 소유할 수 있다' 는 경자유전의 기본 이념이 조금씩 허물어져 온 것이다. 이에 더해 영농조건이 불리하여 흔히 한계농지로 부르는 농지에 대해서는 아예 경자유전 원칙의 예외로 인정하여 각종 소유와 거래 제한을 완화하고 있다.

요약해 말하면 농지개혁 당시에는 농업인이 땅을 가지지 못한 것이 일반적인 문제였는데, 앞으로는 농지의 소유자가 농사를 짓지 못하는 상황이 문제가 될 것이라고 할 수 있다. 농지개혁으로 농지의 이용자가 그 농지를 실제로 소유할 수 있도록 함으로써 농업 생산성 증대와 경제성장을 뒷받침하는 성과를 올렸다면, 지금은 소유자와 이용자가 분리될 수밖에 없는 새로운 여건이 널리 조성되어 부재지주의 농지를 어떻게 처리하고 이용할 것인지가 주요 문제로 대두되고 있는 것이다. 이런 경향을 반영하여 지난 10여 년간에 걸쳐 경자유전 원칙의 철폐나 완화를 위한 다양한 시도가 있었고, 그중 일부는 농지법의 근간을 흔들 정도로 규제를 철폐하는 데 성공하기도 했다. 그럼에도 불구하고 경자유전의 원칙을 최종적으로 포기할 것인지에 대해서는 아직도 사회적 합의에 도달하지 못했다.

한편, 농지개혁으로 농지는 개별 농가 단위로 잘게 나누어지게 되었다. 이는 규모화, 기계화를 할 목적으로 투자를 유인해야 하는 측면에서 보면 불리한 조건으로 작용한다. 또, 대규모 투자를 할 수 있는 자본을 가진 기업이 농지를 직접 소유하는 것을 허용하는 것은 기존 농업인의 농지에 대한 애착, 기업이 농지를 보유하고자 하려는 목적에 대한 의심, 과거 지주-소작 관계가 앞으로 농지를 보유한 기업과 임대 농업인 간에 재현될지도 모른다는 우려 등으로 농업계에서 동의를 얻기 어려운 상황이다.

농민에게 필요한 땅을 주라 : 경자용전耕者用田 시대 온다

경자유전 원칙을 완화하는 것은 누구를 농업인으로 볼 것인지의 문제, 어떤 상황에서 임대차 또는 위탁 경영을 허용할 것인지의 문제,

농업 보조금을 비롯한 각종 농업정책의 수혜자를 어떤 방식으로 결정할 것인지의 문제 등 땅을 매개로 하는 여러 농업정책 과제와 밀접하게 연결되어 있다. 따라서 단순하게 헌법 개정을 통해 현실의 복잡한 문제를 해결하기는 어렵다는 데 대부분의 전문가가 동의한다.

그러나 여러 변수를 검토하기는 해야 하지만 가장 핵심적인 것은 농지의 임대차와 농지전용제도의 운용 방식이라고 본다. 전용 문제는 별도로 하고 일단 임대차를 먼저 살펴보자. 현재는 예외적으로만 허용되어 있는 농지의 임대차를 일반적으로 가능하도록 하는 경우 경자유전의 원칙은 '사실상' 사문화되는 효과가 있다. 농지법의 취지에 따르면 부재지주의 농지는 결국에는 다른 농업인에게 매각하도록 하는 것을 예정하고 있는데, 임대차가 원칙적으로 허용된다면 농지 소유구조에 엄청난 영향을 주게 된다.

정책 담당자가 고민을 시작해야 하는 선은 우리가 처한 현실에 있다. 현재도 전체 171만 ha의 농지 중 임차농지가 50%에 달한다. 즉, 헌법에 기초하여 마련한 농지제도상으로는 임대차나 위탁 영농이 예외적인 것으로 간주되지만, 현실에 있어서는 예외라고 보기 어려운 사정이 있는 것이다. 여기에 농업인구의 고령화 추세를 감안하면 앞으로의 상황은 더 심각하다. 2013년 기준으로 전체 농가는 114만 호인데 농업경영주가 60세 이상인 가구는 67.3%, 65세 이상만 따져도 53.5%이다. 이에 비해 49세 이하는 9.3%에 불과해 그야말로 인구 절벽을 직면하고 있는 상황이다. 농업경영에 정년을 적용하기 어려운 면이 있기는 하지만, 보수적으로 평가하더라도 지금으로부터 약 10년 후인 2025년 무렵에는 현재 활동하고 있는 농업경영주의 50% 정도는 일선에서 물러날 것이라고 보는 것이 합리적인 예상일 것이다. 농지 임대사유를 조사해보면 노동력 부족이 약 45%, 이농이 12% 수준으로 제시되고 있어 앞으로 노령화가 심화되면 임대차는 급속히 확대될 것으로 보인다.

그러므로 앞으로 농업에서 은퇴하는 이들이 경영하고 있는 농지는 어떻게 처리되어야 할 것인가 하는 것이 경자유전 원칙 문제를 다루는 핵심 질문이다. 경자유전 원칙을 엄격하게 적용하여 은퇴하는 농업인이 소유한 농지는 반드시 기존 농업인 또는 신규로 진입하는 농업인에게 매각해야 한다는 당위론은 현실화되기 어려울 것으로 예상된다. 은퇴 농업인 또는 그 상속인은 앞으로 있을지도 모르는 농지 전용으로 인한 이익을 누리기 위해 소유권을 쉽게 포기하지 않을 것이고, 농지 수요자도 농지 매입에 드는 비용을 감당하기가 어려울 것이다. 결국 지금도 광범위하게 일반화되고 있는 임대차 또는 위탁 경영을 일반화하는 것을 대안으로 모색할 것이 예상된다.

임대차나 위탁 영농이 일반화될 경우 소유를 기준으로 한 농업경영규모보다는 농지 사용료, 최소 임대기간 등 경영비용 조건이 향후 농업 구조조정에 더 중요한 의미를 가지게 된다. 극단적인 가정이지만, 전국의 농지를 1인이 소유하고 이를 모두 농업인에게 임대하는 것이 합법화된다면 어떻게 임대차 제도를 운영할 것인지를 생각해보면 이 문제의 본질이 쉽게 이해될 것이다.

한편, 임대차 제도가 합리적으로 정착된다 하더라도 농지가 소수의 사람에게 독과점되는 상황이 정의正義의 관점에서 타당한가 하는 질문 역시 이 사안을 다룰 때 중요하게 고려해야 할 점이다.

농지의 전용轉用 : 어느 정도의 농지가 필요한가?

경자유전 원칙의 철폐와 관련한 논점에는 농지의 소유권을 둘러싼 논점 외에도 농지의 이용 규제와 연결된 쟁점도 있다. 소유 규제의 철폐를 반대하는 상당수의 사람들이 소유 규제의 철폐가 사실상 농지의 무분별한 전용으로 이어져 부작용을 일으킬 가능성을 우려한다는 점에 주목할 필요가 있다. 농지 전용이 대폭 확대되면 농촌지역의 난개발, 생산기반의 약화에 따른 식량안보 위협 증가 등 여러 가지 부작용을 낳을 것으로 예상된다.

우리나라의 농지는 1970년 230만 ha에서 2013년 171만 ha로 59만 ha가 줄어들었고, 국토에서 차지하는 비중도 23.3%에서 17.1%로 대폭 줄어들었다. 같은 기간 산림의 면적이 661만 ha에서 637만 ha로 24만 ha 줄어든 것을 감안하면, 경제발전으로 수요가 늘어난 택지, 도로, 공장용지 등은 대부분 개발이 용이한 농지의 전용을 통해 공급했음을 알 수 있다. 한편, 논 면적만 따지면 127만 ha에서 96만 ha로 줄어들어 무려 24.4%나 감소했는데 쌀 생산량은 394만 톤에서 423만 톤으로 오히려 7.3% 늘어났다. 간단히 말하자면 농지의 급격한 감소를 생산성의 증가로 벌충해온 셈이다.

농지는 지금도 계속 줄어들고 있다. 1990년 이후만 보더라도 매년 최소 약 1만 ha에서 2만 ha 수준의 농지가 사라지고 있다. 문제는 앞으로도 이런 추세로 농지가 줄어드는 것을 허용할 것인가에 있다. 지금까지의 추세처럼 농업생산성 향상이 농지의 감소 효과를 능가할 수 있다면 문제가 안 될 수도 있지만 앞으로는 그렇지 못할 확률이 높다. 단위면적당 생산을 늘리는 데는 한계가 있고, 국민이 선호하는 유기농 등 친환경농산물을 재배하려면 생산량이 일부 감소하는 것을 감수해야 하는 경우가 대부분이다. 증산을 위해서는 비료나 농약을 더 투입하거나, 유전자 변형을 거친 종자를 써야 하는 경우가 많은데 이런 재배방법에 대한 비판도 늘어나고 있다.

한편, 앞으로의 농지 전용 수요가 긴요한 것인지에 대해서는 평가가 엇갈린다. 기업의 투자 확대나 교육시설 건립, 국가 도로망 건설 등 불요불급한 수요에 대해서는 지금까지도 가급적이면 전용을 폭넓게 인정해왔다. 또, 이런 공공의 필요가 있을 경우 농지전용부담금도 대부분 경감 또는 면제해주어 값싸게 토지를 확보할 수 있도록 도와주기도 했는데, 앞으로도 그럴 필요가 있을지 의문이 제기된다.

따라서 이제는 농업을 지키기 위한 필요 농지를 적극적으로 지켜나가되, 전용하는 경우 엄밀하게 필요성과 경제성 판단을 하도록 하고, 부담금도 원칙에 맞게 부담하도록 하는 조치가 필요하다고 본다. 농지를 조성하는 데 들어간 비용을 고려할 때 전용을 쉽게 허용하는 것은 그동안의 농업투자를 대부분 무위로 돌리고, 국가 차원의 식량안보에 부정적인 영향을 미치는 일이기 때문이다.

농지 보전과 경자용전耕者用田의 조화

이제 경자유전 원칙에 경자용전의 실용성을 본격적으로 접목할 시기가 왔다고 본다. 그렇다고 해서 경자유전의 원칙을 성급하게 저버릴 수는 없다. 비농업인의 농지 소유가 전면적으로 합법화되면 투기적 수요를 자극하여 농지 전용이 급증할 가능성이 높고, 이 경우 농업생산구조에 치명적인 부작용이 우려되기 때문이다.

따라서 향후 10년에서 20년간 일어날 농업인구의 급속한 감소에 대비한 농지의 이용 프로그램을 마련해야 한다. 주로 상속으로 농지를 소유하게 되는 비농업인이 농업인에게 농지를 임대하거나 공공기관한국농어촌공사에 농지를 위탁하여 관리할 수 있는 방안을 정교하게 마련할 필요가 있다. 현재도 농지매입비축사업, 농지연금사업, 경영회생지원농지매입사업 등 기존 농지 소유자의 안정적인 생활을 지원하면서 농지를 점진적으로 다른 농업인에게 양도 또는 임대할 수 있는 사업을 시행하고 있다. 그러나 사업 실적은 전체 농지 규모에 비해 미미한 실정이다.

앞으로는 이농이 예상되는 농업인이 보유한 농지를 청년 농업인, 귀농인 등이 우선하여 사용할 수 있도록 하는 전략도 절실하다. 농지를 모기지 방식으로 구입하고, 영농실적을 감안하여 대금을 갚아 나갈 수 있도록 하는 등 초기 자본이 적은 청년 농업인이 농업에 쉽게 진입할 수 있도록 문호를 확대해야 한다.

아울러 보전해야 할 핵심 농지에 대해서는 지리정보시스템을 이용한 철저한 관리가 필요하다. 단순히 지목을 농지로 보전한다는 수준이 아니라 토양개량이나 수질의 관리를 병행하는 공공투자를 지속해 나가야 한다. 개발용도로 전용되는 농지에 대해서는 가급적 보수적으로 허용하되, 전용을 허가하는 경우 농지전용부담금을 원칙에 맞게 부과하여 농지관리를 위한 재원으로 적극 활용해야 한다. 현재 농지 전용허가 권한은 지자체에 위임되어 있으므로 필요한 경우 지자체가 참여하는 농지관리를 위한 전략회의 등을 신설하여 국가 전체 차원에서 농지를 효율적으로 관리할 수 있는 행정협조체계도 가동할 필요가 있다.

2) 사람 : 세대교체! 새로운 농업세대의 양성

대부분의 선진국에서 농업이 차지하는 산업 비중은 점차 낮아지고 있는 것이 사실이다. 그러나 일본을 제외하면 대부분 국내의 농업기반이 매우 튼튼하고 심지어 농산물을 수출하는 나라인 경우가 많다. 선진국 대열에 올라서 있으면서 인구가 5천만 이상인 국가 중 농업이 불균형적으로 약세인 나라는 일본과 우리나라 정도에 불과하다는 점은 우리 농업에 주는 경고로 읽어야 한다. 한 · 일 양국이 세계 최대의 농산물 순수입국이 된 것은 고도 경제성장을 위해 농업부문의 희생이 있었다는 점을 방증한다. 우리 농업의 위상이 상대적으로 낮아지면서 농업 노동력도 양과 질이 모두 나빠지고 있다는 우려가 많다.

단기에는 고정요소라고 할 수 있는 농지에 비해 농업 노동력의 투입은 가변요소에 해당한다. 하지만 제조업에서의 노동력은 대부분 임금 노동자임에 비해 농업 노동력은 농지의 소유자, 농업 경영자, 지역 주민 등의 다양한 모습을 동시에 가지고 있다. 농업이라는 산업이 대부분 가족 단위의 경영구조를 가지고 있고, 농장에서의 노동과 일상생활을 출퇴근이라는 개념으로 명확하게 구분하기 어렵다는 것도 특징이다. 또한 시장 여건이 어려울 경우 해고, 재교육 등으로 노동력 이동이 일어나는 다른 산업과 달리 농업은 인력 구조조정이라는 방식을 사용하는 것 자체가 어렵다는 특징도 있다.

따라서 농업인력 문제에 접근할 때는 생산주기에 맞춘 단기 가변요소로서의 노동력보다는 장기투자 측면에서의 인적 자본 육성이라는 측면을 더 강조해야 할 것으로 본다. 이런 관점에서 정부가 주목해야 할 사안은 이미 초고령사회에 접어들어 청년 농업인이 극도로 줄어든 농업인력 구조, 체계적이지 못한 농업교육 시스템이다.

소는 누가 키우나? : 농촌의 공동화

2013년 전국의 농가수는 114만 호로 전체 가구수의 6.3%, 농가인구는 285만 명으로 전국 인구의 5.7%를 기록하고 있다. 우리나라의 농가 인구는 선진국에 비하면 적은 편이 아니다. 2012년을 기준으로 할 때 일본은 1.9%, 캐나다 1.7%, 미국 1.6%, 프랑스 1.8%, 독일 1.4%, 네덜란드 2.3%, 영국 1.4% 등 대부분의 OECD 국가는 1.4~2.8% 구간에 분포하고 있다. 이를 두고 우리나라 농업은 구조조정을 더 해야 한다는 진단을 내놓는 사람들도 많이 있다.

하지만 이는 다소 피상적인 접근이다. 가장 먼저 살펴야 할 것은 농가 인구의 감소 추세다. 선진국은 산업혁명 이후 거의 200년에 걸쳐서 지금과 같은 인구구성을 이루게 되었다는 점을 유념할 필요가 있다. 이에 비해 우리나라는 1970년도만 해도 44.7%에 달했던 농가 인구가 40여 년 만에 5%대로 추락했고, 절대치로 따져도 1,442만 명에서 285만 명으로 급감하는 유례 없는 구조조정을 이미 겪고 있는 것이다. 문제는 앞으로도 이런 현상이 가속화될 것이라는 점이다.

다음으로는 노령화 정도를 보아야 한다. 현재 농가 인구 중 60세 이상 비중은 47.8%로 전국의 60세 이상 비중 17.1% 대비 거의 3배에 달한다. 농가 가구의 평균연령은 54세, 농가당 인구는 평균 2.5명으로 노령의 부부 농업인을 제외하면 농촌에 남아 있는 젊은 인구가 태부족임을 알 수 있다. 연령대별로 구체적으로 살펴보면 문제의 심각성이 두드러진다. 50대의 비중은 20%, 20대에서 40대를 합쳐서 21.1%, 갓난아이부터 10대까지 합치면 11%에 불과하다. 즉, 윗부분이 매우 넓고 아래로 내려오면서 극심한 기울기를 가진 와인잔 형태의 인구구조를 가진 것이다. 이런 상황에서는 인위적인 농업 구조조정을 하지 않아도 20년이 지나면 농업을 경영하는 인구의 비중이 현재 선진국 수준보다 더 내려갈 수도 있는 상황이 될 것이다.

그러면 뭐가 문제냐고 반문할 수도 있겠다. 가만히 내버려둬도 농가 인구가 적정 수준으로 내려간다면 오히려 바람직한 일이 아닌가 하고 생각할 수도 있다. 그러나 이처럼 급속한 인구 구성의 변화에는 대가가 따르는 법이다. 자칫하면 농업의 미래를 책임질 인력이 매우 허약해져서 농업이라는 산업 자체가 붕괴의 위험을 맞이할 수도 있다.

어느 틈에 뒷전으로 팽개쳐진 농업교육

도시의 팍팍한 삶에 시달리다 보면 '농사나 지으러 갈까' 라는 푸념을 입버릇처럼 하는 사람들이 많지만 현대사회에서 농사는 아무나 할 수 있는 것이 아니다. 목가적인 그림을 머릿속에 두고 농업을 시작했다가는 3년이 가기 전에 재산을 모두 날릴 위험이 있다. 생명체를 다루는 섬세함, 자연의 질서에 때로는 순응하고 때로는 이를 이용하는 지혜, 기상변화나 동물 질병 등 위기 상황에서의 관리 능력, 농산물 시장의 흐름을 읽는 안목 등 좋은 농업인이 갖추어야 할 덕목과 능력은 한두 가지가 아니다. 날이 갈수록 높아지는 소비자의 기호를 충족시켜주기 위해서는 끊임없는 연구가 필요하고, 투자 종목을 고르는 결단력과 자금력, 새벽부터 밤늦은 시각까지 야외에서 버틸 수 있는 체력 등등 농업을 하면서 계속 살아남기 위한 능력은 흔히 대기업의 경영자가 가져야 하는 것으로 알려진 능력과 본질상 차이가 없는 것이다.

그럼에도 불구하고 자급자족하는 것으로 만족했던 과거의 농업관으로 오늘날의 농업을 생각하는 경향이 아직도 남아 있다. 그러다 보니 훌륭한 농업인을 양성하기 위한 교육체계를 마련하기 위한 투자에 인색한 편이다. 현재 전국의 농업계 고등학교는 73개교가 있다. 그나마 실습장을 갖춘 학교는 25개에 불과하고, 농고 졸업생의 상당수가 농업을 직업으로 선택하지 않는다고 한다. 현재 15세에서

19세까지의 농가 인구는 11만 7천 명에 불과한데 이들 중 과연 몇 퍼센트나 농업을 직업으로 물려받을지는 큰 의문이다. 문제는 여기에 그치지 않는다. 농업계 학교의 몰락과 더불어 학생들에게 농업을 가르칠 농업 교사도 맥이 끊기고 있다. 대부분의 실습 교사는 정년을 5년도 남기지 않은 세대가 대부분이다. 청년 농업인이 감소하고, 이들을 가르칠 시스템이 사라지고 있다는 것은 우리 농업의 미래에 가장 큰 직격탄이 될 가능성이 높다.

학부모나 학생들이 농업에 대해 느끼는 매력도 바닥 수준이다. 많은 제조업 분야가 인력 부족을 겪고 있지만, 농업은 오래 전부터 이미 젊은 인력 부족에 시달리고 있다. 인력이 줄어들어도 농지는 그대로 남아 있을 것이므로, 장래에는 지금과 농업 경영의 양상이 다르고 전망이 어둡지 않을 것임에도 불구하고 대다수의 사람들이 직업으로서 농업의 가치를 아직 잘 모르고 있는 것으로 보인다. 농업은 직업의 선택지에서 아예 제외시켜 놓고 있는 것이 우리나라 청소년의 실상이라고 봐도 무리가 없을 것이다.

대학의 경우도 마찬가지다. 국립대학교를 제외하고는 농과 교육을 하는 곳은 거의 없으며, 그나마 현장농업인을 육성하는 것이 아니라 생명공학이나 식품가공 관련 교육을 하는 곳으로 변모한 지 오래다. 그나마 국립한국농수산대학, 천안연암대학 등 극소수가 전문 농업인을 양성하고 있으나 후계 농업인을 길러내기에는 태부족이다. 농업인이 재교육을 통해 기술과 능력을 발전시킬 수 있는 기회도 제한적이다. 시 · 군 단위에 산재해 있는 농업기술센터구 농촌지도소가 농업인의 다양한 기술교육 수요를 충족시키기는 어려운 일이다. 이러다 보면 약 20년 후에는 농업인의 수가 줄어들 뿐만 아니라 그나마 제대로 농사를 지을 수 있는 사람들의 비율은 더 많이 줄어들 것이라는 위기감이 든다.

정예 농업인력 육성을 위한 투자 확대

농업 인구의 감소는 어쩔 수 없는 추세로 받아들이되, 튼튼한 농업경제 구조를 만들어낼 수 있는 연착륙 전략을 시급하게 마련해야 한다. 그 핵심은 실습을 중심으로 한 강력한 농업교육 체계를 중등교육 과정부터 마련하되, 그 이후 창업과 재교육을 연계시키는 패키지 방식을 도입하는 것이다.

그렇게 하기 위해 단기적으로는 국가가 설립하고 운영을 감독하는 농업실습학교를 권역별로 설치할 필요가 있다. 학비 면제 등의 혜택을 주되, 일정 기간은 반드시 농업에 종사하도록 하는 의무영농기간을 부여하는 방안을 병행하는 것이 좋을 것이다. 또, 농지은행에서 위탁 관리하는 농지나 간척지 농지 등을 우선 배정하여 조기에 농업에 안착할 수 있도록 지원하고, 주기적으로 농업대학의 연수, 해외 선진지역 실습견학 등을 할 수 있는 기회를 주어야 한다. 이를 위해서는 현재 각 시·도 교육청이 주관하고 있는 중등교육에 특례를 마련하는 등 적극적으로 기존 제도의 한계를 뛰어넘을 필요가 있다.

또, 기존 농업교육기관 중 우수 기관을 선별하여 국가의 투자를 확대하고, 장기적으로는 농업실습교육 및 기술 전수를 전담하는 기관으로 육성하는 방안을 병행해야 한다. 이들 기관을 중심으로 농업인이 분야별로 자율적인 학습동아리를 결성하고 상호 교류를 통해 서로의 지식과 기술을 발전시켜 나갈 수 있도록 지원해야 한다. 한편, 기존 농업기술 지도기관을 민영화하는 방안도 적극 검토할 만하다. 이용자 부담 원칙으로 하되 기본적인 운영 경비를 국가에서 보조하는 방식으로 시작하여 점차 완전 민영화하는 방식으로 하면, 현재도 외국의 농업 기술을 비싼 값을 치르고 배워오는 농업인의 수요를 국내에서 흡수할 수 있는 좋은 방안이 될 것이다.

3) 돈 : 농업 금융을 농업 성장을 위한 핏줄기로 만들어야

농업 부문에 투자 재원을 끌어들이는 문제는 그리 간단하지 않다. 투자의 회임기간이 길고 타 부문에 비해 수익률이 높지 않아 민간 금융이 매력을 느끼지 못하기 때문이다. 또, 경지 정리, 용수 개발 등 농업 인프라를 정비하는 것은 민간이 쉽게 할 수 있는 규모의 사업이 아니다. 따라서 과거 17, 18세기에 대지주나 무역회사가 식민지 개발을 했던 상황을 예외로 하면, 현대 국가에서 농업을 진흥시키기 위해서는 투자 초기에 국가가 적극적으로 나서는 것이 불가피한 측면이 있다. 우리나라의 경우도 마찬가지다.

누가 농업에 투자하는가? : 정책금융의 배경

그런데 우리나라는 1995년 이전에는 예산을 적극적으로 농업에 투자하지 못했다. 경제개발계획 연대에는 중화학공업을 우선 육성하기 위해 한정된 재원을 집중 투자했고, 농어촌 지역의 새마을운동은 외부 자본의 투자에 의존하기보다는 당시 풍부했던 노동력을 자체적으로 이용하는 방식에 가까웠다. 농업 금융의 경우도 농협의 상호금융 기능 외에 국가의 정책금융 규모는 그리 크지 않았다. 반면, 쌀 추곡수매, 보리 하곡수매 등의 시장개입 정책을 펴고, 농촌진흥청을 중심으로 한 국가 주도의 R&D 정책, 증산을 목표로 한 종자 개량과 보급, 주요 농산물의 수입에 대한 물량제한 등의 정책을 추진하는 식으로 식량을 증산하고 농산물 가격을 안정시키는 적극적 개입 정책을 주로 사용했다.

WTO 체제의 출범은 이런 판도를 뒤흔든 일대 사건이었다. 전면적인 시장개입 정책을 더 이상 지속하기가 어려워졌고, 농업인이 자율적인 경제활동을 통해 스스로 성장해 나가야 하는 시대를 맞이한 것이다. 대외개방으로 인한 충격을 극복하기 위해 정부가 적극적으로 투융자 정책을 수립하여 농업을 지원하기 시작한 것도 이때부터다. 생산요소 구입이나 인프라 구축을 위한 보조 정책도 있었지만, 많은 사업이 저리 융자 형태로 지원되기 시작했다. 고금리 상황에서 저리로 융자하는 정책은 상당한 이점이 있어 지자체와 농업인이 국가의 융자금에 자체 조달한 자금을 더하여 투자하고, 장기에 걸쳐 갚아 나가는 방식의 사업에 뛰어들었다.

초창기에는 융자금 상환을 유예하는 거치기간이 있어서 농업인에게 큰 부담이 없었으나 상환기간이 다가오면서 여러 가지 문제점을 노출했다. 무엇보다 상환 능력이 부족하다는 것이 본질적인 문제였다. 융자금이 부채로 누적되는 경우가 많았으며, 이는 상호연대보증 등 우리나라의 고질적인 금융시스템의 문제와 더불어 농업인을 매우 어려운 상황에 직면하게 했다. 그 결과, 정부와 지자체가 사업성 없는 사업에 무분별하게 투융자를 하도록 부추겼다는 비난도 제기되었으며, 한편으로는 농업인의 방만한 경영을 지탄하는 목소리도 대두되었다. 또, 여러 번에 걸쳐 농가부채 경감 대책이 수립되는 등 정치적으로도 큰 진통을 겪었다. 이런 현상은 과거 소규모 자급자족 농가가 상업농 시스템으로 전환하는 과정에서 일어난 마찰이라고 해석할 수 있다.

다행히 최근에는 농가부채의 규모가 정체되고, 농가의 상환능력은 점차 개선되고 있어 1990년대 후반과 같은 어려운 상황은 아니다. 그러나 금융이 농업의 발전과 성장을 이끌어가야 한다는 당위론에 비추어보면 여전히 아쉬운 점이 많다.

돈은 수익을 좇기 마련인데 … : 농업 정책금융 체제의 한계

정책 금융의 장점은 많다. 성장 초기에 있는 유치幼稚산업에 대한 과감한 투자를 가능하게 해주고, 장기투자가 필요한 분야도 국가의 지불능력을 바탕으로 지원할 수 있다. 그래서 우리나라의 많은 산업이 정책 당국의 투자 결정에 의해 발전의 초석을 다질 수 있었다. 일단 산업이 어느 수준 이상 발전하고 나면 정책금융의 젖줄을 떼어도 민간의 투자가 활발하게 일어나 정부의 재원을 다른 산업으로 돌릴 수 있는 여력이 생기는 선순환이 발생한다.

농업에도 같은 방식의 발전과정이 있기를 기대했지만 정책금융이 본격화된 지 20여 년이 지나고 있는 현 시점에서 평가해볼 때 금융이 농업의 성장을 뒷받침하는 효과에는 한계가 있는 것으로 보인다. 두 가지가 가장 큰 원인으로 제시된다.

첫째는 정책금융이 사업별로 지나치게 세분화되어 있고 경직된 절차에 따라 운영된다는 점이다. 그러다 보니 금융기관이 지원대상자[수요자]의 사업 내용에 대한 평가보다는 정부가 정해놓은 지원자격에 해당하는지 여부에 더 관심을 기울일 수밖에 없고, 정작 신용도나 사업 전망에 대한 평가는 제대로 하지 못하고 있다. 제조업 분야에서 신용평가회사 등이 활발하게 영업을 하는 것과는 달리 농업 분야에는 그런 기능을 갖춘 회사가 나타나지 못하고 있다는 것은 민간금융이 개입할 여지를 거의 남기지 않는 자세한 사업지침이 있기 때문이라고 본다.

둘째는 앞에서 지적한 면과 마치 동전의 양면처럼 여겨지는 것인데, 농업 분야에서 사업성을 평가할 수 있는 기법이나 전문가가 거의 없다는 것을 지적할 수 있다. 여기에는 여러 가지 요인이 복합적으로 작용했다고 볼 수 있다. 가장 매출이 큰 농산물인 쌀의 경우 오랫동안 정부가 가격에 개입하여 민간 시장이 제대로 발전하지 못했다. 그리고 농가의 경영 규모가 매우 영세하고, 장부작성 의무가 없어 어떤 농업인의 신용도를 평가할 수 있는 근거자료가 태부족인 것도 걸림돌로 작용했다. 또, 농약, 비료 등 자재구입이나 최종 생산물

판매 시 영수증을 교환하지 않는 오랜 관행이 있고, 논밭에서 작물을 재배하여 올리는 소득은 비과세소득으로 되어 있어 소득세 신고의무가 없다는 것도 사업성 평가를 하는 데 있어서 불리한 여건이다. 이런 환경에서 농업금융 전문가가 양성될 것을 기대하는 것은 매우 어려웠고, 수요자농업인의 평판이나 담보제공 능력을 중심으로 기계적인 평가를 하는 것이 일반적이다.

이런 이유로 민간의 투자자금이 유입되기 어려워 계속 정책금융에 의존하게 되고, 부실한 대출을 회피하다 보니 신규 농업인이나 새로운 고수익-고위험 사업에 대한 대출은 거의 실행되기 어려운 상황이 지속되고 있는 것이다.

돈의 논리에 따라야 : 사업성과 신용 평가 제대로!

이런 한계를 극복하기 위해서는 수익성을 따라 이루어지는 금융 본연의 모습을 찾도록 환경을 조성하는 것이 필요하다. 농업인의 거래 정보를 파악할 수 있도록 기장의무 부과, 소득세 신고의무 부과 등의 조치가 필요하고, 보조금 지원이나 정책자금 지원대상을 이런 의무를 성실하게 이행하는 농업인으로 국한할 필요가 있다. 이런 제도 정비를 통해 파악된 객관적 자료를 바탕으로 농업금융기관이 개별 농업인의 신용도를 평가하도록 하며, 신용평가 기법을 적극 연구·개발해야 한다. 한편으로는 농업인에 대한 금융교육을 강화할 필요도 있다.

정책금융의 종류도 과감하게 단순화해야 한다. 현재 세부 사업별로 구분된 지원조건을 통일시키고, 자금의 종류도 줄여서 현장에서 농업인이 직접 설계한 사업계획서를 들고 금융기관과 상담할 수 있는 풍토를 만들어야 한다. 지금처럼 금융지원을 받기 위해 억지로 지원조건에 맞는 사업내용으로 분칠하여 서류를 작성하는 관행을 조속히 끝내야 한다.

담보 위주의 대출관행을 개선하기 위해 농림수산업자신용보증기금농신보의 역할을 강화할 필요가 있다. 지금은 농신보의 적자를 막기 위해 고위험 사업에는 신용보증을 꺼리는 관행이 있는데 기금 손실에 대한 책임을 적정 수준에서 경감시켜 고수익이 전망되는 경우 과감한 투자를 할 수 있는 여건을 만들어줄 필요가 있다.

신용평가 기법이나 농업금융기관의 운영 개선을 위해 선진 농업국의 농업금융회사 등과 적극 교류하고 인력을 위탁 양성하는 방안도 적극 강구할 필요가 있다. 작물의 종류에 따른 주요 시장의 수급분석 등 경제성 평가를 도와줄 수 있는 관련 연구도 더욱 확대해 나가야 할 것이다.

농정구조農政構造의 재편

우루과이 라운드UR 이후 농산물 시장이 개방되고, 미국, EU, 중국 등과의 FTA 체결, 쌀 관세화 등으로 농업 분야는 전면적인 개방화 시대를 맞아 매우 어려운 시장상황에 직면해 있다. 여기에 농업인구의 고령화, 농가소득의 양극화 등 내부 사정의 어려움도 더해가고 있다. 한편, 정부 예산에서 농림 부문의 비중은 감소 추세로 접어드는 등 재정지원을 통한 농업 지원여건도 녹록치 않다. 그러므로 농정 당국은 한정된 재원을 효율적으로 사용하는 동시에 정책 지원의 효과성을 높여야 한다는 과제를 안고 있다.

중앙정부 중심 농정의 문제점

그런데 과거 농정의 주요 흐름을 보면 이런 이중적 과제를 잘 수행하기에는 부족한 요소가 발견된다. 예를 들어, 1970년대에는 식량[쌀]의 자급을 최우선으로 했는데, 1980년대에 들어서서 시장 개방이 진전되면서 이에 따른 피해를 줄이기 위해 농외소득을 증대시키는 정책을 강조했다. UR 타결 이후는 농업의 국제경쟁력을 높이기 위해 규모화된 전업농을 육성하는 데 초점을 두었으며, 김대중 정부에서는 친환경농업을 강조하면서 가족농 중심의 정책으로 전환했다. 노무현 정부에서는 소득보장 장치를 강화하면서 직불제를 확충하고 농촌정책에 관심을 가지고 마을종합개발사업 등 지역정책을 확대했다. 이명박 정부는 대외 진출을 목표로 식품산업을 육성하고 수출 확대를 위해 노력했다는 특징이 있다.

이런 농정 변화의 흐름에서 일관된 점은 대부분 빠르게 변화하는 대내외 환경에 적응력을 높이고, 시장개방 확대와 같은 외부에서 촉발된 위기에 대응하기 위해 중앙정부가 중심이 되어 지방정부와 농업인을 이끌고 가는 하향식 접근방식을 사용했다는 것이다. 또한 정부 차원의 종합계획을 수립하다 보니 각 지역별 특색을 충분하게 고려하지 못하고, 형평성이나 공정성에 초점을 맞추어 작성한 평균적인 사업시행지침에 따라 회계연도에 맞춘 경직적인 사업일정을 고수하는 결과를 낳았다는 결점이 있다. 이런 농업정책 시행체제는 결과적으로 지역단위에서 중장기적으로 의미 있는 변화를 끌어낼 수 있는 정책보다는 국가 전체 차원에서 단기에 가시적 성과를 올리는 사업을 중심으로 계획을 수립하고 집행하는 경향을 낳았다고 생각한다.

농업인에게 미치는 영향 또한 바람직하지 않은 경우가 많았다. 중앙정부가 상세하게 설계한 개별적인 사업 시행지침을 전국에 일괄 시행하다 보니 영농 의지와 역량을 제대로 고려하지 못하고 평균적인 방식으로 지원하고 있다. 그 결과로 때로는 과잉 또는 중복된 투자가 이루어지기도 하고, 정작 지원이 긴요한 곳에는 지원이 되지 못하기도 했다. 또, 농가 간 불필요한 경쟁을 심화시키거나, 지원 혜택의 측면에서 양극화 현상이 일어나기도 했다.

지역이 농정 주도, 중앙은 보조

이런 중앙정부 주도의 농정의 한계를 극복하기 위해서는 지역단위에서 중장기 농업발전계획을 수립하고, 예산 배정을 이 계획에 부합하게 하는 중앙-지방 간 공동농업정책이 필요하다. 이미 시 · 군과 시 · 도 단위의 발전계획을 수립하는 것은 의무화했는데, 지자체는 그 필요성은 공감하면서도 지방의 취약한 재정여건, 농정 기획역량의 부족 등을 이유로 현실적인 어려움을 호소하고 있다. 한편, 중앙정부의 각 사업 담당부서는 고유사업의 영역을 스스로 파괴하면서 다른 사업과 연계하여 실시해야 한다는 점 때문에 아직까지는 소극적인 입장을 보이고 있다.

하지만 지역이 농정을 주도하고 중앙은 이를 도와주는 방향으로 전환해야 한다는 것에 대해서는 이미 많은 사람들이 공감하고 있다. 앞으로는 그런 변화의 과정에서 어떻게 부작용을 최소화할 것인지를 고민해야 한다고 본다. 그 첫 단계로 성격이 유사한 사업, 지원대상이 유사한 정책들을 시범적으로 선정하여 사업체계를 단순화한 패키지로 만들고, 이를 바탕으로 몇 개의 지자체와 의논하여 해당 지역에서 필요로 하는 사업들을 패키지로 종합 지원하는 시범사업을 실시함으로써 지자체의 자율적인 사업계획이 실제로 집행될 수 있도록 도와주는 것이 필요하다.

지역 주도의 농정이 단순히 구호로만 그치지 않으려면 중앙정부는 기존 사업체계를 과감히 버릴 수 있는 용기와 지자체 역량에 대한 신뢰가 필요하고, 지자체는 중앙정부에 의존하여 수동적 · 기계적으로 집행만 하던 관행에서 벗어나 중앙정부와 협조하여 자율적인 정책을 구상할 수 있는 역량을 적극적으로 길러가야 한다. 예산당국도 이런 변화를 지지하고 예산 심의에서 불이익을 주지 않도록 해야 한다.

이를 위해 단기적으로는 중앙과 지방의 농정 당국 간 정책대화를 활성화할 필요가 있다. 각 지역단위별로 농정을 기획하는 역량을 길러주기 위한 교육과정 개설, 중앙정부의 사업담당자들로 팀을 꾸려 지방농정을 컨설팅하는 새로운 접근방식 등도 활용할 수 있을 것이다. 아울러 중앙과 지방의 공무원이 근무지를 교류하는 것도 더 확대해 나가야 한다.

농업정책, 결국 국민과 농업인이 만족하도록

매년 말, 다음 해의 연두 업무보고를 준비할 때면 각 담당부서가 머리를 짜내어 준비한 갖가지 정책 아이디어가 책상 위에 수북하게 쌓인다. 오늘날 농업정책의 과제와 목표는 제목만 열거하기에도 한참 동안의 시간이 걸릴 만큼 종류도 많고 복잡하다. 아직 경험이 일천하고 지식도 얕아서 지도를 한눈에 내려다보듯 농업정책 전체를 섭렵할 능력이 없음을 한탄한다. 하지만 농업정책을 담당하는 공무원으로서 스스로의 일을 평가하는 기준은 간단하다. 국민이 정말로 만족하는 먹을거리를 마련하도록 돕고 있는가, 농업인이 노력의 정당한 대가를 받으며 즐거이 생업에 종사하도록 돕고 있는가 하는 것이다.

그렇다면 우리나라의 농업을 위해 무엇을 어떻게 준비할 것인가 하는 문제도 어쩌면 간단한 원칙에서 출발한다. 농업의 기본 요소인 땅과 사람, 돈과 관련하여 장기적 관점에서 적절한 방향을 잡고 정책 대안을 마련하는 것, 농업인의 삶을 더 가까운 곳에서 접하고 있는 지자체가 농업정책의 주도권을 행사할 수 있도록 농정구조를 개선하는 것이 필요하다고 내 나름의 결론을 내린다. 물론 반드시 필요하지만 실행하기는 어려운 일이라는 점도 잘 알고 있다. 그러나 어쩌겠는가? 공무원의 일이 원래 그런 것을.

나의
공직생활은 …

공직, 씁쓸하지만 달콤한 …

공직 입문, 거창한 계획은 없었다

어렸을 때는 공무원이 될 것이라고는 꿈에도 생각해보지 않았다. 일가친척을 둘러보아도 공무원은 없었고, 이름이라도 아는 공직자라고는 대통령 단 한 분뿐이었으니 그럴 만도 했다. 가끔 근엄한 표정의 흑백 증명사진과 화려한 경력이 나란히 배열되어 있는 개각 관련 기사를 조간신문에서 보는 것이 정부와 관련된 경험의 전부였다. 그러던 시골 소년이 중앙정부 공무원으로 근 20년을 지내고 있으니 사람 앞일은 알 수 없다는 말이 딱 맞다.

계기는 고등학교 동창회였다. 대학 졸업을 앞두고 이런저런 모임이 많을 때였는데, 동창회에서 오랜만에 만난 선배가 졸업 후 진로를 물었는데 딱히 대답할 만한 것이 없었다. 대학원에 가서 장차 연구원이나 교수가 되면 좋겠다는 생각으로 느슨한 스터디 그룹에 가입했지만, 실력이 모자란다는 생각도 들고 공부를 계속 하는 것이 어쩐지 공허하게 느껴지기도 했기 때문이다. 어물어물하고 있는데 선배가 혹시 공무원에 관심이 있다면 농림부도 한번 생각해보라는 조언을 했다. 대부분 금융이나 예산 담당 부서를 지망하겠지만 정부의 손길이 필요한 곳은 오히려 어렵고 소외받는 분야가 아니겠는가 하는 말을 덧붙이면서.

민간 기업에 가서 돈을 많이 벌어보겠다는 야심이 없었던 탓인지 꽤 솔깃하게 들렸다. 어차피 한 번 사는 인생인데 할 수만 있다면 세상에 작은 기여라도 하면 좋겠다는 생각이 들었다. 병역을 마치고 나서도 계속 이 생각이 머리를 떠나지 않는다면 그렇게 해보자고 마음을 먹었다. 1993년 여름에 신림동 고시촌에 들어가 1995년 제39회 행정고시 재경 직렬에 합격했다. 중앙공무원교육원 연수를 마치면서 희망 부처 지망을 하는데 좌고우면하지 않고 농림부를 선택했다. 처음 가졌던 마음을 지켜야 할 것 같았다. 우리 집은 농사와는 아무 관련도 없는 집안이지만 누군가 나를 위해 자리를 정해놓은 것 같은 느낌도 있었다.

공직 수행, 쉽진 않았지만 많은 것을 배웠다

물론 이런 느낌은 순전히 나의 착각이었다. 공무원 생활, 특히 농림부 직원의 삶은 결코 만만하지 않았다. 고시 합격이 아버지 세대가 생각하는 화려한 미래와는 거리가 멀다는 것은 진작 알고 있었고 기대도 하지 않았지만, 몸으로 겪어보니 더 실감이 났다. 처음 맡은 일은 공보담당관실에서 농업 관련 기사를 스크랩해서 보고하는 일이었다. 매일 저녁 13개의 조간신문 가판을 받아서, 읽고, 자르고, 붙이고, 복사하는 단순 작업을 반복했다. 문제가 있는 기사가 있으면 공보관과 장관께 전화와 팩스를 이용해서 보고하고, 담당 부서의 국장께 알려드려야 했다. 비가 추적추적 내리는 일요일 오후에 광화문

동아일보사 옆에서 월요일자 가판 배달을 기다리고 있노라면 기껏 신문 오려붙이려고 공무원이 되었나 하는 씁쓸한 기분도 들었다. 한편으로는 우리 부처의 모든 정책이 세상에 어떻게 알려지고 국민이 어떻게 반응하는지를 최일선에서 지켜본다는 묘한 쾌감도 있었다. 내가 현장에서 가려낸 중요도에 따라 간부들이 즉각 일정과 행동을 조정하는 것을 보면서 두려운 마음도 들었다.

1997년 말 외환위기를 겪고 나서 공무원이라는 직업을 다시 보게 되었다. 공기나 물처럼 정말로 중요한 것은 평소에는 모르다가도 위기의 순간에는 절실해지는 것처럼, 공무원이 하는 일이 바로 그런 것이라야 한다는 점을 배웠다. 국민 각자가 평온하게 살아갈 수 있도록 보이지 않는 곳에서 닦고 조이고 기름칠하는 정비공처럼 사는 것이 새로운 목표가 되었다.

1998~1999년에는 농산물 도매시장 거래제도를 규정한 법률을 개정하면서 수많은 농업인, 상인, 정치인들을 만났다. 열정은 넘치되 지식과 경험이 부족했던 시절이었다. 부족한 것은 몸으로 때워야 했다. 새벽 가락시장 경매장에 몰래 찾아가 낮에 찾아온 민원인이 하소연한 이야기가 사실인지 확인해보기도 했다. 이해관계가 첨예하게 충돌하는 시장 한복판에서는 담당 공무원이 보인 사소한 몸짓과 말투도 큰 신호로 해석된다는 것도 배웠다. 현장을 헤집고 다니면서 배운 살아 있는 지식이 책상이나 회의장에서 나온 아이디어보다 힘이 세다는 것을 절실하게 느낀 시절이었다.

2004년 2월 한-칠레 FTA 비준동의안이 국회에서 통과된 직후 농산물유통국을 떠나 국제농업국에서 일하게 되었다. 쌀 관세화 유예 협상에는 담당 사무관으로, 한-미, 한-EU FTA 협상에는 담당 과장으로 계속 참여했는데, 협상 상대국의 공격과 농업인의 원성을 동시에 감내하면서 지내야 하는 나날이었다. 농업협상은 본질상 최대한 얻어내기 위한 것이 아니라 잃는 것을 최소화해야 하는 협상이다. 그래서 아무리 고생을 해도 협상결과를 놓고 잘했다는 평가는 듣지 못하는 아픔이 있다. 협상 실무자로 5년을 보낸 후, 조금 과장하자면 잦은 장거리 출장과 연이은 회의, 야근으로 몸이 망가지고 아이들이 아빠 얼굴을 거의 잊어버릴 정도로 시달린 후에야 협상 테이블을 벗어날 수 있었다. 무척 힘들었지만 팽팽한 긴장감 속에서 전략적 사고와 갈등관리 기법을 배우는 소중한 경험이었다는 점도 부인할 수 없다. 다른 부처의 쟁쟁한 선수들과 같이 일하면서 배운 것도 많았고, 같이 일한 우리 부 동료들과는 지연, 학연, 혈연을 능가하는 끈끈한 팀워크를 다지는 계기가 되었다.

2009년 초 농업정책국의 경영인력과장으로 옮기면서 농업구조에 대한 고민을 본격적으로 시작하게 되었다. 어떤 일이든 어떤 사람이 하는지가 가장 중요한 변수인데, 과연 우리 농업의 장래를 맡을 사람은 누구인가 하는 문제를 깊이 고민할 기회가 되었고, 지금껏 그 화두를 놓지 않고 있다.

2011년부터 3년 여 동안 OECD 사무국에 나가서 일할 기회가 있었다. OECD에서 많은 경험을 했지만 무엇보다도 빠리 16구 마셜 빌딩의 사무실에 첫 출근한 날을 잊을 수 없다. 무역농업과장이

OECD에서 일하는 목표를 물어서 세 가지로 답변했는데 그중 하나는 선진국의 농정 경험을 흡수하고 배우는 것이라고 했다. 내 말에 과장이 정색을 하면서 한국은 이제 더 이상 배워야 하는 나라가 아니고, 경험을 공유하고 나누어줘야 하는 입장이라고 하는 것이 아닌가. 순간 가슴이 뜨끔하고 머리를 탁 치는 느낌이 들었다. 우리는 우리나라의 상황을 정확하게 보고 있는지, 선배 세대가 이룬 성취와 우리의 잠재력을 제대로 평가하고 있는지 뒤돌아보는 계기가 되었다. 많은 경우 우리 스스로를 과도하게 폄하하는 버릇이 있진 않은지 돌이켜 보게 되었고, 때때로 그 반대 입장에서 과대평가하는 것은 아닌지 점검하는 버릇을 가지게 되었다. OECD에서 또 하나 배운 것은 모든 판단에 있어서 가능한 한 신뢰도 높은 통계를 갖추려고 노력하는 점이다. 물론 적절한 통계를 구하기 어려운 경우도 많이 있고, 직관이나 정성적 분석에 의존할 수밖에 없는 상황도 있지만, 가능한 모든 방법을 통해 객관적 근거를 찾고 논의의 기초로 삼는 태도는 지금 우리에게 꼭 필요한 덕목이라 생각한다.

공직의 미래, 어렵지만 보람이 있을 것이다

2014년 가을, 농림축산식품부 농업정책과장으로 돌아왔다. 해외 근무기간 중에 많은 일이 있었다. 세종시로 이사를 오고, 부처 이름과 조직도 바뀌었다. 세월호 사건이 직원들의 사기에 미친 여파도 상당히 크다고 느껴진다. 하지만 최근의 이런 가시적 변화 외에 공직 입문 이래 목격한 점진적인 변화의 방향이 더 주목할 만하다.

무엇보다 국회와 정부의 역학관계 변화가 인상적이다. 행정부가 자체적으로 계획을 수립하고 집행하는 범위는 계속 축소되고 있고, 중요한 사안일수록 입법부의 승인 내지 견제 아래 시행해야 하는 환경이 조성되어 왔다. 법치행정의 관점에서 바람직한 방향의 변화라고 본다. 행정부 공무원 입장에서는 재량이 줄어드는 불편함도 있지만, 국민의 대표인 국회와의 협의를 통해 마련한 정책은 절차적 정당성 측면에서 분명히 유리하다. 다만, 국회와 정부 사이의 논의를 좀 더 실질적이고 효율적으로 하는 방법을 연구해야 하고, 행사하는 권한의 범위에 비례하는 책임의 재배분도 있어야 한다고 생각한다.

언론 환경의 변화도 놀랍다. 종이신문 스크랩하느라 허덕이던 때와 비교하면 격세지감이 든다. 몇몇 주류 언론사를 중심으로 형성되던 여론의 지평이 각종 소셜네트워크, 인터넷 매체 등으로 확대되고, 강력한 검색기능으로 무장한 네티즌 수사대의 활동 등 선배 공무원들이 상상하지도 못했던 환경이 조성되었다. 그야말로 사면이 유리창으로 된 방에 앉아서 일을 하고 있는 느낌이다. 정책의 완성도와는 별개로 많은 사람들이 이해하기 쉽고, 투명하고, 공정한 절차를 거쳐 일하지 않으면 정당성을 인정받을 수 없는 시대가 된 것이다. 이 또한 당분간 불편한 점도 있겠지만 길게 보면 우리 행정의 경쟁력을 높이는 데 기여할 것이라고 생각한다.

여성 공무원의 약진도 두드러진다. 공무원 시험에서 여성할당 제도를 운영한 것이 엊그제 같은데 이제는 남성할당 제도를 두어야 하는 것이 아닐까 하는 생각이 들 정도로 훌륭한 여성 후배들이 많이 들어오고 있다. 아직은 고위직에서 여성이 차지하는 비중이 높지 않지만 시간이 조금만 더 흐르면 대세는 양성 평등 내지는 여성 우위 구조로 흐를 것임을 확신한다. 관리자로서 조직운영 방식을 더 많이 고민해야 하는 과제는 있지만, 여성의 진출 확대가 공직윤리 함양, 일과 가정생활의 균형, 수평적 조직문화 확산 등에 많은 기여를 할 것으로 기대하고 있다.

공무원에게는 씁쓸해도, 국민에게는 달콤한 그날을 위해 …

미래를 전망해보면 행정 환경은 복잡해지고, 국민의 요구는 증가하고, 정부의 권한과 재량은 줄어드는 경향이 심화될 것이다. 예전 기준으로 보면 공무원의 근무 여건이 한층 어려워질 것이 분명하다. 연금도 줄어들고 퇴직 후 재취업 기회도 거의 사라질 가능성도 있다. 그러나 이 모든 것이 사회 전체적으로 보면 바람직한 균형을 찾아가는 과정에서 발생하는 진통이라고 생각한다. 그동안은 정부 주도로 압축 성장을 시도했고, 상당한 성공을 거둔 시대였다. 공무원의 보수는 박했지만 명예와 자부심이 있었다. 일부 공무원은 정치, 기업 등 다른 분야에서 약진하는 기회를 얻기도 했다.

앞으로는 모든 사회 구성원이 제자리에서 각자의 최선을 다함으로써 모든 분야를 골고루 발전시켜야 하는 시대가 될 것이다. 공무원 생활에 대한 동경도 서서히 사라질 것이고, 공무원과 국민의 관계도 더 수평적인 모습으로 바뀌어 갈 것이다. 아울러 국가 운영의 일차적인 책임을 정치인이나 공무원에게만 묻는 것이 아니라 모든 시민이 나누어 부담하는 시대로 서서히 접어들 것이다. 이런 변화를 거치면서 나를 포함한 모든 공무원, 내 가족을 포함한 모든 시민이 각자의 자리에서 소임에 전념한다면, 결국 모든 국민의 합쳐진 힘으로 좋은 나라, 좋은 사회를 만들어낼 것이라고 낙관한다. 그렇게 된다면 지금까지보다 공무원이 조금 더 불편하고 힘들어도 괜찮다고 생각한다. 꼭 그렇게 되기를 진심으로 바란다.

미래 정부에 묻다

–산업통상자원부 편

최남호 산업통상자원부 기획재정담당관

서울대학교 국제경제학과 졸업

지식경제부 기업협력과장

지식경제부 실리콘밸리 상무관

산업통상자원부 기계항공시스템과장

산업통상자원부 자동차항공과장

제38회 행정고등고시 합격

제조업으로 일어선 한국 경제,
앞으로도 통할까?

chapter 7

경제성장을 이끈 제조업과 기업인의 힘

산업통상자원부의 업무는 크게 산업, 자원, 통상이다. 일하는 동안 이 세 분야를 두루 거치는 게 일반적이지만 내 경우는 달랐다. 행운인지 불운인지 모르겠지만, 방사성폐기물 업무와 기획재정 업무를 잠시 맡은 기간과 해외에 유학과 파견을 잠깐 다녀온 기간을 제외하면 산업 분야에서만 근무했다. 덕분에 우리나라 산업 및 관련 정부정책의 변화를 몸소 체험하게 되는 특혜(?)를 누리게 되었다.

이렇게 산업 분야에 오래 근무하면서 느낀 점은 우리나라 경제성장, 특히 산업 분야의 성장속도가 눈이 부실 정도로 높고 다른 경쟁국과는 달리 이를 제조업이 견인하고 있다는 사실이다. 이런 사실은 여러 양적 지표를 통해서도 확인할 수 있다. 예를 들면 내가 공무원 생활을 시작한 1995년에 우리나라 산업 생산은 852.7조원[한국은행 국민계정]이었으나 2013년에는 3,529.2조원으로 급성장했는데 이런 전체 산업 생산의 거의 50%를 제조업이 차지하고 있다. 실제 우리 제조업의 생산규모는 1995년[385.6조원]에 비해 20년도 채 안 된 2013년[1,744.6조원]에 거의 4.5배로 커졌다. 수출 차원에서 보면 이런 현상은 더욱 두드러진다. 1995년 전체 산업 수출[1,250억 달러]에서 제조업[1,196억 달러]이 대부분을 차지했으며, 2013년에는 전체 산업수출[5,595억 달러]이 크게 증가했는데도 제조업[5,576억 달러]의 비중은 여전한 상황이다.

우리나라 제조업은 경쟁국과 뚜렷이 구별되는 특징을 가지고 있다. 대부분의 국가, 특히 선진국은 경제성장이 될수록 제조업의 비중이 축소되는 경향을 보인다. 즉, 산업구조가 고도화되고 인건비 등 경쟁여건이 악화되면서 자연스럽게 제조업 비중이 축소되는 것이다. 예를 들어 일본은 제조업 비중이 1995년 21.5%에서 2012년 18.7%로, 같은 기간에 미국은 17.6%에서 12.3%로, 영국은 19.2%에서 10.0%로 축소되었다. 다만, 전통적인 제조업 강국으로 제조업 분야의 혁신을 선도하고 있는 독일만이 22~23% 수준을 꾸준히 유지하고 있다. 우리나라는 이런 경향에서 유일한 예외라고 할 수 있겠다. 1995년 제조업 비중이 26.7%였으나 2012년에는 오히려 31.1%로 그 비중이 더 높아졌으니 말이다.

물론 이런 제조업의 놀라운 성과 이면에는 바로 우리 기업들의 피땀 어린 노력이 깃들어 있다. 포춘지 선정 글로벌 500대 기업에 이제는 우리 기업이 14개나 들어가 있고 삼성전자는 14위를 차지하고 있다. 세계 100대 브랜드에 삼성이나 현대와 같은 우리 대기업이 포함되어 있다는 사실만 보더라도 그동안 우리 기업이 얼마나 많이 성장했는지를 알 수 있다. 그러나 이런 대기업보다 내 가슴을 더 울린 분들은 바로 우리 중소기업 사장님들이다.

공무원 생활을 하면서 많은 사람들을 만나게 된다. 대학교수에서부터 대기업의 임원, 연구기관의 연구원까지 소위 잘 나간다는 전문가들을 많이 보게 되지만 실제 감동을 주는 분들은 중소기업 사장님들이다. 학력도 일천하고 배운 것도 많지 않지만 그분들이 매일매일 기업을 영위하기 위해 분투하는 모습을 보면 우리 경제의 힘이 여기에 있구나 하고 느끼게 된다. 맨 주먹으로 시작했지만 지금은 매출규모 500억원을 달성했는가 하면 영어 한마디 못하지만 해외 시장을 개척하기 위해 노력하는 중소기업 사장님들의 모습을 보면 저절로 고개가 숙여진다.

이렇게 우리 산업과 경제가 급속히 성장함에 따라 우리 생활의 전반적인 수준이 나아지는 것은 당연한 사실이다. 실제로 내가 처음 공무원 생활을 시작한 1995년만 하더라도 자가용으로 출퇴근하는 직원은 거의 없었고 있더라도 소형차가 고작이었다. 반면 이제는 지위고하를 막론하고 자동차가 생활필수품이 되었다. 자동차는 단순한 하나의 사례에 불과하며 우리의 일상생활 전반에 걸쳐 지난 20년간의 변화는 눈이 부실 정도다.

그러면 과연 모든 면에서 나아졌을까? 그렇지는 않을 것이다. 특히 새로운 일자리 측면에서 보면 지금이 과거보다 더욱 어렵다는 점에 대부분 동의할 것이다. 실제 내가 졸업한 1990년대 중반은 대학 졸업생의 취업이 크게 어렵지 않았던 시절이었고 대부분의 업종에서도 인력 과잉보다 인력 부족 문제가 더욱 심각했던 시절이었다. 요즈음 취업에 목을 매며 분투하는 졸업생들을 보면 불쌍하다는 생각에 앞서 이런 어려움을 만든 것이 바로 우리 기성세대라는 죄책감이 든다.

이런 관점에서 그동안 우리 산업의 과거와 현재의 모습을 살펴보고, 현재 우리 산업의 강점과 약점을 짚어보며, 앞으로 미래 정부가 일자리 마련을 위해 어떤 정책을 추진해야 하는지 개인적 의견을 내보고자 한다. 단순한 통계치에서 벗어나 공무원으로서 한 경험을 바탕으로 이야기해보겠다.

우리나라 산업의 어제와 오늘

우리 산업은 우리도 모르는 사이에 크게 성장했다. 이 글을 쓰게 된 것을 계기로 과거의 기억을 되살려 보니 지금 기준으로 판단해보면 재미있기도 하고 한편으로는 어처구니없었던 일이 많다. 이런 에피소드를 살펴보는 것만으로도 우리 산업이 얼마나 많이 변화해왔는지 이해할 수 있을 것이다.

그 시절, 우리의 산업

"M 주무관님, 금년도 발전설비 생산 업종에서 설비투자 규모가 얼마나 될까요?"

"최 사무관, 걱정할 것 없어. 그냥 한국중공업하고 몇 군데 협력업체들한테 전화해서 물어보면 되니 한 시간만 기다려!"

1997년 1월 연두 업무보고를 준비하는 과정에서 경제 · 산업 동향을 맡고 있던 산업정책과의 2년차 햇병아리 사무관이었던 내가 한 손에 소위 말하던 A디스켓을 쥐고 각 과를 돌면서 나눈 대화다.

이런 대화는 자동차나 조선, 반도체 등 다른 업종에서도 모두 비슷하게 오고갔으니 당시 우리나라의 산업 수준을 극명하게 보여주는 방증일 것이다. 대부분의 업종, 특히 중화학공업 분야는 일부 대기업이 전담하고 있었고 협력업체 수도 많지 않았으며 대부분 국내 생산시설만 있었지 해외 현지 생산시설이 없어 단지 몇 군데 전화통화만 해도 설비투자 규모를 알 수 있었던 시절이었다. 또한 당시는 생산설비 대부분이 해외 수입을 통해 조달되었고 외환관리법이나 수출입 신고제도 등 정부의 규제도 많아 이런 종류의 통계를 파악하기란 매우 쉬운 일이기도 했다.

지금은 어떨까? 몇 군데 전화로 알아보던 방식은 가능하지도 않고 시도조차 하지 않을 것이다. 양적인 측면에서 설비투자 규모가 증가전체 산업 기준 1995년 48.5조원 → 2013년 130.3조원했다는 점은 차치하고라도 기업의 거래관계가 매우 복잡해졌고 생산 공장도 국내에만 있는 경우가 드물다. 대부분의 기업들이 해외 현지공장을 두고 있다. 해외투자 초기에는 인건비 같은 비용 측면의 요인 때문에 해외로 생산기지를 이전했다면 최근에는 현지시장 공략을 목표로 대기업이 진출하고 이어서 중소 협력업체들이 따라서 이전하는 추세를 보이고 있다. 실제 생산 설비가 세부 품목으로 되어 있는 일반기계의 경우 우리 기업의 해외투자가 2004년부터 본격화되자 2005년부터 해외 현지에 설비를 공급해야 하므로 수출규모가 급격히 증가했고 그 증가 속도는 해가 갈수록 더욱 크게 늘어나고 있는 상황이다1995년 35.4억 달러 → 2005년 96.5억 달러 → 2013년 224.3억 달러.

"K 서기관님, 이게 무슨 뜻이죠? 처음 보는 내용이라서요."

"뭔데 그래?"

"제가 이번에 OECD 산업위원회 분과회의에 참석하는데요. 의제로 걸린 내용이 이해가 잘 안 가서요. 'Corporate Governance' 하고 'Business Environment' 가 이번 주제로 채택되었는데 처음 들어보는 단어예요?"

"그래, 그러면 산업연구원 박사님들이나 친한 교수님들한테 한번 알아보자."

1997년 6월 OECD 산업위원회를 준비하면서 의제에 걸린 내용에 대해 산업정책과 주무서기관과 나눈 대화의 일부이다. 이 회의 전까지는 주제가 규제개혁이었는데 갑자기 의제가 바뀐 것이다. 당시만 해도 'Corporate Governance', 즉 기업지배구조에 대해 국내에서는 거의 논의된 적이 없어서 매우 생소한 단어로 다가오던 시절이었다. 물론 IMF 외환위기 직후인 2000년대 초에 상법 개정과 맞물려서 기업지배구조 선진화가 대대적으로 추진되어 누구나 쉽게 아는 용어가 되었다.

한편 'Business Environment', 즉 기업환경이란 용어도 당시에 생소하기는 마찬가지였다. 1998년 초에 OECD 산업각료회의를 개최하기로 결정하고 당시 우리 부처 차관께서 이 회의에 참석하기로 함에 따라 첫 번째 대책회의가 열렸다. 각료회의의 여러 가지 의제에 대해 차관께서 물었던 첫 번째 질문은 이랬다.

"왜 하필이면 'Business Environment' 이지? 우리는 보통 'Industrial Environment' 라고 하는데?"

이 질문에 대해 당시 대책회의에 참석했던 국 · 과장을 비롯하여 아무도 제대로 된 답변을 못했다. 당시는 당연히 산업이란 관점에서 정책을 추진했을 뿐 개별 기업의 입장을 반영하지는 않았던 시절이었기 때문이다. 물론 얼마 지나지 않아 '기업환경' 또는 '기업 하기 좋은 여건' 이라는 용어가 흔하게 쓰이면서 이제는 '산업' 이라는 관점보다 '기업' 이라는 관점이 더욱 흔하게 쓰이고 경쟁력이라는 용어도 산업경쟁력이라는 거시적 차원보다 미시적 차원인 기업경쟁력이 더 익숙한 상황으로 변했다.

지금 우리 기업의 위상은 껑충

"과장님! 2012년 상장법인 연결재무제표 공시 내용 보셨어요?"

"아니 왜? 뭐 재미있는 내용이라도 있어?"

"연결재무제표 기준으로 보니까 우리나라 삼성전자 그룹의 작년 매출액이 300조원을 넘었네요. 우리 기업이 300조원 매출을 넘은 것은 최초라고 생각되는데요!"

2013년 자동차항공 과장으로 있을 때 현대 · 기아자동차의 연결재무제표 기준 매출액을 알기 위해 자료를 검색하는 과정에서 나눈 대화다. 하나의 대기업 집단이 연간 매출액 300조원을 넘다니! 정말 대단한 일이었고 한편으로는 무섭기도 한 사실이었다. 물론 삼성증권 등 금융부문을 포함한 매출액이었지만 금융부문을 제외하더라도 매출액이 230조원 수준이었다. 우리나라의 연간 GDP가 1,300조원 수준이고 제조업의 GDP가 400조원 내외인 점을 감안하면 그 규모는 놀라울 따름이었다. 물론 매출액과 GDP를 직접 비교하기에는 무리가 있으나 놀라운 수치임은 분명하다. 또한 현대 · 기아자동차 그룹의 매출액도 180조원을 상회하는 수준이었으니 매출액만 봐서는 거의 조그마한 국가 하나라고 봐도 될 수준이다.

우리나라 기업이 만드는 제품의 경쟁력을 가늠할 수 있는 개인적인 일화가 하나 더 있다. 2002년 미국에 유학을 갔다. 가전제품을 사기 위해 전자제품 매장을 방문했더니 전시 매장의 대부분 자리는 소니, 산요, 토시바 등 일본 제품이 차지하고 있었다. 그래도 애국심에 삼성이나 LG 등 국내 브랜드의 제품을 찾아보려고 종업원에게 물어보자 당시 종업원은 먼지가 뽀얗게 쌓인 구석 귀퉁이의 제품을 보여주었다. Zenith LG전자의 현지 브랜드와 대우전자 TV가 있으니 제품의 질은 따지지 말고 싼 맛에 한번 써보는 것도 괜찮다고 약간은 무시하면서 말했다.

2004년 미국에서 귀국한 이후 6년 만인 2010년에 상무관으로 실리콘밸리에 파견을 나갔는데 상황은 180도 바뀌어 있었다. 가전제품 전문 매장을 들러 TV와 세탁기, 냉장고 등을 종업원에게 추천해 달라고 하자 미국 종업원은 망설임없이 TV는 삼성, 세탁기와 냉장고는 LG를 사야 된다고 입에 침이 마를 정도로 제품에 대한 칭찬을 늘어놓았다. 그러고 보니 전시장의 가장 좋은 자리는 모두 우리나라 삼성과 LG 제품이 차지하고 있었다.

이런 놀라움은 집주인과의 대화에서도 느낄 수 있었다. 결국 가격 문제로 필립스 TV 같은 크기 제품을 기준으로 무려 200~300달러나 삼성제품보다 저렴함를 사서 설치하고 있는데 대만 출신의 집주인이 방문했다. 그는 TV

를 보자마자 대뜸 말했다. "아니, 왜 필립스 TV를 구입했어요? TV는 무조건 삼성 제품을 쓰는 것이 이곳 사람들의 상식인데요!"

이렇게 우리나라 제품의 경쟁력은 세계적인 수준으로 도약했으며 세계 어느 곳을 방문하더라도 우리나라 기업 브랜드의 광고간판을 쉽게 찾을 수 있다. 특히 미국의 라스베이거스에서는 우리나라 기업의 위상을 더욱 극명하게 알 수 있다. 전자제품과 관련된 세계에서 제일 큰 전시회는 미국 라스베이거스에서 개최되는 CES 전시회다. 지난 2010년부터 CES 전시회의 가장 큰 화두는 삼성과 LG가 어떠한 제품을 전시하고 출시하느냐 하는 것이다. 실제 상무관으로 있었던 2년 동안 CES 전시회를 참관했는데 전시장의 가장 중앙에 삼성과 LG가 자리잡고 있었고 만나는 외국인마다 한국 제품에 대해 언급하는 것을 보고 저절로 어깨가 으쓱했다.

우리나라 산업이 처한 문제점과 위기는?

앞의 몇 가지 일화에서 보았듯이 우리나라 산업이나 기업의 경쟁력이나 위상이 양적으로나 질적으로나 모두 과거 어느 때보다 높아진 것은 의심의 여지가 없는 사실이다. 그리고 이런 저변에는 바로 우리 제조업의 저력이 있다는 것도 부인할 수 없다.

실제 우리나라 제조업은 그간의 기술추격과 대형투자 전략을 통해 이제는 세계 5대 제조업 강국으로 도약했다. 조선이나 스마트폰,

디스플레이 등의 업종은 세계 1위를 기록하고 있고 반도체는 세계 2위, 석유화학은 세계 4위, 자동차는 세계 5위의 위상을 자랑하고 있다. 지난 2008년 전 세계적인 금융위기를 세계 어느 국가보다 조기에 극복하는 데 밑바탕이 된 것도 바로 우리 제조업의 저력이라고 할 수 있다. 실제 2008년을 기준[100]으로 보았을 때 우리나라의 수출 복원력[127]은 중국[145]을 제외하면 독일이나 일본[103], 그리고 미국[98] 등 세계 어느 국가보다 높게 나타나고 있다.

그렇다면 우리나라의 산업이나 제조업, 그리고 기업의 경쟁력이 앞으로도 지금과 같이 낙관적일까? 아마도 이에 대해 대부분의 전문가들은 고개를 가로저을 것이다. 연평균 수출 증가율 2000~2009년 8.7% → 2010~2013년 6.3% 이나 우리 기업 제조업 부문 의 매출액 대비 영업이익률 2000년 8.9% → 2010년 7.5% → 2013년 5.4% 은 지속적으로 하락하고 있는 것이 사실이다.

특히 이런 위기감이 조성되는 원인은 일시적인 현상에서 온 게 아니다. 글로벌 차원의 저성장에 따른 경기침체에 제조업의 패러다임 변화와 대내 요인이 누적되어 표면화된 것임을 인식해야 할 것이다. 우리의 주요 시장으로 인식되던 중국이 급부상 우리나라의 대중국 수출증가율은 과거 10%의 높은 성장률을 보이다가 지속적으로 하락하여 2014년 상반기의 경우 마이너스를 기록하고 있다 하면서 일본과 함께 동북아시아의 경합구도를 심화하고 있고 미국과 독일 등 전통적인 제조업 강자들이 다시 부활하고 있는 등 글로벌 시장경쟁의 판도가 더욱 치열해지고 있다. 우리 산업 내부적으로는 과거 기술추격 및 대형투자 등 양적 투입 주도형 성장전략이 한계에 달한 반면 새로운 패러다임 전환은 이루어지지 않고 있다. 따라서 앞으로의 새로운 정책방향을 설정하기 위해서는 우선 이런 다양한 문제점과 위기요인을 하나하나 짚어 나갈 필요성이 있다.

양적 성장은 이루었으나 일자리 수는 제자리

"여보, 이번에 ○○대학 △△학과 졸업생은 한 명도 취업하지 못했다네요!"

"그러길래 말이야, 요즘 대학생들은 1학년 때부터 취업준비를 한다고 하네."

요즈음 아내와 종종 나누는 대화다. 실제 내가 졸업할 당시만 해도 조금만 노력하면 취업에 큰 지장이 없었고 기업 특채면접을 보면 면접비용까지 주는 경우가 있어 아르바이트 삼아 면접을 보기도 했다. 그러나 이제 이런 호사는 모두 추억 속에 사라지고 대학생들은 모두 취업준비생인 게 엄연한 현실이다.

이렇게 일자리 얻기가 어려워졌다는 사실은 통계치를 통해서도 쉽게 확인할 수 있다. 앞에서 언급한 대로 제조업의 생산규모는 지난 1995년보다 거의 4.5배 수준으로 성장했다. 그러나 종업원 수10인 이상 사업체 기준는 지난 1995년 265.7만 명에서 2012년에 270만 명으로 크게 변화하지 않은 것을 알 수 있다. 물론 덕분에 우리 제조업의 노동생산성은 1995년 130.3백만원/명에서 2012년 558.5백만원/명으로 크게 증가하여 경쟁력 제고에 크게 도움이 되었다는 점은 부인할 수 없으나 일자리 측면에서는 거의 도움이 되지 못했다. 게다가 생산직 업종의 많은 부분에서 외국인 노동자를 고용한다는 사실을 감안하면 내국인을 대상으로 하는 일자리는 실질적으로 축소되었다고 말할 수 있다. 즉, 우리나라의 제조업은 그동안 지속적인 공정혁신과 설비자동화 등을 통해 경쟁력 제고에는 성공했으나 새로운 일자리 창출에는 거의 기여하지 못했다고 평가할 수 있다.

이런 추세의 원인 중 하나는 우리나라 기업의 해외 투자가 크게 증가하고 있다는 사실이다. 우리나라 제조업의 해외 직접투자 규모는 1995년 20.5억 달러에 불과했으나 2013년에는 95.4억 달러로 크게 증가했다. 우리나라 국내의 기업여건이 크게 개선되지 못한 가운데 해외 현지 생산의 필요성이나 저렴한 인건비 등을 이유로 생산공장을 이전하는 경우가 많아 해외 투자가 늘어난 것으로 판단된다.

현대 · 기아자동차의 경우에도 2012년에 처음으로 해외 생산이 국내 생산을 앞선 이후 지속적으로 해외 생산만을 늘리고 있다. 2013년의 경우 해외 생산은 410만 대를 기록한 반면 국내 생산은 345만 대 수준에서 유지되고 있다. 이런 현상은 다른 업종에서도 마찬가지다. 우리가 실생활에서 가장 많이 쓰는 스마트폰의 경우 일반적으로 첫 번째 모델만 국내에서 생산되며 대부분은 베트남 등 해외에서 생산되고 있다. 실제 주요 업종별 해외 생산 비중을 보면 TV는 93%2011년 기준, 스마트폰은 74.1%2012년 기준, 자동차는 44.3%2012년 기준를 기록하고 있다.

또 다른 원인으로는 지난 기간 동안 우리나라의 주력 산업이나 주력 제품의 구조가 크게 변화하지 못했다는 사실이 있다. 1995년

대비 2012년의 주요 업종별 생산비중을 보면 가전1995년 6.3% → 2012년 1.6% 과 컴퓨터1995년 1.3% → 2012년 0.2% 업종이 크게 하락하고 통신기기1995년 1.3% → 2012년 5.1%와 디스플레이2000년 1.0% → 2012년 5.3% 정도가 새롭게 진입했으며 조선1995년 2.6% → 2012년 4.4%과 석유화학1995년 4.7% → 2012년 8.0%의 비중이 증가했다는 정도다. 이를 제외하면 뚜렷하게 새로운 먹거리로서 신산업이 창출되지 않았다. 이런 점은 우리나라의 주력 수출품목 구조에서도 찾아볼 수 있다. 지난 2000년의 5대 수출품목반도체, 컴퓨터, 자동차, 석유제품, 선박과 2013년의 품목반도체, 석유제품, 자동차, 선박, 평판 디스플레이을 비교해보면 컴퓨터가 디스플레이로 대체된 점을 제외하면 별 변화가 없다는 점을 발견할 수 있다.

비용은 증가하는 반면 질적 경쟁력은 저하

우리나라 제조업은 이미 높은 수준의 설비투자를 지속전체 산업 대비 제조업의 설비투자 비중은 지난 2000년 이후 지속적으로 52~55% 수준을 유지하고 있고 R&D 집약도한국 4.3%, 일본 3.35%, 독일 2.92% 수준도 세계적으로 높은 수준이다. 또한 연간 실근로시간도 2012년 기준 2,163시간으로 OECD국가평균 1,770시간 중 멕시코 다음으로 장시간 근로를 기록하고 있다. 특히 최근 우리 노동인구 자체가 감소하고 있다는 점을 고려하면 양적 투입을 통한 성장은 이미 한계에 봉착했다는 판단을 내릴 수 있다.

이렇게 그동안 양적 투입을 증가시켜 성장을 지속해왔으나 우리의 질적 경쟁력은 선진국에 비해 아직 크게 뒤처져 있다. 앞에서 이미 언급했듯이 근로시간은 가장 많은 반면 시간당 노동생산성은

2012년 기준으로 30.4달러에 그쳐 OECD 국가평균 47달러 중 28위에 그치고 있다. 또한 제품 한 단위를 생산하는 데 투입되는 단위노동비용지수도 2011년 110.8 2000년 수준=100로 일본95.2, 대만68.6, 미국83.4 등 주요 경쟁국에 비해 오히려 인건비 상승 탓에 비용경쟁력이 지속적으로 하락하고 있다.

이에 더해 제조업의 질적 경쟁력과 부가가치를 높일 수 있는 핵심 요소로 부각되고 있는 기획, 설계, 디자인 등 소프트웨어적인 경쟁력은 주요 경쟁국에 비해 크게 뒤처져 있는 게 현실이다. 주요 선진국에 비해 국내 엔지니어링 산업의 기술수준은 아직 60%에 불과하고 디자인은 80%, 임베디드 SW는 겨우 50% 수준으로 평가되고 있다.

이렇게 질적 경쟁력이 저하됨에 따라 우리 제조업은 활력이 크게 저하되고 있다. 예를 들어 2012년 기준 신규 창업률을 보면 도소매업이 27.5%, 음식 16.9%, 부동산 임대 11.9%를 기록하고 있는 반면 제조업은 6.25%에 그치고 있다. 특히 경쟁력이 취약한 기존 중소기업들은 더욱 어려움을 겪고 있어 제조업 분야의 잠재적 부실 중소기업 비중은 2002년 3.2%에서 2009년 7.2%로 크게 증가했다.

중국의 급부상, 누가 중국 제품을 짝퉁이라 하는가?

외국 생활을 해본 사람이라면 익숙한 중국 웹사이트가 있다. 한국 방송을 인터넷을 통해 무료로 보려면 대부분의 경우 저작권료 등의 비용을 지불해야 한다. 그러나 중국의 몇몇 웹사이트에서는 무료로 자유롭게 한국 방송을 볼 수 있어 외국에 거주하는 한국 사람들이 이를 애용하고 있다. 물론 그 기술수준은 우리나라의 웹사이트를 거의 모방하여 만들었다는 사실이 금세 드러날 만큼 매우 열악한 수준이었다. 내가 실리콘밸리에서 상무관으로 있을 때 마침 이런 중국의 웹사이트 중 하나가 기업IR행사를 했는데 나를 비롯한 대부분의 사람들은 큰 관심을 갖지 않았다. 그러나 수천억 원에 달하는 투자를 유치하는 대성공을 거두었고 이런 사실은 실리콘밸리에서 꽤 화제가 되었다.

당시 평소 친분이 있던 벤처캐피털 대표에게 생각을 물어보았더니 중국 기업이기 때문에 투자했을 거라는 대답이 돌아왔다. 기술수준보다는 중국이라는 거대시장을 보고 투자했을 것이며 기술수준이 더 높더라도 한국 기업이었다면 투자받지 못했을 것이라는 대답을 듣고 씁쓸한 기분이 들었다. 그리고 이렇게 풍부한 자금을 쉽게 유치할 수 있고 내수시장이 거대한 점으로 보아 중국 기업들이 우리 기업을 따라잡는 것은 시간문제일 것 같다는 무서운 생각이 들기도 했다.

가장 흔한 사례가 바로 최근 큰 화제가 되고 있는 '샤오미' 일 것이다. 샤오미는 지난 2010년 애플 카피캣이라는 별명과 함께 중국에 등장한 소위 말하는 짝퉁 아이폰이었다. 단지 제품 외양의 모방에 그치지 않고 CEO마저 스티브 잡스를 모방하는 행동을 해서 짝퉁 아이폰에 짝퉁 사장이라는 놀림까지 받기도 했다. 그러나 이랬던 샤오미가 등장한 지 4년 만에 중국 시장에서 애플과 삼성을 제치고 로컬 1위의 시장점유율을 기록하고 있다. 게다가 샤오미가 중국 시장을 장악한 요인은 단순히 저렴한 가격만이 아니었다. 독자적인 OS를 개발했고 중국 소비자들의 기호를 정확히 제품에 반영하고 있는 터라 앞으로 점유율이 더 늘어날 것이라는 관측이 지배적이다.

이런 사례를 통해 볼 수 있듯이 중국의 산업은 급부상하고 있다. 이제 한국과 중국의 관계는 과거와 같이 '보완적 분업구조' 로 볼 수 없으며 점점 직접적인 경쟁관계로 변화하고 있다. 이런 현상은 이제 거의 전 업종으로 확산되고 있다. 조선은 제3국 시장을 대상으로 하는 경쟁이 심화되고 있으며 철강은 오히려 중국 제품이 우리 국내시장을 잠식하고 있다. 그리고 석유화학도 중국의 자급률이 향상됨에 따라 우리 기업의 시장점유율은 지속적으로 축소되고 있다.

앞으로의 정책방향은? 이 점만은 꼭!

앞으로의 정책방향에 대해 어떠한 내용을 쓸까 이런저런 고민을 해보았다. 처음에는 구체적으로 추진해야 할 정책의 내용에 대해 써볼까 하다가 굳이 내가 말하지 않더라도 여러 현란한 대책이 쏟아질 것이라는 생각이 들었다. 그리고 지금까지 많은 대책이 논의에 올랐고 수립 · 추진되어온 것도 사실이다. 무엇을 혁신하고 무엇을 창출하고 또 무엇을 할 수 있는 생태계를 조성하자는 등 내가 어떤 대책을 언급하더라도 대부분 들어본 대책일 것이다. 따라서 나는 가능한 한 상투적인 내용을 생략하고 평상시 정책을 수립하는 과정에서 이것만은 꼭 고려해야 한다고 느꼈던 점을 중심으로 말하고자 한다.

이미 앞에서 언급했던 우리 산업의 여러 문제점을 해결하고 우리 젊은이들에게 많은 일자리를 만들어줄 해답은 쉽게 생각하면 매우 간단한 두 가지로 축약될 수 있다. 첫째, 무엇보다 기존의 일자리가 사라지지 않도록 해야 한다. 우리 기업, 특히 제조업체들의 경쟁력이 저하되지 않도록 하고 해외로 떠나지 않도록 해야 한다. 둘째, 새로운 일자리가 끊임없이 창출되도록 해야 한다. 새로운 산업을 발굴하고 새로운 기업이 활발히 등장할 수 있도록 해야 한다. 이런 두 가지 방향에 맞추어 구체적인 정책이 수립되어 왔으며 앞으로도 수립될 것으로 믿는다. 다만, 이런 정책수립 과정에서 다음과 같은 사항은 반드시 고려되어야 할 것이다.

지원정책과 진흥정책을 구분하자

"결국 자동차 분야의 R&D 자금은 특정 기업을 위해 쓰인 것이네요. 특히 대기업에 대한 지원이 너무 과도하군요. 이래서는 너무 문제가 많아 평가점수는 하위등급을 줄 수밖에 없어요. 내년 예산은 대폭 깎아야 되겠습니다."

"뭐라구요? 평가위원님들! 저는 이해할 수 없습니다. 정부의 R&D 자금은 결국 기업을 지원하기 위한 자금이 아닌가요? 대학이나 연구기관을 지원하더라도 그 궁극적인 목적은 기업의 경쟁력을 제고하기 위해서가 아닌가요? 대학이나 연구기관에만 지원하면 일자리가 늘어납니까?"

"담당과장이 태도가 불손하군요. 이래서 공무원들이 문제입니다. 왜 대기업에만 편중하여 지원합니까? 항상 중소기업 납품단가를 후려치는 대기업에 지원하는 것이 옳다고 주장하는 것입니까?"

"아니, 그러면 전기자동차 개발을 위한 R&D 자금을 중소기업에 준다고 성공할 수 있겠습니까? 그리고 지원자금의 대부분은 중소부품 협력업체들이 활용하는 것입니다. 평가위원님들! 일본의 토요타도 일본 국내에 300만 대밖에 생산하고 있지 않은 상황에서 그래도 우리나라 자동차 대기업은 340만 대나 국내에서 생산하고 있습니다. 저는 담당과장으로서 우리나라 회사가 생산규모를 지금보다 늘려줄 수만 있다면 영혼이라도 팔고 싶습니다."

2013년 정부 지원자금 평가위원회에서 평가위원들과 자동차항공 담당과장이었던 내가 크게 언쟁을 벌이면서 오고간 대화의 일부다. 최근 들어 정부정책 평가에서 너무 많은 요구사항을 보게 된다. 우리 기업의 경쟁력 강화를 위한 R&D 자금을 지원하면서 중소기업에 대한 배려도 해야 하고 지역별로도 고려해야 하고 특정 대기업은 배제해야 하고……. 오히려 이렇게 고려해야 할 요인이 많아지면서 원래 목적은 놓치는 경우를 많이 보게 된다. 즉, 정부는 정책설계 과정에서 지원support이나 보조subsidy를 주목적으로 하는 정책과 진흥promotion이나 촉진stimulation을 주목적으로 하는 정책을 명확히 구분해야 한다.

지원정책은 기본적으로 일종의 시혜성 성격을 갖는 것으로 불평등을 완화하여 기회의 평등을 추구하고 어려움에 빠진 부문에 대해 이를 극복할 수 있도록 하는 정책으로 이해해야 한다. 산업정책의 경우 중소기업과 관련된 많은 정책이 이에 해당하는 것이다. 예를 들면 대기업에 비해 경쟁력이 열악한 중소기업에 대해 '중소기업 기본법'에 따른 많은 혜택을 주거나 일시적인 어려움에 빠진 중소기업의 운영자금을 지원해주는 특별경영안정자금 지원사업 같은 경우이다. 이런 정책의 대표적인 사례는 바로 미국 연방정부에 설치되어 있는 SBA Small Business Administration를 살펴보면 될 것이다. SBA의 역할은 기본적으로 여성이나 흑인과 같이 약자라는 이유로 중소기업이 차별 discrimination받지 않아야 한다는 데 집중되어 있다. 그 세부적인 프로그램을 살펴보면 우선 정부보증 융자프로그램이 있다. 새로운 중소기업을 창업하거나 기존 중소기업이 사업을 확장하는 경우, 어려움에 빠진 중소기업이 긴급 운영자금이 필요한 경우 민간 금융기관의 대출을 위해 정부가 보증을 서주는 프로그램이다. 물론 별도의 보증료가 필요하므로 일반 민간 융자에 비해 조건이 좋다고는 할 수 없지만 정부보증을 통해 보증력이 취약한 중소기업을 지원한다는 의미가 있는 것이다. 이외에도 연방정부 각 부처가 운용하고 있는 각종 규제제도의 중소기업 영향을 최소화하도록 조정하는 업무가 있으며, 정부조달의 일정 비율을 중소기업에 할당하거나 통상교섭 시 중소기업의 이익을 대변하는 등의 업무를 추진한다. 즉, 한 마디로 요약하면 중소기업이라는 이유로 차별받지 않고 기회의 평등을 추진하는 정책이라고 말할 수 있다.

반면 진흥정책은 기본적으로 민간의 시장실패를 보완하고 특정 부문을 진흥 또는 조장하기 위한 정책이다. 예를 들어 투자의 회임

기간이 매우 길거나 투자위험성이 클 경우 사회적으로 과소하게 투자될 가능성이 높다. 이런 경우 정부가 위험을 공유함으로써 사회적으로 적정 수준의 투자를 유도할 수 있으며 특정 부문에 민간투자가 집중될 수 있도록 하는 마중물의 역할이 가능한 것이다. 정부에서 추진하는 다양한 경쟁력 강화정책이나 각종 R&D 자금 등이 이런 진흥정책의 대표적인 사례가 될 것이다.

이렇게 지원정책과 진흥정책은 정책 목적이 뚜렷이 구분된다. 그러나 실제 정책을 집행하는 과정에서 느끼는 생각은 특히 최근 들어 분명히 진흥정책인데 지원정책의 요소를 가미하도록 강요받는다는 것이다. 대기업은 무조건 지원하면 안 되고 중소기업이나 중견기업에만 지원해야 하는 분위기, 대기업에 지원하면 마치 부도덕한 인간으로 취급받는 분위기가 조성되어 있다. 그러나 정책의 지원대상을 결정하는 과정에서 가장 크게 고려해야 할 요소는 해당 정책의 기본 성격 및 목적이어야 할 것이다. 단순히 기업규모로 보지 말고 해당 정책의 목적을 가장 잘 달성할 수 있는 대상을 선정해야 한다.

선택과 집중, 새로운 산업 부문에는 과감한 투자를!

최근 정책이 수립되는 내용이나 방향을 보면 과거에 비해 평등주의를 너무 많이 고려하는 경향이다. 앞에서 언급한 진흥정책에 지원정책의 요소가 너무 끼어들고 있다는 것도 이에 해당하지만 예산이 배분되는 과정을 보면 평등주의를 더욱 극명하게 찾아볼 수 있다. 산업부의 예를 들어보더라도 예산 수립과정에서부터 각 업종과 부문별로 편중되지 않고 고루 배분되도록 노력하고 있다.

이런 경향은 국회의 예산심의과정에서 더욱 극명하게 드러난다. 기업규모별 배분과 업종 및 부문별 배분에 더해 지역별로도 균형적으로 배분되어야 한다는 원칙이 강력하게 작용한다. 실제로 대형 예산사업에 대해 사전에 타당성을 검토하는 예비 타당성 검토의 경우 과거 경제적 타당성과 정책적 타당성만을 평가했으나 지난 2006년부터는 정책적 타당성의 하위 기준이었던 지역균형발전이라는 요소가 별도의 기준으로 독립되었다. 그리고 최근에는 지역균형발전에 배분되는 평가점수를 더 높게 상향조정하는 방향으로 제도가 변화되었다.

이렇게 평등주의가 강하게 작용하는 상황에서 기존의 점증주의적인 예산편성의 관행까지 더해져서 신규 사업에 정부예산을 대규모로 투자하는 일은 점점 더 어려워지고 있다. 실제 산업부의 경우 매년 신규 사업에 투자하는 예산은 2～5% 내외에 불과한 실정이다. 또한 신규 사업의 많은 부분이 지역균형발전이라는 차원에서 지역에 지원되는 사업이라는 점을 감안하면 실제 새로운 산업에 투입되는 정부 재원은 더욱 작다고 판단된다.

앞에서 언급했듯이 질 높은 새로운 일자리는 새로운 산업이나 새로운 성장동력이 창출될 때 가장 많이 만들어질 수 있다. 제조업 부문의 종업원 수가 과거 크게 늘지 않았다는 사실을 앞에서 지적한 바와 같이, 실제 공무원 생활을 하면서 기존 기업의 고용행태를 살펴보면서 느낀 점은 기존 업종에서는 경기가 좋아지더라도 일단 비정규직의 고용을 통해 해소하고 있어 질 높은 일자리가 창출되기 어렵다는 것이다.

그렇다면 어떻게 해야 할까? 말로만 선택과 집중을 언급하지 말고 좀 더 과감하게 새로운 산업 분야에 적극 투자해야 할 것이다. 새로운 산업 분야는 그 투자위험성이 매우 큰 분야이므로 민간의 투자는 제한적일 수밖에 없다. 어느 경우에는 평등보다 '모 아니면 도all or nothing' 라는 방식의 투자가 필요한 것이다. 어느 정도 수준에 다다른 업종이나 분야에 대해서는 민간이 자발적으로 투자하도록 과감하게 일임하고 정부는 위험성은 크지만 성공하게 되면 향후 그 발전 가능성이 큰 분야에 재원을 몰아주는 방식으로 정책을 검토해볼 필요성이 있다. 그리고 정부가 이렇게 과감하게 투자위험성을 공유하게 될 때 민간의 투자도 따라서 견인될 것이라고 생각한다.

글로벌 경쟁, 외국인 기업을 업어와서라도 일자리를 만들자

지금은 노동과 자본, 기업 등이 과거와 달리 글로벌 차원에서 자유롭게 이동하는 시대다. 이제는 단순히 기업 간의 경쟁을 넘어 국가 간의 경쟁이 가속화되고 있다. 국가가 얼마나 기업이 활동하기 좋은 여건을 만드는지에 따라 국가의 경제활성화 성패가 가름된다.

"K 팀장님, 참 재미있는 일을 하시네요. 이곳 실리콘밸리는 주변에 IT 기술이 탁월한 기업이 많아 컴퓨터 그래픽 작업을 하기가 쉽겠네요. 할리우드에서 많은 영화를 만들고 있으니 대부분 물량이 이곳에 몰리지 않나요?

"웬걸요. 한때는 잘 나갔죠. 할리우드에서 SF영화를 많이 만들다 보니 CG작업 물량이 몰려와서 밤을 새워서 일하던 적도 있었습니다. 그런데 2000년대 중반부터 슬금슬금 업체들이 영국으로 이전하더니 이제는 과거에 비해 절반도 안 되는 수준으로 떨어져서 밥 먹기도 힘드네요."

"아니, 왜 업체들이 다 영국으로 이전했나요?"

"영국에서 문화산업을 육성한다고 하면서 법인세를 대폭 낮추었거든요. 어차피 인건비는 비슷한 상황에서 법인세가 미국의 거의 절반 수준으로 낮아졌으니 업체들이 영국으로 이사 갈 수밖에 없죠."

2011년 말에 실리콘밸리 현지 기업과의 간담회에서 미국 굴지의 컴퓨터 그래픽 업체 팀장과 나눈 대화다. 영국과 미국은 역사적인 전통도 같고 언어도 같으므로 기업의 이전이 쉽게 이루어진다는 점을 감안하더라도 4~5년 동안 영국으로 이전한 기업이 많아 매출 규모가 절반으로 줄었다는 사실은 놀라운 일이었다.

이런 일이 벌어지게 된 계기는 토니 블레어가 영국 총리로 입성하면서 첫 번째로 내세운 슬로건인 '창조적인 영국Creative Britain'이었다. 블레어 행정부는 1998년 영국의 산업을 진단하면서 제조업은 이미 그 기반이 무너져 더 이상 기대할 수 없는 상황이므로 다른 국가들에 비해 우월한 영국의 '지적 자산'으로 눈을 돌리자고 부르짖었다. 즉, 제조업이라는 과거의 유물에서 벗어나 영국이 보유한 풍부한 지적 자산인 광고, 금융, 디자인, 교육 등으로 산업의 주력을 전환하자는 정책이었다. 블레어 행정부는 이를 슬로건에 그치지 않고 정부정책으로 계속 추진했다. 그 덕분에 이제 런던의 캐너리 워프는 뉴욕의 월스트리트 못지않은 세계 금융의 중심지가 되었고, 영국의 산업디자인은 세계적인 산업으로 도약했다. 그리고 영어를 기반으로 한 교육서비스 산업은 관광산업에 필적할 정도로 도약했다. 결국 이 '창조적인 영국' 정책이 실리콘밸리의 컴퓨터 그래픽 산업에도 막대한 영향을 미치는 결과를 낳은 것이다.

우리나라에 주재하고 있는 외국인 투자기업들을 대상으로 애로사항을 조사해보면 가장 많은 지적은 바로 우리나라에서 제공하는 인센티브 제도가 지속성이 없고 예측이 어렵다는 점이다. 즉, 처음 입주할 때 다양한 조세혜택을 받았다가도 국내에서 역차별 논란이 일면 제도가 바뀌는 등 예측하기 어렵다는 의견을 가장 많이 피력한다. 또한 노사관계에서도 최근에 통상임금의 범위가 문제되면서 과도한 부담으로 작용하는 등 입주 당시 여건과는 다르게 악화되고 있다는 주장을 많이 제기한다. 일자리가 추가로 생긴다면 과거와 같이 우리 기업과 외국인 기업을 구분할 필요가 없다. 경쟁구도가 글로벌 차원의 국가 간 경쟁으로 확대되고 있는 상황에서 이제는 외국인 기업을 업어와서라도 국내 일자리를 만드는 것이 우선이라고 생각한다.

청년층이 쉽게 창업할 수 있는 환경을 만들자

실리콘밸리 인근에는 스탠포드나 버클리와 같은 세계 유수의 대학이 위치하고 있다. 우연히 기회가 닿아 양 대학에서 공학을 전공하는 학생들과 이야기를 나누었는데 이들에게 앞으로의 꿈이 무엇인지

물어보았더니 십중팔구 석사학위를 마치기 전까지 사업 아이템을 만들어 창업하는 것이라고 말했다. 우리나라에서는 박사학위를 거론하는 응답이 가장 많을 것이고 대기업에 취직하겠다는 대답이 다음일 텐데, 이곳 학생들은 창업 다음에는 벤처, 그다음이 구글이나 애플과 같은 IT 대기업, 마지막이 박사학위였다. 이들의 논리는 이렇다. 박사학위는 교수가 되기 위해서나 필요한 것이다. 특히 캘리포니아 주에서는 박사학위 소지자는 일정 수준 이상의 급료수준을 보장해주어야 한다는 법까지 있어 취직에 유리하지 않다는 것이다. 또한 교수가 된다 한들 재미도 없고 부자가 되기는 어려우니 가장 마지막으로 선택하는 대안이라는 것이다.

실제로 실리콘밸리 인근의 대학생들 사이에 회자되는 가장 큰 화제거리는 "누가 기술을 개발해 투자를 받아 창업을 하고 이를 대기업에 팔아서 몇백억을 벌었다"라거나 "벤처기업에 입사해서 스톡옵션을 받아 근무하다가 회사가 주식시장에 상장되는 바람에 부자가 되었다"라는 이야기다. 즉, 대학생들은 창업을 꿈꾸고 이를 통해 새로운 일자리가 만들어지고 그에 따라 경제가 활력을 얻는 선순환이 이루어지는 것이다.

반면 우리는 어떠한가? 대부분 대학생들은 입학하면서부터 고시, 대기업, 아니면 공공기관 취직시험을 준비하는 등 도전보다는 안정된 직장을 쟁취하기 위해 발버둥치는 게 현실이다. 물론 우리나라의 경우 창업실패에 따른 대가가 너무 혹독하고 창업을 하더라도 내수시장에 한계가 있어 어려움이 있다는 점을 감안하지 않을 수는 없다. 그러나 앞에서 살펴보았듯이 기존 기업들의 일자리 창출능력이 제한되어 있는 상황에서 새로운 아이디어를 기반으로 한 창업의 활성화는 무엇보다 우선되어야 할 정책이다.

이제는 과거와 같이 단순히 창업 절차를 간소화하고 자금을 지원하는 소극적인 전략에 머물러서는 안 된다. 청년층이 자신만의 아이디어만 있다면 쉽게 창업할 수 있고 실패하더라도 혹독한 대가를 치루기보다 실패의 경험을 기반으로 다시 한 번 도전할 수 있도록 정책을 집중해야 할 것이다. 무엇보다 중요한 것은 창업을 통해 얻은 성공을 쉽게 회수할 수 있도록 정책을 설계해야 한다는 점이다.

다시 한 번 역동적인 성장을 기대하며!

최근에 모 연구기관의 원장님이 주최한 세미나에서 우리나라의 경제성장에 대해 평가한 말을 소개하고 싶다.

"산업혁명 이전 3천 년의 기간물론 정확한 기간은 아니겠지만 동안 동양의 문명이 서양을 앞서 왔던 것이 사실이다. 그러나 서양문명은 산업혁명을 통해 동양의 3천 년의 역사를 3백 년도 안 되는 기간에 추월한 것이다. 그러나 이보다 더욱 놀라운 사실은 동양의 조그마한 한국이라는 나라가 30년의 짧은 기간에 서양의 3백 년 기간을 따라잡았다는 것이다. 앞으로 더욱 기대되는 것은 그 속도다. 성장에는 관성이 있어서 앞으로 세상의 변화를 보기 위해서는 한국을 보아야 할 것이다. 이것이 한국 경제에 주목하는 이유다.”

우리 경제는 우리 아버지 세대에서부터 시작된 피땀 어린 노력을 바탕으로 30~40년의 짧은 기간 동안 세계에서 유례없이 빠른 성장을 했다. 변화에는 가속이 있어 일단 변화가 시작되면 멈추기 어려운 것이 사실이다. 그래서 앞으로의 세계 경제의 변화를 보기 위해서는 한국 경제를 보아야 한다고 말했을 것이다. 그러나 많은 곳에서 문제점이 발생하면서 이런 변화속도에 브레이크가 걸리고 있다.

2014년 초 전경련이 발표한 자료에 따르면 1인당 GDP 4만 달러를 달성한 22개 국가를 분석한 결과 이들 국가는 모두 1인당 GDP 2만 달러를 넘는 시점에서 가속페달을 멈추지 않고 성장을 지속연평균 3.6% 성장률해서 평균 13.4년 만에 1인당 GDP 4만 달러를 달성한 것으로 나타났다. 그러나 우리나라는 지난 2007년에 세계에서 유례없이 빠른 속도로 1인당 GDP 2만 달러를 달성한 이래 어디에 브레이크가 걸렸는지 연평균 성장률은 2.9%에 그치고 1인당 GDP도 7년 연속 2만 달러 대에 머물러 있다.

과거와 같은 빠른 성장속도를 회복하기 위해서는 사회와 경제 전반을 다시 한 번 점검하여 우리 경제의 활력을 되찾아야 한다. 그래야만이 1인당 GDP 4만 달러를 넘어 세계 경제와 변화를 선도하는 국가로 거듭날 수 있을 것이다. 우리 아버지 세대에 빚진 것을 갚고 다음 세대가 창의 넘치고 활력 있는 삶을 영위하도록 여건을 만들어주는 게 우리 세대의 책무가 아닐까 생각한다.

나의
공직생활은 …

중앙부처 공무원 생활의 원동력

내가 살고 있는 분당에 코리아디자인센터라는 빌딩이 있다. 2001년에 완공된 이 빌딩은 아파트밖에 없는 분당에서 그나마 볼거리이고 맨 위층의 결혼식장 때문에 항상 사람이 붐비는 곳이기도 하다. 이 빌딩은 정부 산하 공공기관인 한국디자인진흥원이 입주 · 관리하는 곳으로 내가 초임사무관이었던 1996년 처음으로 건축예산을 반영한 인연이 있는 곳이다. 1996년 종로구 동숭동의 낡은 건물에 있던 한국디자인진흥원의 이전을 결정하면서 세계적 수준의 디자인센터가 필요하다는 디자인계 의견을 받아들여 힘겨운 예산투쟁을 통해 건축이 시작되었던 것이다. 우리 가족들과 이 빌딩 앞을 지나가다가 그 웅장한 모습을 보고 이 건물의 예산을 반영했다는 형언할 수 없는 자부심이 들어 갑자기 옆에 있는 아내에게 “저 빌딩, 내가 한 거야!” 라고 말한 적이 있다. 물론 “그래서, 뭐 우리 가족한테 좋아진 게 있어!” 라고 공격당했지만. 이렇게 중앙부처 공무원이라면 자신의 정책이 구체화된 결과를 볼 때 가장 큰 보람을 느낀다. 그리고 나의 경우 경제적인 이유만으로 민간 이직을 생각하다가도 이렇게 자부심을 느낀 순간들의 희열 때문에 번번이 이직을 못하고 아직 공무원으로 남아 있는 것이다.

사실 중앙부처 공무원으로 가장 힘든 부분은 바로 경제적인 측면이다. 특히 아이들이 커가면서 교육비 등 들어가는 돈은 많은데 내 월급 수준을 보면 한숨이 나온다. 그럴 때마다 과거 민간으로 이직한 선배들의 "월급 100만원만 더 받았더라면 옮기지 않았다"라는 넋두리가 생각나곤 한다. 그렇지만 박봉에도 불구하고 내가 공직생활을 지속하는 원동력이 되었던 많은 순간들이 기억난다. 2005년 첫 과장 보직으로 파견 나갔던 '한국형헬기개발사업단'에서 나의 업무는 국내 최초의 수리온 헬기를 개발하는 사업이었고 여러 어려움이 있었으나 착수에 성공했다. 그 후 본부로 복귀하여 이리저리 바쁜 생활로 헬기를 잊고 지내다가 2010년에 상무관으로 부임했던 실리콘밸리의 집에서 밤 열두 시가 넘어 우연히 수리온 헬기의 시험비행 모습을 유튜브에서 확인했던 기억이 생생하다. 그렇게 고생해서 착수시켰던 헬기개발사업이 완료되어 드디어 시험비행에 성공하는 모습을 확인한 순간 나도 모르게 울컥해서 그날 그 감동으로 한 숨도 못자고 꼬박 밤을 새웠다. 아무도 알아주지 않는 실리콘밸리의 한 구석에서 컴퓨터 화면을 보고 혼자 울컥하는 모습이라니! 아마 이런 감동은 공직생활을 해보지 않은 사람이라면 이해할 수 없을 것이다.

공무원은 펜대를 잘 놀려야 …

이렇게 자신이 정책을 입안하고 그 정책이 구체화되는 과정과 결과를 보는 일이 공직생활의 원동력이 되기도 하지만 그 파장이 너무 커서 당황하는 경우도 많이 있다. 흔히 공무원은 펜대를 잘 놀려야 한다고 하는데 아마도 수립한 정책이 책상머리에서 펜대를 놀리면서 생각했던 것보다 더 큰 영향을 미치기도 하니까 조심해서 꼼꼼히 그 효과를 생각해보라는 말일 것이다. 나에게도 이런 추억이 하나 있다. 1997년 산업정책과 사무관으로 근무할 당시 IMF 외환위기 상황에서 우리 산업의 기본법이었던 '공업발전법'을 '산업발전법'으로 전면 개정해야 한다는 수요가 있었고 법을 담당했던 내가 이 업무를 주도했다. 이 법의 개정과정에서 가장 큰 이슈는 기존의 강력한 산업정책 수단이었던 산업합리화제도의 폐지와 그 대체수단으로 고안된 기업구조조정전문회사제도의 도입이었다. 전면개정안 초안을 마련하여 첫 번째 보고를 한 날 국장님이 나에게 한 말씀은 이것이었다. "최 사무관, 법이 조금 부실한데. 그래도 전면개정인데 다른 개정할 내용이 더 없을까?" 이런 말을 듣고 어쩔 수 없이 교보문고를 찾아가 경제 관련 서적과 잡지들을 잔뜩 사서 사무실에서 며칠 밤을 세워 내가 추가한 조항은 바로 지역산업 균형발전과 관련된 내용이었다. 즉, 1994년에 체결된 WTO보조금협정상 지역지원 보조금이 허용보조금으로 분류되지만 아직 국내에는 구체적인 법 규정이 없음을 확인하고 처음으로 전면 개정되는 산업발전법에 관련 조항을 신설한 것이다. 물론 이 규정을 넣으면서도 과연 이 조항이 활용되기나 할까 하는 의구심이 들었고 법의 구색 맞추기용 정도로 생각했으며 법 협의 과정에서도 별다른 이견 없이 쉽게 반영되었다. 그러나 시간이 흘러 지금은 당시 가장 큰 관심사였던 기업구조조정전문회사는 이제 그 역할을 다하고 사라진 반면 아무 생각 없이 추가했던 지역산업 균형발전과 관련된 조항은 "어어" 하는 사이에 그 몸집을 불리더니 이제는 별도의 특별법이 제정되었고 대통령 직속의 지역발전위원회는 물론 지역산업 육성에만 매년 1조원 이상이 투입되는 특별회계까지 운영되고 있다. 물론 개인적으로 지역산업 균형발전의 최초 입안자라는 자화자찬을 하지만, 해피엔딩으로 끝났기에 다행이지 전혀 예측하지 못한 부정적인 결과가 나왔다면 그 자책감을 피할 수 없었을 것이다.

특히 인터넷과 SNS 등으로 사회적인 네트워크가 더욱 복잡해진 요즘에는 그 파급효과를 사전에 가늠하기란 더욱 어려워지고 있다. 정책집행과정이 단순하고 정책목적 달성이 상대적으로 용이했던 과거와 달리 이제 정부정책은 의외로 효과가 작을 수도 있고 거꾸로 전혀 예상치 못했던 부정적인 효과가 나오기도 한다. 중소기업 보호를 위해 탄생되었지만 외국기업과의 역차별 문제를 일으킨 중소기업 고유업종 제도라든지 최근의 단말기 유통법의 사례는 모두 이에 해당하는 사례일 것이다. 이제는 과거와 같이 단순히 펜대를 잘 놀려야 하는 것에만 그쳐서는 안될 것이다. 최근 들어 그렇게 소통을 강조하는 이유가 여기에 있을 것이다. 정책 수요자와 지속적인 소통을 통해 사전에 충분한 교감을 하고 정책에 대한 의견수렴을 광범위하고 세세하게 준비해야만 그 정책목적을 달성할 수 있을 것이다.

그래도 공직생활이 좋다

어느덧 중년이 되어 고등학교나 대학교 동창들과 저녁모임을 갖게 되면 과거와는 다른 모습을 보게 된다. 사회 초년병 시절 동창들과 모이면 서로서로 자신의 꿈을 설파하고 사회정의를 부르짖었지만 동창들 모두 중견의 위치에 다다른 지금 저녁모임은 약간은 서글퍼지기도 한다. 특히 민간기업에 다니는 친구들은 대부분 구조조정이 어떻다느니 조직에서 살아남아야 한다느니 어떻게 하면 떼돈을 벌 수 있다느니 하는 지극히 현실적인 문제를 주로 입에 담고 있다. 이런 모임에서 그래도 공직생활을 하는 내가 가장 순수하고 단순해 보이기도 한다. 아직도 사회정의와 공익을 말하고 우리 국민이 어떻고 하는 말을 하고 있으니 말이다.

그러나 그렇기 때문에 나는 공직을 유지하고 있다. 나를 포함한 중앙부처 공무원들은 대부분 특정 기업이나 집단이 아니라 우리 국민을 위하고 공익을 추구한다는 자부심 하나로 살고 있는 것이다. 비록 박봉이고 요즘 들어서는 '관피아' 운운하며 국민들이 손가락질하여 사기가 떨어지기도 하지만 아직도 우리는 국민을 위하고 공익을 생각한다는 자부심으로 하루하루를 견디고 있다. 그리고 다시 과거로 돌아간다 하더라도 높은 연봉으로 윤택한 생활을 보장받을 수 있는 민간기업보다는 국민과 공익을 위하는 공직을 선택할 것이다. 물론 얄팍한 월급봉투를 보면 간혹 서글퍼지기는 하지만 말이다.

미래 정부에 묻다

– 보건복지부 편

최종균 보건복지부 장애인정책국장

서울대학교 인류학과 졸업

영국 University of Kent 졸업

제37회 행정고등고시 합격

보건복지부 국제협력담당관, 복지정책과장, 보험정책과장 역임

늘어나는 복지수요, 한정된 재정!
더 나은 복지사회 위한
해법은 무엇인가?

chapter 8

우리나라 복지의 현주소

우리나라는 비교적 짧은 기간에 사회보장의 기본 틀을 마련하고 국가의 재정투입을 단기간에 대폭 확대해왔다. 1964년의 산재보험을 필두로 1977년 건강보험, 1988년 국민연금, 1995년 고용보험 등 4대 보험이 단계적으로 도입되었고, 2008년에 5대 보험이라고 불리는 노인장기요양보험이 제도화됨으로써 1차 사회안전망인 사회보험체계가 완비되었다. 보편적 사회보장제도 외에 선별적 복지의 대표 격인 저소득층을 위한 국민기초생활보장제도와 의료급여제도, 긴급복지제도를 운영 중이며, 기여방식이 아닌 조세에 기초하고 일정 소득 이하 국민에게 지급되는 기초연금과 장애인연금도 각각 2014년과 2010년에 입법화되었다. 이렇듯 우리나라는 선진국에 못지않은 외형적 틀을 갖추고 있다. 재정적 측면에서는 사회보장지출이 OECD 국가에 비해 낮은 수준인 GDP 대비 8.1%OECD 평균 19.8%, 2011년이나 빠른 속도로 증가하고 있다.

그러나 현재 우리나라의 사회보장은 딜레마에 직면해 있다. 대립하는 두 측면 때문이다. 사회보장의 역할이 더욱 강화되어야 한다는 수요 측면, 급속한 지출 증가로 인해 지속 가능성이 위협받고 있다는 공급 측면이 그것이다. 고령화로 인해 복지수요가 증가하는 것 외에, 1997년 IMF 경제위기 이후 평생고용 등 기업복지의 역할이 약화되면서 국가의 복지에 대한 책임이 강하게 요구되고 있다. 고령화에 못지않게 빠른 속도로 진행되고 있는 소득분배구조의 악화 역시 수요 측면을 강하게 자극하고 있다. 아직까지 우리나라는 조세, 건강보험료와 같은 사회보장부담금과 사회보장급여로 불평등이나 빈곤을 개선하는 효과가 충분하지 못하다는 게 OECD 등 국제기구의 지적이다. 사회보장의 제도 측면에서는 발전을 충분히 이루었으나, 그 제도가 소득 재분배 등 충실한 사회안전망으로서의 역할을 하기까지는 아직도 가야 할 길이 멀다는 것이다. 반면, 이런 수요 증가를 감당할 재정 전망은 밝지 못하다. 인구 고령화와 저출산으로 인해 잠재성장률이 하락하고, 경제성장이 일정 단계에 도달하여 과거의 신흥개발국 시절에 경험했던 높은 경제성장률을 계속 유지하기는 어렵다. 수요는 증가하고 있으나, 수요를 충족시킬 공급[재정] 측면의 여력은 줄어들고 있다. 샌드위치처럼 중간에 끼어 있는 형국이다. 현명한 해결책의 모색이 절실한 때다. 유럽의 복지 선진국은 1960, 70년대 경제가 급속하게 성장하는 가운데 복지국가를 완성해갔지만, 우리나라는 경제전망이 밝지 않은 상황에서 복지지출을 늘려야 하기 때문에 사회적 논의로 지혜를 발휘할 필요가 있다.

우리나라가 당면한 복지 현안

저출산 · 고령화

2017년에 65세 이상 노인이 전체 인구의 14%를 넘게 되어 우리나라가 고령사회에 진입하게 된다는 통계청의 추계 발표가 최근에 있었다. 2000년에 인구의 10%를 노인인구가 차지한 지 17년 만이다. 2026년에는 노인인구가 전체 인구의 20%를 점하게 된다고 한다. 선진국에 비해 너무 빠른 속도여서, 경제활동인구 감소, 노인부양비 증가, 소비 감소 등 나타날 여러 현상에 사회적 우려가 많다. 하지만 의료기술의 발전 등에 따른 평균 수명의 증가는 진시황의 불사약에서 보듯이 오랜 인류의 꿈이었으며, 축복이기도 하다. 공적연금 수급연령을 70세까지 높인 나라도 있듯이 노인의 기준연령이나 퇴직연령을 65세 이상으로 상향조정하는 등의 여건을 마련하여 육체적 능력은 떨어져도 풍부한 경험과 식견을 가진 노인 인구층이 좀 더 생산에 기여할 수 있게 한다면 고령화가 문제만은 아닐 것이다.

노인인구 증가는 어쩔 수 없는 일이다. 하지만 출산율의 감소는 좀 다른 문제다. 개인의 선택문제이기는 하나 사회적 환경이 조성되면 나아질 수도 있는 문제이기 때문이다. 저출산 추세가 계속된다면 현재 1.1 수준에 머물고 있는 합계출산율전체 가임기 여성수 대비 출산아수이 인구규모 유지를 위해 필요한 2.1에 다가가기는커녕 1.0 이하로 떨어지지 않을까 우려된다. 아동수가 늘지 않고 노인인구만 늘어난다면, 전체 인구수는 줄어들게 되고 노인도 점차 일선에서 물러나게 되므로 사회의 활력이나 생산가능 능력은 떨어질 수밖에 없다. 2017년 노인 인구수가 아동 인구수를 추월하게 되면 생산가능인구가 줄어드는데, 1인당 노동생산성이 생산가능인구 감소율을 감당하지 못한다면 경제성장률도 떨어지게 된다는 게 전문가들의 지적이다.

〈그림 1〉 합계출산율

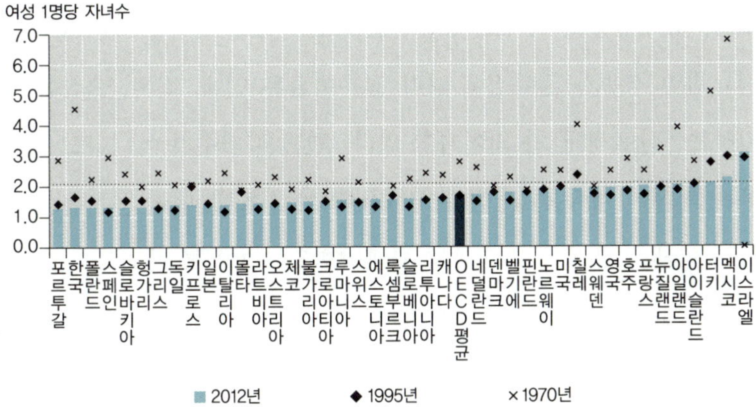

자료 : National Statistical Offices, 2014, and Eurostat Demographic Statistics, 2014.

2014년 11월 24일 『이코노미스트』의 '젊은이를 위한 나라는 없다 No country for young people' 기사는 인구가 감소하고 고령인구가 늘어나면 이자율이 아무리 낮아지더라도 생산은 줄고 노후를 대비한 저축은 늘어나게 되는데, 이 저축이 수요 부족젊은이들은 수도 적고 실업률이 높아서 소득이 높지 않다 때문에 투자로 연결되지 않는다면 장기 침체에 빠질 수밖에 없다고 지적하고 있다. 일본의 '잃어버린 20년'과 최근 아베 정부의 '3개의 화살'로 대표되는 경제확장정책이 성공하지 못하고 있는 이유도 세계 최고 수준의 일본 인구의 고령화가 원인 중의 하나일 가능성이 크다.

이런 경제 활력의 저하 외에도 저출산 문제의 심각성은 한국 사회가 안고 있는 문제가 고스란히 여기에 집결되어 나타난다는 데 있다. 결혼연령이 늦어지고 있고, 젊은 세대에서는 결혼이 필요없다고 생각하거나 결혼해도 아이는 필요없다고 생각하는 비율이 늘어나고 있다. 경제성장률 저하로 청년실업이 늘어나고 취업을 하더라도 비정규직인 경우가 많아짐에 따라 젊은이들은 연애, 결혼, 출산을 포기하는 '삼포세대'가 되어가고 있다. 결혼은 필수가 아니라고 응답하는 비율이 계속 늘고 있다. 우리나라보다 한발 먼저 문제를 겪고 있는 일본은 남성의 50세까지 생애미혼율이 20%를 상회하고 있다. 여성의 고학력화, 사회진출은 늘어나고 있지만 육아휴직 보장이나 질 좋은 어린이집과 같은 보육 환경은 만족할 만큼 충분하지 않아 결혼 기피, 출산 기피는 빠른 시일 내 해결될 것 같지 않다. OECD 보

〈그림 2〉 여성고용률과 합계출산율의 국가 간 비교

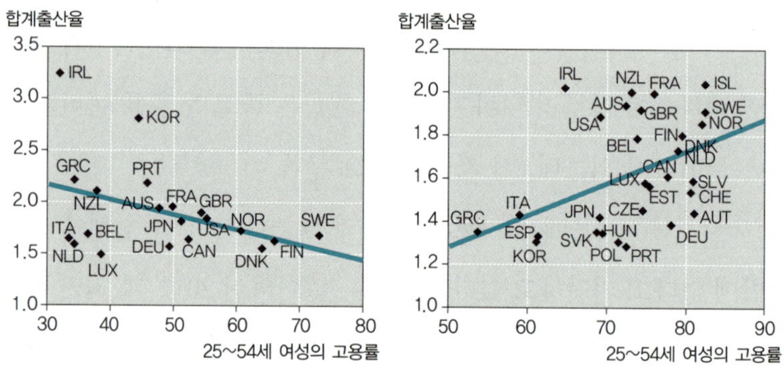

1980년　　　　2012년

AUS : 호주	AUT : 오스트리아	BEL : 벨기에	CAN : 캐나다	CHE : 스위스
CZE : 체코	DEU : 독일	DNK : 덴마크	ESP : 스페인	EST : 에스토니아
FIN : 핀란드	FRA : 프랑스	GBR : 영국	GRC : 그리스	HUN : 헝가리
IRL : 아일랜드	ISL : 아이슬란드	ITA : 이탈리아	JPN : 일본	KOR : 한국
NOR : 노르웨이	POL : 폴란드	PRT : 포르투갈	NLD : 네덜란드	NZL : 뉴질랜드
SWE : 스웨덴	LUX : 룩셈부르크	SLV : 슬로베니아	SVK : 슬로바키아	USA : 미국

자료 : Employment rates—OECD Employment Outlook UN World Statistics Pocketbook, 2010.

고서에 따르면 여성고용률과 출산율은 정正의 상관관계를 보인다고 한다. 여성이 결혼, 출산과 관계없이 안심하고 일할 수 있는 사회에서 출산율이 높아진다는 뜻이다. 긴 근로시간, 완벽한 보장이 되지 않는 육아휴직 등 우리 사회는 출산율을 낮출 여건을 더 갖추고 있는 것 같다. 결혼을 하더라도 높은 사교육비나 믿고 맡길 수 있는 어린이집 부족과 같은 육아부담으로 출산을 꺼리는 이른바 딩크족DINK ; Double Income No Kids의 비율도 높아지고 있다. 저출산은 문제가 아니라 하나의 심각한 사회적 사태다. 사회적으로 총력을 기울여야 하나, 이제는 다들 무감각해진 것 같다.

나빠지는 소득분배 구조

IMF 위기 전 1990년대까지만 해도 우리나라는 경제성장과 소득분배가 동시에 좋아지는 축복받는 나라였다. 경제성장을 통해 일자리가 창출되고, 그 일자리에 들어온 근로자들에게 기업이 임금과 각종 복지혜택을 제공함으로써 사회 전체적으로 소득이 고루 분배되는 사회였다. 그러다가 점차 지식사회로 들어가면서 육체 노동자와 지식 노동자 간 소득격차가 커지기 시작했고, IMF 경제위기를 거치면서 사회 전체적인 구조조정이 일어나 평생고용 보장은 사라지고 상시 구조조정의 상징인 비정규직이 대폭 늘어났다2011년 전체의 34%. OECD는 한국의 노동시장은 정규직과 비정규직 근로자 사이에 비교적 심한 이중구조가 존재하고, 이런 차별적 구조가 가구소득 불평등과 상대적 빈곤으로 이어지는 주요 원인이 되고 있다고 지적한다.

2010년 비정규직 근로자의 시간당 임금은 정규직 근로자의 57% 수준에 불과했다.

문제는 조세나 공적이전연금 등의 소득 재분배가 이루어지기 전 시장소득을 기준으로 한 상대적 빈곤율은 선진국이 우리보다 높은데, 소득 재분배 후 빈곤율은 우리보다 낮아진다는 것이다. 예를 들어 생산가능인구에서 우리나라의 조세급여제도는 상대적 빈곤율을 시장소득 대비 1.2%p 감소시키는 데 그친 반면13.4%에서 12.2%, OECD 국가의 평균 상대적 빈곤율은 재분배 기전을 감안하고 나면 20%에서 10%로 절반 수준이 된다. 최근 OECD는 소득 불평등이 경제성장의 최대 걸림돌이라고 지목하고, 각종 비과세 · 감면 축소 등을 통한 조세제도의 누진성을 강화하는 등의 적극적 재분배 정책을 권고했다.[•] 스탠더드 앤드 푸어스Standard & Poor's는 소득 불평등이 조세 수입에 악영향을 미치며 이는 역으로 교육과 같은 공공서비스 투자를 위축시켜 불평등을 확대 재생산하는 문제를 발생시킨다는 보고서를 발간했다.[••] OECD나 신용평가회사인 스탠더드 앤드 푸어스는 진보적인 성향을 보이는 기관들이 아니다. 이런 기관들이 소득 불평등 문제를 공론화하는 것은 그만큼 문제가 심각하다는 점을 반증하고 있다. 계층 간 갈등을 완화하여 전체 사회의 통합이나 안정을 이룩하기 위해서도 소득분배 문제는 개선할 필요가 있으므로 조세나 사회보장 지출

• Clingano, F. (2014), "Trends in Income Inequality and Its Impact on Economic Growth," OECD SEM Working Paper No. 163, www.oecd.org/els/workingpapers.

•• Gabriel J. Petek (2014), Income Inequality Weighs On State Tax Revenues, www.standardandpoors.com/ratingsdirect.

을 통한 적극적인 공적 재분배의 역할 강화가 필요하다.

어떻게 풀 것인가?

앞서 얘기했듯이 우리나라는 복지수요는 증가하고 재정의 지속가능성 확보는 어려운 두 가지 압박을 받고 있다. 복지지출 증가율은 연평균 14.2%[2000~2007년]로 OECD 국가 평균[6.3%]에 비해 약 2.5배 빠른 속도다. 한 연구기관에 따르면 현재의 복지지출 증가율을 유지해도 2050년이면 OECD 평균수준인 GDP의 22%를 복지에 사용하게 된다고 한다. 급속한 고령화 속도와 의료비 증가 추이 등을 감안할 때 건강보험, 국민연금 등 복지제도에 투입되는 재정이 계속 뒷받침될 수 있느냐 하는 우려는 커지고 있다. 최근 영유아보육사업 지방비 조율문제 등 중앙과 지방 간 복지재원 분담을 둘러싼 중앙정부, 지자체, 시도교육청 간의 갈등은 복지재원을 둘러싼 우리 사회의 갈등이 앞으로 커질 것임을 보여주고 있다. 복지 지출확대가 불가피하다면 우리의 선택은 무엇이 되어야 할까?

스웨덴식 경쟁 지향적 복지국가competitive welfare state•

흔히들 스웨덴을 복지의 천국으로 알고 있는데, 스웨덴을 들여다 보면 퍼주기식 복지가 아니라 목표가 명확한 복지라는 사실을

• 유토모 켄지, 『스웨덴 패러독스』(2011) 참조.

알 수 있다. 스웨덴이 처음 복지를 도입할 때의 모토가 '국민의 집'이었다. 스웨덴은 과거 저출산과 저성장으로 힘든 시기를 보냈다. 그 후 여성을 노동시장으로 끌어내기 위해 국가가 적극적으로 육아와 교육 관련 복지제도를 확대하여 여성의 출산율을 높임과 동시에 경제성장률을 끌어올리는 성과를 이루어냈다. 아울러 직업훈련, 취업알선 등의 적극적 노동시장정책, 합리적 과세에 의한 노동 인센티브 부여, 그리고 실용 지향적 교육제도는 노동생산성을 높일 뿐 아니라 혁신 지향적 경제체제를 이룩하는 데도 기여했다. 스웨덴은 복지국가의 일반적인 이미지와 달리 기업 도산이나 근로자 해고도 당연히 일어나는 엄격한 자본주의 경쟁사회의 일면을 지니고 있다.

1970년대 초반 경제위기를 거치면서 스웨덴은 귀중한 경험을 얻었다. 조선업이 타격을 입자 경쟁력에 문제가 있었음에도 불구하고 국가가 막대한 공적자금을 투입했다가 결국에는 경쟁력을 회복하지 못하고 관련 설비를 매각하고마는 등 국가적으로 엄청난 손해를 입었다. 이런 경험을 바탕으로, 1990년대 다시 한 번 경제위기가 왔을 때 볼보VOLVO, 사브SAAB 등으로 대표되는 자동차산업이 취약성을 보이자 정부는 기업구제를 위한 자금 투입이 아니라 과감한 구조조정을 감행하되 여기에 따른 실직 근로자들에 대해서는 재취업을 위한 교육훈련으로 적극 지원했다. 물론 실업기간 동안의 생계는 높은 실업급여와 같은 복지를 통해 보장되었다. 복지는 단순히 선심성 지출이 아니라 구조조정과 같이 경제 전체가 제대로 작동하기 위해 필요한 장치로서의 역할을 하고 있다. 장하준 교수의 말처럼 복지가 하나의 '단체 보험' 의 역할을 하고 있는 것이다. 복지와 경제 간의 연계, 상호보충성의 연결고리가 분명하다. 스웨덴 정부는 사양산업 등은 정리 · 퇴출하고 그로 인해 남는 노동력은 생산성이 높은 산업과 기업으로 이동시킨다는 산업정책을 쓰고 있다. 그 과정에서 실업급여와 직업훈련을 국가 책임 하에 시행해 실업자들을 구제한다는 것이다. 경제 전체로 보면 비효율적인 산업이나 기업이 도태되어 생산성이 향상되며, 실업급여 등으로 실업자를 일정 기간 보호하므로 심한 저항 없이 경제의 구조전환이 이루어지게 된다. 이렇듯 스웨덴이 복지국가를 유지한 원동력은 치열한 국제경쟁 속에서 끊임없이 생산성 향상을 위해 노력해온 산업과 기업, 그리고 이런 환경을 조성해온 정부에 있는 것이다. 사회보장면에서는 '큰 정부' 이나 산업정책면에서는 '작은 정부' 인 셈이다.

외부 경제에 대한 의존도가 높다는 면에서 우리나라와 경제여건이 유사한 스웨덴은 복지지출 수준이 높음에도 국제경쟁력은 높다 2010년 세계경제포럼 WEF 국가경쟁력 2위•. 그 비결은 복지지출 구성에서도 찾아볼 수 있다. 복지지출 수준이 높음에도 복지지출이 사회 전체의 생산성을 높일 수 있는 분야와 방식에 집중되어 있다는 것이다. 가정과 아동을 위해 필요할 뿐 아니라 미래 인적자본의 기초를 튼튼히 할 보육 분야, 노동시장에 적극적인 영향을 미칠 교육훈련 분야의 지출 수준이 높다. 아울러 각종 수당 등 현금급여에 대한 지출이 보육, 노인장기요양, 간병 등 현물서비스에 대한 지출과 균형을 이룸으로써 복지가

• The Global Competitiveness Report 2010-2011, WEF.

생산성 향상과 연계되고 있다. 서비스에 대한 지출이 늘 경우 어린이집 교사, 요양보호사, 간호사 등의 직업이 창출될 수 있고 어린이나 돌볼 노인이 있는 가족 구성원은 돌보는 부담이 작아져 노동시장 참여가 가능해짐으로써 전체 사회의 생산성이 높아질 수 있다.

문제는 복지지출 수준이 얼마나 높냐가 아니라, 그런 지출이 어떻게 쓰이냐는 것이다. 최근 경제위기를 겪고 있고 그 주요 원인이 복지지출이라고 지적받고 있는 그리스의 경우 지출 수준에 비해 조세부담률이 낮을 뿐 아니라 사회복지 지출의 절반 이상이 노령연금에 쓰임으로써 사회 전체적인 생산성 향상에 기여하지 못했다. 그나마 노령연금도 정실주의에 따라 소수의 사회그룹에게만 높은 수준으로 지급되었다. 복지지출이 필요한 곳에 제대로 갔다고 보기 어렵다. 우리의 복지국가 방향이 스웨덴식이어야 하지 않을까 생각한다. 경제성장 둔화로 복지재원 마련이 어렵기 때문에 무한정 복지 확대를 주장하기 어렵다. 하지만 현실적인 여건상 복지지출 확대가 불가피하다면 경제성장을 뒷받침할 수 있는 쪽으로 전체적인 복지지출 구성과 방식을 바꾸어야 할 것이다. 무조건 복지지출 수준을 높이는 것이 능사가 아니라 지출 구성을 경제와 복지가 선순환할 수 있는 방향으로 재정비하면서 복지지출을 늘려가는 것이 필요하다.

복지지출 구성과 복지재원 부담에 대한 사회적 합의

복지지출 구성을 바꾸거나 복지재원을 늘려가는 데에는 사회적 합의가 필요하다.

먼저, 복지지출 구성을 바꿀 사회적 합의가 필요하다. 복지가 경제성장을 뒷받침하기 위해서는 복지지출이 생산성 있게 구성되어야 한다. 장래 복지지출 추계를 보면, 국민연금과 건강보험 등 사회보험 지출이 전체 지출의 80% 이상을 점하는 쪽이고, 선진국도 그런 추세를 보이고 있다. 공적연금과 건강보험 지출 중 우선순위를 정하는 것이 필요할 것이다.

사회보험에 대한 지출 외에, 미래 인적자본인 아동과 아동을 키우는 가정을 위한 정책과, 현재 인적자본에 직업훈련, 취업알선을 제공하는 적극적 노동시장 정책에도 지출을 대폭 늘려야 한다. 저출산 문제를 해결하려면 부모가 안심하고 맡길 수 있는 어린이집 확대, 보육비 부담 완화 등이 필수다. 스웨덴이 유럽 국가 중 높은 출산율[1.94, 2009년]을 기록하고 있는 것은 육아휴직의 권리가 보장되어 있고, 휴직 중에 국가에서 경제적으로 보장해주며, 육아를 지원하는 보육서비스가 정비되어 있기 때문이다. 여성의 육아와 근로생활 병행을 보장하는 대폭적인 투자 없이 출산율을 끌어올리는 일은 여성의 고학력화와 사회진출 확대를 고려할 때 사실상 불가능하다. 우리나라의 자녀보육 지원 등 가족 관련 지출은 GDP의 0.8%에 불과하여 OECD 평균인 2.3%에 한참 못 미친다[2009년•].

현재 고용노동부의 고용센터를 통해 이루어지고 있는 직업능력개발, 직업훈련 등은 전문성이나 대상 측면에서 문제점이 지적되고 있다. 사회

• OECD (2013), 『한국의 사회통합을 위한 제언』(Strengthening Social Cohesion in Korea), p.60.

적 변화가 빠른 현실을 고려할 때 평생 직업훈련이 중요하므로 담당 인력 처우개선, 담당조직 확대 등의 대폭적인 지출 확대가 필요하다. 노동시장에서 수요와 공급을 중간에서 연계해주는 역할도 중요하다. 지금 당장 지출구성을 전체적으로 뜯어고치기는 어렵겠지만 우리 사회가 어디로 가야 하고 그에 따라 복지지출 구성은 어떤 방향이어야 하는지 사회적 합의를 이끌어내야 할 것이다.

다음으로, 복지재원 부담에 대한 사회적 합의가 필요하다. 그리스가 흔히들 너무 높은 복지지출로 경제가 엉망이 되었다고 하는데, 사실 그리스 복지지출 수준은 OECD 평균을 조금 상회하는 GDP의 24%다24.2%, 2012년. 문제가 되는 것은 세금 탈루 등 조세 형평성이 무너졌고 국민이 지출 수준에 걸맞은 조세부담을 하지 않았다는 점이다. 반면 스웨덴 등의 복지 선진국은 국민부담률조세 및 사회보험료 부담이 GDP에서 차지하는 비율이 50%를 육박하고 있다노르웨이 · 스웨덴 42.3%, 핀란드 42.8%, 덴마크 47.2%, 2012년•.

• OECD social expenditure database.

복지지출을 늘리는 것은 대부분 환영한다. 다만, 지출에 필요한 재원을 누가 부담하는가에 대해서는 어느 나라 국민이든 "나는 아니다not out of my pocket"라고 답한다고 한다. 나보다 더 소득이 많은 사람이 부담해야 한다는 말이다. 대표적인 예로 건강보험을 들어보면 4대 중증질환 보장성 강화 등을 통해 건강보험의 공적 보장성은 높아졌지만, 중병이 들었을 때 병원에 가서 내는 본인부담co-payment 수준은 여전히 높다. 건강보험이 적용되지 않는 비급여 부담이 만만치 않은 것이다. 이런 본인부담을 줄이려면 평상시 내는 건강보험료가 높아야 할 것이다. 보험료가 높아질수록 민간보험회사의 건강보험상품 보장성이 커지는 것처럼, 사회 구성원 모두가 평상시에 부담하는 공적 보험료가 높아질 때, 막상 병에 걸려 병원에 가서 내는 본인부담이 작아질 수 있다. '저부담-저급여', '고부담-고급여' 라야 수지가 맞다. '저부담-고급여' 는 외상으로 잠깐은 버틸 수 있을지 모르나 지속 가능한 대안은 아니다. 일본처럼 국채를 발행하여 재원을 충당하는 것은 미래 세대의 부담으로 현 세대가 잔치를 벌이는 모양밖에 되지 않는다. 재원 분담에 대한 사회적 갈등이 지속될 경우, 바람직한 복지 확대 방향에 대한 논의보다는 복지 디폴트default 같은 부정적 여론만 확산시키는 결과를 가져올 우려가 많다. 사회적 논의 기구를 통해 몇 년간 논의를 해서라도 복지 수준과 부담 수준에 대한 명확한 사회적 합의를 이끌어내는 것이 필요하다. 우리나라와 같이 복지지출의 증가가 눈앞에 보이는 나라라면 시급한 문제라고 할 수 있다.

지출은 투명하게! 전달체계 개편이 관건

복지에 쓸 재원을 부담할 필요가 있다고 국민을 설득하기 위해서는 우선적으로 복지지출의 투명성 제고가 필요하다. 세금을 올리자는 국민적 합의는 정부에 대한, 정책에 대한 국민의 믿음에서 비롯될 수 있다. 각종 부정수급 문제, 질 낮은 서비스 제공 등이 계속 사회의 문제가 되면 국민은 과연 내가 내는 세금이 제대로 쓰이고 있는

지 의구심을 가지게 되기에 더 부담하라고 요구하기는 어려워질 것이다. 지출의 투명성, 효율성 제고를 위해 살펴볼 것이 전달체계다.

우리나라 사회복지 전달체계는 재원은 공공이 대고, 전달은 민간이 하는 식이다. 사회복지시설, 어린이집, 노인요양시설 등의 전달체계는 국가가 직접 설립·운영하기보다는 민간이 설립·운영하고 운영비를 국가에서 지원받는 형태다. 부모들에게 선호대상인 국공립어린이집 등 공공부문이 직접 운영에 개입하는 시설은 전달체계에서 소수를 점하고 있다. 지난 시절 국가재정이 충분하지 못한 상황에서 국가가 시설을 직접 건립하는 식으로 전달체계에 직접적으로 개입하기는 어려웠을 것이다. 민간에게 일정 부담을 지우고 국가가 건립을 지원하거나 아예 민간이 자체 자금으로 건립한 후 그 운영에 드는 비용을 국가가 지원하는 방안을 택한 것이 당시에는 불가피한 선택이었을 수 있다.

하지만 유럽과 같이 종교단체가 자선을 위해 전달체계에 개입하여 비영리의 전통이 충분히 쌓인 환경과 달리 우리는 형식은 비영리이나 내용은 영리인 기관이 많다. 많은 기관들이 헌신성을 가지고 일하고 있지만, '상당한 소수'는 아직까지 불필요한 수요창출이나 비정상적인 회계처리 등으로 기관을 운영하고 있다. 이 수많은 기관을 정부가 일일이 다 관리할 수도 없고, 시장경제처럼 경쟁을 통해 일부가 배제되는 시스템이 될 수도 없다.

어린이나 장애인, 치매노인 등과 같이 스스로를 옹호하거나 대변하기 어려운 집단의 특성상 서비스 전달을 담당하는 기관의 역할이 서비스의 질을 결정하는 데 중요하다. 사회복지 전달은 시장에서 핸드폰을 구입하는 것과는 다르다. 충분한 경쟁이 이루어지기도 어렵고 서비스의 질을 당사자가 평가하기도 어렵다. 어린이집 운영위원회에 부모들이 참석한다고 해도, 서비스의 질 평가결과를 공표한다고 해도 대체재를 충분히 찾을 수 없는 상황에서 한계가 있다. 상황이 이와 같기에 이런 기존 해결방안도 강화해 나가야 하겠지만, 한편으로 '국공립시설'의 확대와 같이 국가나 지방자치단체가 전달체계에 직접 개입하는 방안을 검토하는 것이 필요하다.

일종의 '메기론論'인데, 미꾸라지와 천적인 메기를 같은 곳에 기르면 미꾸라지는 메기를 피해 이리저리 도망가느라 활동성이 늘어 더 강한 생존력을 지니게 된다는 것이다. 충분한 국가 지원을 받아 제대로 운영하는 국공립시설이 서비스 총량의 일정 비율을 점하게 된다면, 이들 시설이 전달체계 전체에서 표준모형으로 작동하면서 주위의 민간시설에게 영향을 미칠 수 있다. 민간시설은 근처의 국공립시설에서 제공되는 서비스 가격과 질을 의식하지 않을 수 없을 것이다. '메기'인 국공립시설이 적절한 자극과 위기의식을 '미꾸라지'인 민간부문에 줄 수 있는 것이다. 예를 들어, 건강보험공단 직영 일산병원이 건강보험 비급여를 적게 적용하고 보니, 일산 지역 전체 병원의 비급여 수준이 전국 평균의 80% 수준으로 유지되었다는 얘기가 있다. 보건의료를 비롯한 모든 분야에 적용할 수는 없고 초반의 투자비용은 들겠지만, 계속되는 재정누수와 품질관리의 어려움을 고려한다면, 기존 민간시설의 전환 등을 통해 전달체계에서 공공의 비중을 늘리는 일은 충분히 검토할 가치가 있다.

조금 더 나은 사회를 위해

앞에서 얘기한 사항 외에 좀 더 나은 사회로 나아가기 위해 우리가 관심 가져야 할 사항으로 두 가지를 꼽고 싶다.

9 to 6 사회

우리나라의 긴 노동시간은 전 세계적으로 악명이 높다. 국정감사 때가 되면 대부분의 직원이 질의서가 나올 것을 기다리면서 으레 밤 12시를 넘어까지 대기해야 한다. 정부청사가 세종으로 옮겨가면서 아이가 있는 맞벌이 부부 공무원이 많이 힘들어졌다. 서울에 있을 때에는 주위에 있는 부모나 친지에게 부탁할 수 있지만, 부모나 친지가 세종으로 같이 이주하지 않는 이상 주위의 도움에 의존하기 어려워진다. 이 상황에서 맞벌이 공무원 둘 다 밤 12시 넘어까지 사무실에서 대기해야 한다면 애들을 사무실에 데리고 올 수밖에 없다. 미리 질의서를 주어서 이런 불필요한 대기시간을 줄여 일과 가정의 양립이 가능하도록 해야 할 것이다.

정부 내에서도 마찬가지다. 퇴근 시에 과제를 주고 내일까지 해내라고 한다면 늦게까지 일할 수밖에 없지 않은가. 이제는 우리가 여유를 갖고 일해도 될 수준으로 발전하지 않았나 싶다. 필요한 일은 해야 하겠지만, 가족과 충분한 시간을 보낼 수 있도록 일을 진행하는 지혜가 필요하다.

신뢰

영국에는 NHS라는 국영 의료시스템이 있다. 세금으로 주된 운영비를 충당하기에 개인이 의료기관을 이용할 때 내야 하는 본인부담이 거의 없다. 이렇다 보니 돈이 없어 의료기관을 이용하지 못하는 의료 불평등은 최소화되는 반면, 의료서비스 이용자 수를 따라가지 못하는 재원확보로 일선 의료기관은 만성적으로 아주 많은 대기자 명단waiting list을 갖게 된다. 2000년대 초반 영국에서 유학할 때, 암진단을 받았는데 수술을 기다리다가 사망한 사례가 TV에서 방영되는 것을 보았다. 환자 유가족은 담담하게 소송을 하겠다고 했다. 지역보건소를 방문했을 때에는 1시간 넘게 기다리다가 예약일이 잘못되어 1주일 후 다시 와야 한다는 담당자의 말을 듣고 아무 말 없이 돌아가는 노인도 보였다. 우리나라에서 이런 일이 생겼으면 난리가 났을 것이다. 양자의 차이는 신뢰의 문제가 아닐까? 우리는 돈 없고 연줄이 없어 이런 일을 당한다고 생각할 사람이 다수일 것이고, 영국에서는 애석한 일이지만 공정한 룰에 따라 사회가 움직인다고 믿기에 그것을 수용할 자세가 되어 있는 것이 아닐까 한다. 결국 '사회적 신뢰'의 문제다. 우리 사회의 신뢰수준은 10점 만점에서 4.59점에 불과하다는 연구보고서도 있다.• 이와 같은 신

• 한국보건사회연구원, 「복지국가·사회신뢰의 관계분석과 시사점」(2014)

뢰의 부족으로 인해 비정상적 일처리를 해야 하고 그에 따른 소모적인 사회적 갈등 비용이 너무 크다. "악법도 법이다"라는 말이 있다. 악법을 만들지 말아야 하고 고쳐야 하겠지만, 일단 사회적 논의를 통해 정해진 거라면 지켜야 하지 않을까? 이리저리 다 빠져 나가고 운이 없어 국가의 제재에 걸린 것이라고 사회 구성원들이 생각한다면, 사회의 질서는 무너지고 '만인의 만인에 대한 투쟁bellum omnium contra omnes'이 이어질 수밖에 없다.

나의 공직생활은 …

중앙부처 공무원은 정부의 구성원으로서 정책을 입안하고 시행함으로써 국민의 일상생활에 영향을 미친다. 지방공무원과 달리 주어진 정책의 집행보다는 새로운 정책의 수립이나 기존 정책의 개선이 중요한 임무다. 정치행정 이원론이냐 일원론이냐 하는 논란이 많고, 최근 국회가 정책수립에 미치는 영향이 나날이 커지고 있지만 처음 펜대를 쥐고 초안을 작성하는 사람이 무슨 생각을 갖고 있느냐에 따라 그 정책의 성격이 달라질 것이라는 점에 이의는 없을 것이다.

격동의 1980년대 말에 대학생활을 하면서 복지사회가 앞으로 우리나라가 가야 할 방향이 아닌가 하는 생각으로 공무원 생활을 처음 시작할 때부터 보건복지부에 근무하기를 희망했다. 다행히 1994년 처음 공무원 생활을 시작한 부처가 '보건복지부' 였고 희망하는 부처에서 20년을 넘게 근무하고 있으니 최소한 불행한 직장생활은 아니라고 할 수 있다. 멋모르던 초임 공무원 때부터 시행착오가 많았고 그리 본받을 만한 공무원 생활을 해온 것이 아니지만 만약 내가 다시 공무원 생활을 시작한다면 이런 것은 꼭 지켜야 하지 않을까 하는 점을 몇 가지 얘기하고자 한다.

소통은 만병통치약

초임 공무원 시절에 장애인복지과에 근무한 적이 있었다. 일이 많았는데, 처음 하다 보니 때로는 결정을 때에 맞춰 하지 못하고 우유부단하게 업무를 끌고 있다가 당시 상사에게 야단을 맞은 적이 있었다. 그때 상사 말씀이 정부정책이라는 것은 전체 국민을 100이라고 했을 때 특정 정책에 대해 51:49로 의견이 나뉘거나 이익이 돌아간다고 해도 최종적으로 결정을 해야 한다는 것이었다. 첨예하게 이익이 대립되어도 정책을 추진하기 위해서는 최종적으로 뭔가 결정을 해야 한다는 뜻이었을 것이다. 그만큼 정책이라는 것이 국민에게 혜택을 주기도 하지만 손해를 입히는 경우도 있기 때문에 반대하는 집단이 있기 마련이라는 뜻이었을 것이다.

파리에 있는 OECD에 근무할 때 국내 인사 한 분이 방문하여 수행할 기회가 있었다. 어떤 모임에서 그 인사가 유학경험을 얘기하면서 독일 동화를 들려준 적이 있었다. 용龍을 대상으로 한 동화였는데, 어느 마을 근처에 용이 살았다. 이 용이 굉장히 시끄러운 소음을 밤낮없이 내서 여느 전설처럼 마을 사람들은 기사들을 불러 무찌르게 했다. 용감한 기사들이 수없이 와서 용을 물리치려고 했지만, 용은 가공할 화염과 날카로운 발톱, 그리고 자유롭게 날 수 있는 날개를 써서 기사들을 모두 무찔러 버렸다. 여전히 용은 시끄럽고 마을 사람들은 더 이상 다른 방법을 찾을 수 없었다. 여기까지는 다른 전설과 비슷하고, 이때쯤 멋있고 용감한, 아더왕 이야기의 랜슬롯 같은 기사가 구세주처럼 나타나야 하겠지만, 해결한 것은 마을의 평범

한 한 여자아이였다. 여자아이가 용에게 가서 "용아, 시끄러우니까 조금 조용히 해줄래"라고 하니까 용은 "그래, 내 노래가 그리 시끄러웠어? 몰랐는데 미안해. 앞으로는 조용히 할께"라고 대답해서 모든 문제가 해결되었다. 용은 자기 딴에는 즐거워서 노래를 부른다고 했는데, 수많은 기사들이 와서 아무 얘기도 없이 싸움을 거니 화가 나서 싸울 수밖에 없었던 것이다.

그 인사가 말하고 싶었던 것은 소통의 중요성이었다. 문제가 생긴 경우, 그것을 솔직히 상대방에게 이야기하고 문제 해결에 접근해야지, 상대방의 생각을 미리 짐작하고 힘이나 계략으로 해결하려고 하면 문제가 악화될 수 있다는 것이다. 우리 사회에 부족한 것은 이런 솔직한 소통이 아닐까. 서로의 생각을 이야기하고 간극을 좁혀 나가기보다는 먼저 본인들의 입장을 정하고 공청회, 토론회 등에 임하다 보니 주최하는 측이나 상대하는 측이나 이미 각자의 입장은 정해졌다고 여기기에 소통에 힘쓰기보다는 회의장을 점거하고 극한의 대립을 하는 모습을 신문지상에서 많이 접한다. 현대 사회에서 이해관계가 대립하지 않는 정책사안을 찾아보기는 어렵다. 개혁이 혁명보다 훨씬 힘들다는 얘기처럼 과거 권위주의 정부시절처럼 일방적으로 정부의 의사를 관철할 수 있는 시절은 지났다. 정책 대상집단과의 끊임없는, 솔직한 소통만이 지금 시대의 공무원이 살 길이다.

전문성 시대, 지금은 한우물 팔 때

우리나라 공무원 인사제도는 전문가specialist 보다는 일반가generalist

를 지향한다고 한다. 고객집단에 포획당하는 폐해를 없애기 위해 한 자리에 오래 근무하지 못하게 하고 순환보직을 일상화했다는 등 원인에 대한 설이 분분하지만, 한 자리에서 최소한 2년은 근무한다는 일본에 비해서도 그 기간이 짧은 것은 분명하다. 일반행정가의 장점은 있다. 다양한 분야의 정책을 경험하면서 정책의 여러 면을 거시적인 시각에서 살펴볼 수 있고—지금은 잡스Jobs와 같이 인문학과 기술을 결합시키는 융합의 시대가 아닌가—한 분야에 오래 근무하다 보면 빠지기 쉬운 매너리즘의 함정을 피할 수 있다.

그러나 현재와 같은 전문화된 시대에, 레오나르도 다빈치와 같이 분야와 분야를 넘나드는 공무원의 시대는 더 이상 국민적 설득력을 얻기 어렵다. 제도적 측면에서도 노인장기요양보험을 포함한 건강보험, 국민연금 등 5대 공적보험이 모두 도입되었고, 아동수당을 제외하고는 복지의 제도적 프레임이 거의 완성이 되었다. 이제는 분야를 넘나들면서 제도 도입을 위해 활약하는 슈퍼맨 같은 공무원보다는 한 분야에서 전문성을 쌓고 제도를 개선시켜 나가는 장인匠人—'방망이 깎던 노인'—과 같은 공무원이 필요하다. 한우물을 파는 것은 단순히 국민 외에도 공무원 스스로도 민간과의 경쟁력 유지를 위하여 필요하다. 공직이 계속 민간에게 개방되고 있는 현실을 감안할 때 과거와 같이 모든 분야를 전부 담당할 수 있다는 것은 한 분야도 제대로 하지 못할 수 있다는 인상을 주기 쉽다. 다만, 이를 위해 분야 간 형평성의 개선 등이 필요하다. 크게 보건의료와 사회복지로 나누어지는 복지부에서 다수가 여건이 좋다고 여겨지는 보건의료 분야

근무를 희망하고 있어, 사회복지 분야 근무 공무원에 대한 인센티브 부여 등 특정 분야 장기 근무를 고양시킬 수 있는 제도적 여건 마련이 필요할 것이다.

수직이 아니라 수평! 우리는 모두 동료다

불과 1년이 안 된 이야기이니 그리 먼 옛날의 이야기가 아니다. 모 부처에 근무하는 사무관과 저녁식사를 하기로 했는데, 약속시간보다 늦게 와이셔츠 차림으로 나타났다. 이유를 물으니 직장상사가 갑자기 저녁회식을 하자고 해서 회식을 하다가 왔다는 것이다. 더구나 이 직장상사가 참석자가 중간에 자리를 뜨는 것을 싫어해서 양복과 가방은 놓고 왔다는 것이다. 잠시 후 자리를 뜨더니 양복을 갖춰 입고 가방을 가지고 와서 끝났나 싶었는데 그게 아니었다. 그 상사가 잠시 약속이 있어 자리를 뜨지만 한 시간 후에 다시 모이라고 해서 가야 한다는 것이다.

외국 유학도 다녀왔고 국제기구에도 근무해보았지만, 우리나라처럼 직장에서 위계질서가 강조되는 사회는 별로 없다. 영국 유학 당시 교수와 학생의 관계는 거의 동료 간의 관계로 여겨졌지, 우리나라처럼 도제식의 엄격한 관계가 아니었다. 교수들은 평가에는 엄격했지만, 평상시에는 학생들을 격의 없이 도와주고 지원해주려고 노력했지, 일방적으로 지시만 하는 존재가 아니었다. 국제기구에서는 상사를 어려워하기는 했지만, 어디까지나 직속상사의 평가가 사실상 생사여탈권을 가질 정도로 비중이 커서 그랬던 것이지 평상시의 자유로운 토론이나 수평적 관계를 저해하는 것은 아니었다.

많이 개선되긴 했지만, 공무원 사회에서 상사와 직원의 관계는 아직도 글자 그대로 수직적 관계에서 벗어나지 못한 측면이 많다. 서로 간의 논의와 협업이 제대로 이루어진다면 좀 더 생산적인 공무원 사회가 될 수 있지 않을까 한다.

미래 정부에 묻다

– 고용노동부 편

권기섭 고용노동부 고용정책총괄과장

뉴욕주립대학교(albany) 경영학 석사

서울대학교 경제학과 졸업

고용노동부 인력수급정책과장

청와대 고용노사비서관실 & 대통령비서실장 행정관

고용노동부 외국인력정책과장

일자리가 곧 희망!
미래 세대에게 꼭 물려줄
일자리 창출 시스템은 무엇인가?

chapter 9

왜 일자리인가?

우리나라 헌법 제32조에는 "모든 국민은 근로의 권리를 가지며, 국가는 사회적 · 경제적 방법으로 근로자의 고용의 증진과 적정임금의 보장에 노력하여야 하며, 법률이 정하는 바에 의하여 최저임금제를 시행하여야 한다"고 규정하고 있다.

'일'은 단순히 소득을 얻기 위한 수단이 아니다. 삶에 대한 의지, 의욕, 건강한 생각, 사회적 관계 속에서의 자신감 등과 긴밀하게 연결된, 개인의 삶을 좌지우지하는 매우 중요한 요소다.

최근 우리나라를 방문한 바 있는 프란치스코 교황은 성베드로 광장의 수요 미사 도중 파산위기에 처한 항공사 노동자들의 피켓시위 모습을 발견하고는 이렇게 전언했다. "일자리가 없으면 인간의 존엄성도 없다. 인간의 존엄성을 지키고 가정을 유지할 수 있도록 하는 것은 바로 일자리다."

남녀노소, 지위고하를 막론하고 일자리는 그 누구에게든 삶을 이어가게 하는 버팀목이다. 그래서 국민이 희망하는 사회의 모습도 일자리와 닿아 있다. 일하고 싶은 사람은 누구나 일할 수 있고 일한 만큼 정당한 대가를 받는 사회, 일과 가정, 삶이 조화를 이루는 행복한 일터가 바로 그것이다.

국가도 마찬가지다. 국민이 자신의 능력을 발휘할 수 있는 일자리를 가지고 소득을 얻으며 살아가고 있다면 재정세금을 안정적으로 확보할 수 있고 복지수준의 문제에 대해서도 크게 걱정하지 않아도 될 것이다.

그렇다면, 지금 우리의 일자리는 안전한가?

최근 한국무역협회 산하 국제무역연구원이 발표한 '세계 속의 대한민국' 보고서를 보면, 우리나라는 2013년 휴대전화 출하량 세계 1위, 반도체 매출액 2위, 선박건조 및 수주잔량 2위, 자동차 생산 5위를 기록했다. 게다가 수출액 7위, 무역 규모 9위, 초고속 인터넷 가입자 수 5위 등을 차지하고 있어서 제조업과 경제활동에 있어서만큼은 세계 선두권 수준이다.

'20세기 들어 산업화와 민주화를 동시에 이룬 유일한 국가'라는 찬사가 과언이 아닐 정도다. 1997년 외환위기와 2008년의 금융위기 등 유례 없는 경제위기 속에서도 세계의 주목을 받을 만큼 어려움을 신속하게 극복했고 4~5% 수준의 경제 성장률도 꾸준히 유지해오고 있다.

그러나 우리의 삶은 여전히 힘들고 팍팍하다. 이는 외부에서 평가하는 우리나라 국민의 삶의 지수를 살펴보면 알 수 있다. 삶의 질은 세계 41위스위스 국제경영개발연구원이고, 비정규직의 정규직 전환율은 OECD 국가 중 하위 수준이다. OECD 국가 중 근로시간이 최장으로 꼽히며멕시코 제외, 출산율은 세계 168위다. '2014 세계 번영 지수영국의 싱크탱크 연구소인 '레가툼 연구소'가 세계 142개국을 대상으로 해서 발표' 는 25위로 싱가포르18위, 일본19위, 홍콩20위, 대만22위에 이어 아시아 국가 중 다섯 번째에 불과하다.

요즘은 경제성장마저도 벽에 부딪힌 느낌이다. 일본의 잃어버린 20년을 답습하지 않을까 걱정하는 전문가들의 우려도 높다. 전문가들은 중국의 매서운 추격과 심각한 글로벌 경쟁 속에서 버텨내려면 추격형 경제에서 창의를 기반으로 한 선도형 경제로 패러다임을 전환해야 한다고 입을 모은다.

지난 세기에는 우리 경제가 매우 빠르게 성장했다. 또한 성장의 과실이 국민에게 골고루 돌아간다는 믿음이 있었고 열심히 공부하고 노력하면 좋은 일자리에 취업할 수 있다는 희망도 있었다. 그러나 2003년을 기점으로 성장이 곧 고용좋은 일자리이라는 등식은 깨졌다. 최근에는 낙수효과•에 대한 신뢰까지 무너졌다. '대기업 중심의 불균등 성장 방식의 한계' 라는 지적 속에서 대기업 · 중소기업 간의 격차, 정규직 · 비정규직 간의 차별 등 현장에서 느끼는 문제는 심각하다.

• 영어로는 trickle-down effect, 대기업, 재벌, 고소득층 등 선도부문의 성과가 늘어나면, 연관산업을 통해 후발 또는 낙후부문에 유입되는 효과를 의미

경제위기 극복 스토리와 성장의 업적이 반복되고 있지만 그 결실이 골고루 퍼지지 않고 있어 국민이 느끼는 체감도는 매우 낮다.

국가의 성장이 개인의 행복으로 이어지는 연결고리가 약해진 지금, 국민의 가장 큰 관심사는 양극화 해소다. 프랑스 경제학자 피케

티의 말을 빌리지 않더라도 이 문제는 모든 정부와 국가의 최우선 해결 과제이기도 하다.

양극화의 해소는 일자리의 양·질과 직결된다. 가구 내 주 소득원의 수입이 증가근로소득의 증가하거나 소득원이 다양새로운 일자리 창출해지면 양극화는 당연히 해결되기 때문이다.

우리가 직면한 일자리의 현황과 과제는?

2014년 우리나라의 총 인구는 약 5천90만 명으로 추정된다. 그 중 실제 생산가능인구15세 이상는 약 4천3백만 명이다. 그러나 실제 일할 수 있는 능력과 의지를 가지고 노동시장에 참여하고 있는 경제활동인구는 전체 생산가능인구의 60%에 불과하다. 65세 미만의 생산가능인구 중 취업자• 규모고용률를 보면, 우리나라는 65.3%15세 이상 기준 고용률은 60.9%로 선진국에 비해 결코 높지 않은 편이다.

• 취업자 중 임금 근로자가 차지하는 비율은 70% 정도이고 임금 근로자 중 정규직이 차지하는 비율은 64% 정도로 실제 우리나라의 생산가능인구 중 정규직 임금 근로자 비율은 30%도 되지 않는다.

〈그림 1〉 **우리나라 고용구조 및 동향**(2014년 상반기 기준)

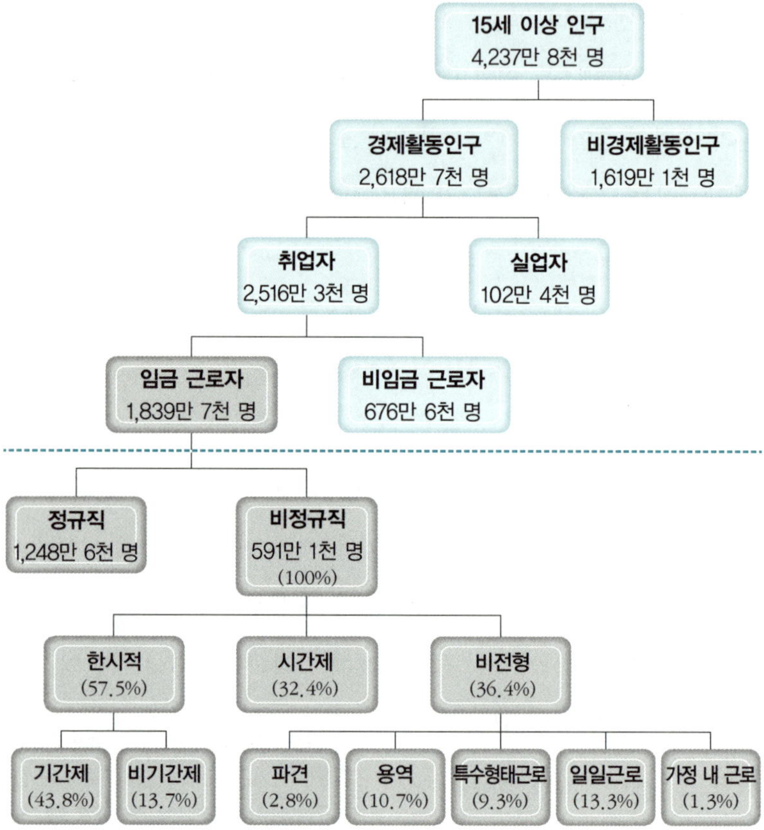

게다가 최근 10년 간의 고용률은 정체 상태다. 2003년 처음으로 경제가 성장했음에도 일자리 수가 감소하는 고용 없는 성장을 경험한 이후 고용률은 덫에 빠진 상황이다.

〈그림 2〉 **고용률 추이**(15~64세)

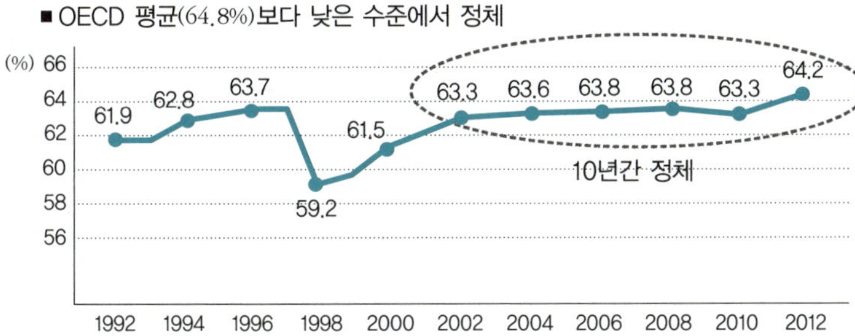

외환위기 이후 노동소득 분배율도 지속적으로 감소하고 있다. 2000년 이후 기업 소득은 고도 성장기의 두 배 수준으로 상승했지만 가계 소득 증가율은 1/4 수준으로 급락• 했다.

• **가계소득, 기업소득 증가율 추이**(%)

	1975-1997	2000-2010	2000-2006	2006-2010
가계소득	8.1	2.4	2.8	1.7
기업소득	8.2	16.4	14.9	18.6

* 산업연구원, 한국경제의 가계와 기업 간 소득성장 불균형 문제

〈그림 3〉 **노동소득 분배율 추이**

자료 : 한국은행

〈그림 4〉 **노동소득 분배율 국제비교**(2011년)

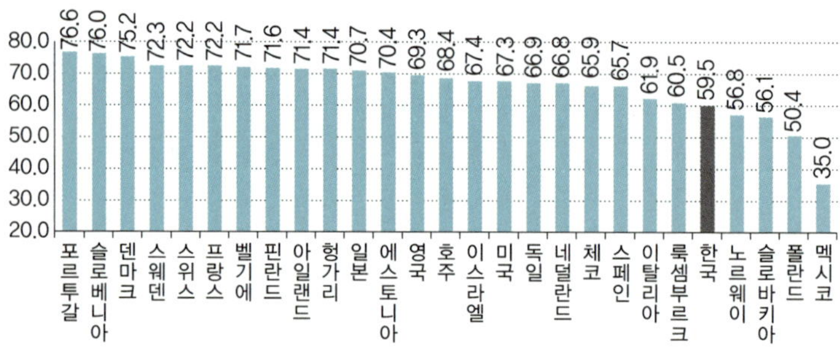

대기업이나 공공부문 등 소위 선호하는 일자리는 크게 늘지 않고 있고 저임금 근로자의 비중은 그대로다.

〈표 1〉 **임금 근로자 비중 추이**(%)

	2005년	2006년	2007년	2008년	2009년	2010년	2011년	2012년	2013년
대기업	12.6	12.2	11.5	11.5	12.1	11.5	11.47	11.5	11.9
공공부문	5.2	5.2	5.0	5.2	6.3	5.7	5.5	5.4	5.3

〈표 2〉 **저임금 근로자 비중 및 임금격차 추이**(%)

	2000년	2002년	2004년	2006년	2008년	2010년	2013년
저임금 근로자	24.6	24.7	24.2	24.4	25.4	25.9	25.2
임금 5분위 배율					6.77	6.72	7.07

* 임금 5분위 배율 : 상위 20% 평균 임금을 하위 20% 평균 임금으로 나누어 산정

비정규직 일자리도 줄지 않고 있다. 2014년 8월 비정규직 규모는 607만 7천 명으로 전체 임금 근로자의 32%를 차지하고 있고 이

중 88%가 100인 이하 중소기업에서 근무 중이다. 청년 비정규직도 200만 명에 이른다.

한국직업능력개발원에서 발표한 '지난 10년간 선망 일자리의 변화와 청년층 취업보고서' 에 따르면, 2014년도의 경우 선망하는 일자리•에 종사하는 총 종사자 수는 300만 7천 명전체 생산가능인구의 7%, 취업자의 12% 수준에 불과으로 2005년보다 약 45만 4천 명이 늘었다. 하지만 선망하는 일자리에서 일하는 청년층은 오히려 7만 5천 명이 감소했다. 일본처럼 비정규직 노동시장이 확대되면서 비정규직 청년층은 아르바이트를 전전하며 워킹 푸어working poor 층으로 전락하고 사회적 구매력 감소와 함께 늦어지는 결혼연령에 따른 저출산의 악순환이 우려되는 상황이다.

• 임금 근로자 가운데 상용직이면서 종업원 수 300인 이상 대기업 혹은 공기업과 공무원에 해당하는 일자리

소위 일자리 창출의 핵심 영역이라고 하는 중소기업과 서비스업의 근로조건도 결코 나아지지 않고 있다. 임금 근로자의 88.5%가 종사하고 있는 중소기업의 근로조건은 계속 악화되고 있다.

〈그림 5〉 대기업 대비 중소기업 임금수준 추이(대기업=100)

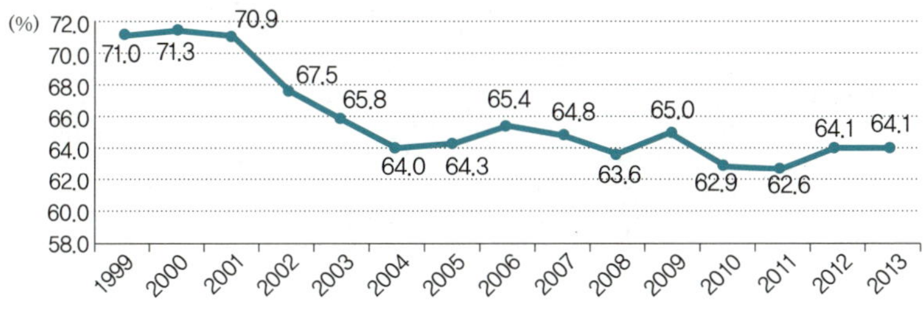

자료 : 고용부, 사업체노동력조사

〈그림 6〉 **대기업 · 중소기업 간 노동생산성 격차**(대기업 = 100)

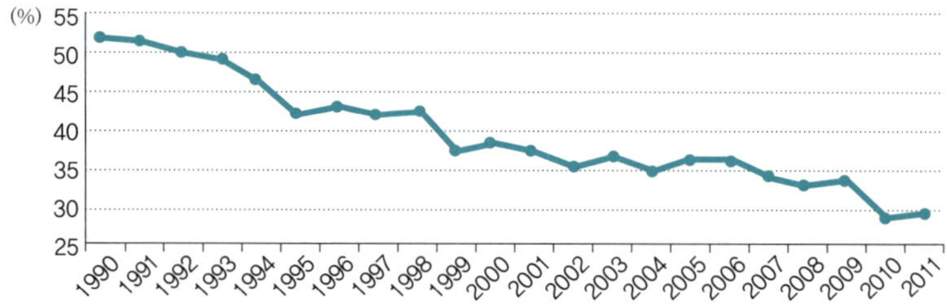

자료 : 통계청, 광공업통계조사

산업구조의 고도화로 제조업 고용 비중이 정체됨에 따라 서비스업의 고용비중이 급격히 높아지고는 있으나 서비스업의 생산성은 여전히 매우 낮다.• 도소매 · 음식 · 숙박업 중심으로 서비스업이 성장하여 자영업자 비중이 늘어나는 등 질 낮은 일자리가 창출될 가능성이 높다.

• 노동생산성(2011년, USD) : 서비스산업 45.6 < 전 산업 62.2 < 제조업 97.4

〈표 3〉 **서비스업과 제조업 비교**(%)

구분		2000년	2005년	2010년	2013년
GDP 비중	제조업	25.4	27.6	30.7	31.7
	서비스업	62.0	60.7	59.3	59.1
고용 비중	제조업	20.3	18.1	16.9	16.7
	서비스업	61.2	65.7	68.8	69.8

* GDP 비중은 한국은행 경제활동별 GDP 자료(원계열, 실질, 2010년 국민계정 기준) 이용
2000년은 8차 개정 산업분류 기준, 2005년 · 2010년은 9차 개정 산업분류 기준

〈그림 7〉 서비스업종별 제조업 대비 노동생산성

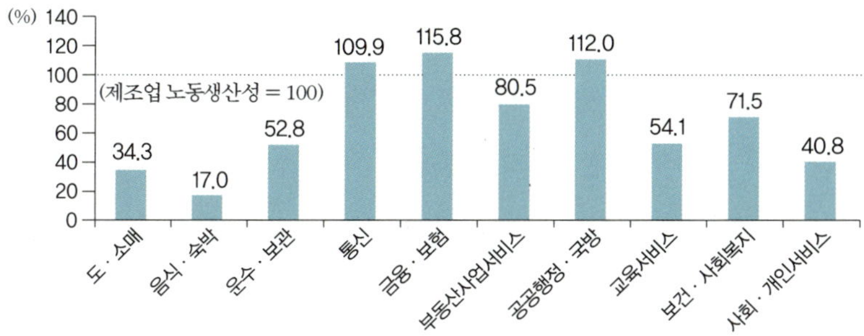

자료 : 한국은행(2010)

〈그림 8〉 서비스업종별 고용 비중

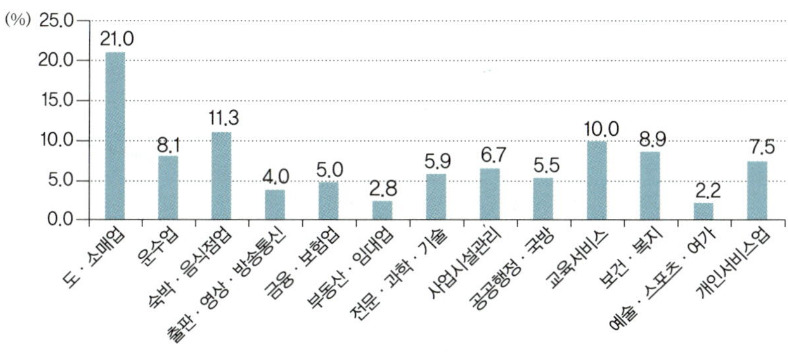

자료 : 통계청(2013)

아울러 우리를 둘러싸고 있는 경제적 · 사회적 환경 변화도 녹록지 않다. 사실 1990년대까지는 압축적인 산업화를 통해 고성장 시대를 구가했고 숙련인력, 사무전문인력 등이 크게 부족하여 괜찮은 일자리가 급속히 늘어났다.

승진 · 승급 기회가 많았고 수출 대기업들의 급속한 성장에서 오는 낙수효과로 좋은 일자리가 꾸준히 창출되어왔다. 2000년대 중반까지도 중국의 급격한 성장과 시장 확대라는 특수한 상황 속에서 비교적 빠른 성장세를 유지해올 수 있었다. 그러나 최근 들어 중국에 대한 지나친 무역 의존, 그리고 동남아 국가들의 거센 추격으로 기존 성장패턴의 한계가 서서히 드러나고 있는 모습이다.

〈그림 9〉 한국과 OECD 국가의 경제성장률 추이

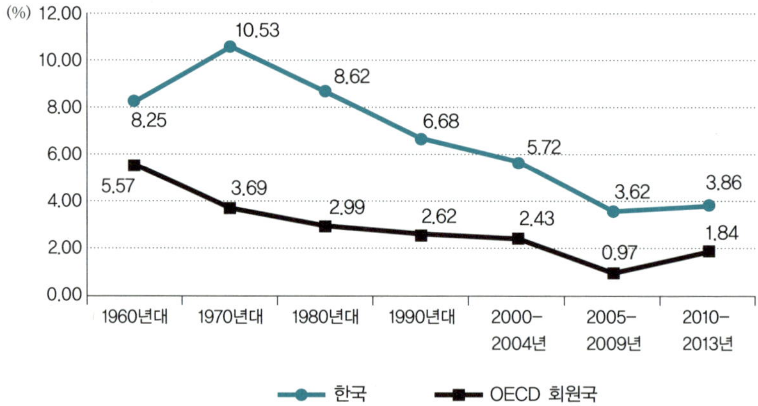

자료 : World Bank, 2014, 재가공

고성장 시대에 가능했던 괜찮은 일자리 창출 능력이 현저히 저하되고 고성장을 전제로 만들어진 연공서열 기반의 임금체계와 장시간 근로체제 등의 시스템이 충돌하면서 위기감이 증폭되고 있다.

이렇듯 우리가 직면한 과제들 중 주요 화두가 되고 있는 첫 번째는 남성 · 전일제 중심의 장시간 근로체제다. 우리나라 근로자들은 한 해 동안 2,163시간을 일한다. OECD 평균에 비해 근로자 1인당 연간 393시간을 초과하여 일하고 있고 주당 48시간 이상 일하는 장시간 근로 비율남성 기준도 50%를 넘고 있다.* 문제는 장시간 근로에도 불구하고 근로시간당 노동생산성2012년은 OECD 30개국 중 28위OECD 평균의 64.7% 수준에 불과하다**는 점이다.

* 48시간 장시간 근로자 비율(男 기준, 2004~2005) : 캐나다(15.7%), 핀란드(13.7%), 프랑스(20.4%), 일본(25.1%), 네덜란드(11.0%), 영국(34.5%), 미국(24.3%), 한국(54.0%)
** 1인 시간당 노동생산성(2012년, USD) : 한국 30.4$, 미국 65.0$, 일본 40.3$, 영국 46.4$, 독일 59.2$, 프랑스 60.6$, OECD 평균 47.0$

장시간 근로관행은 1960년대 이후 고도 성장의 부산물이다. 근로자는 더 많은 임금과 승진을 위해 야근과 승진을 자처했고 짧은 근로생애에 맞춰 집약적으로 일해야 하는 여건으로 인해 장시간 근로가 고착되었다. 그러는 동안 남성 위주의 외벌이 문화와 아빠 없는 가족문화가 뿌리내렸다.

사실 개방된 시장과 상호 의존적인 국제적 분업구조 하에서 노동집약적인 산업의 경쟁력이 급속히 떨어지는 것은 당연하다. 성장의 원동력이었던 남성 중심의 장시간 근로체제는 어느새 산업의 고도화, 고부가가치 산업의 육성, 경쟁력 확보, 혁신 등을 더디게 하는 장애요인이 되고 있다.

두 번째는 공정거래에 대한 열망이다. 대기업 및 수출 주도 성장의 시스템 속에서 성과가 좋은 소수의 대기업과 다수의 중소기업 간에 수직 관계가 이루어졌다. 그리고 이것이 산업구조로 고착화되면서 경제성장의 성과가 대기업으로 집중되는 효과가 발생했다.

대부분의 중소기업은 하도급 거래 관계와 원사업자에 대한 거래 의존도•가 매우 높다. 따라서 납품단가 후려치기, 기술 · 인력 빼가기, 구매약속 위반 등 대기업의 불공정 거래관행이 지속될 경우 중소기업의 혁신이나 생산성 향상, 근로자의 소득수준 향상을 기대하기가 어려워진다.

• 수급사업자의 83.4%가 1개 원사업자와 거래, 매출액의 60% 이상을 1개 원사업자에 의존하는 비율이 95.2%(2011년 하도급 실태조사)

〈표 4〉 **대기업과의 거래 시 애로사항**(%)

지나친 품질수준 요구	원자재 가격 상승분 납품단가 미반영	납품단가 인하 요구	납품대금 결제기일 장기화	불규칙 발주 (수시 발주)	납기 단축	거래선 변경 시도	어음 할인료 미지급
29.8	43.9	41.0	26.0	38.3	30.0	5.4	10.0

* 복수응답 결과로 합계가 100.0 초과(중소기업 실태조사 결과(중기청), 2012년)

세 번째는 급격한 고령화와 낮은 출산율이다. 이미 2000년 고령화 사회로 접어들었고 2017년에는 고령사회로 진입할 예정이다. 농촌지역은 이미 65세 이상 고령자 인구가 20%를 초과한 초고령 사회로 진입했다.

〈그림 10〉 연령별 인구 비중 추이

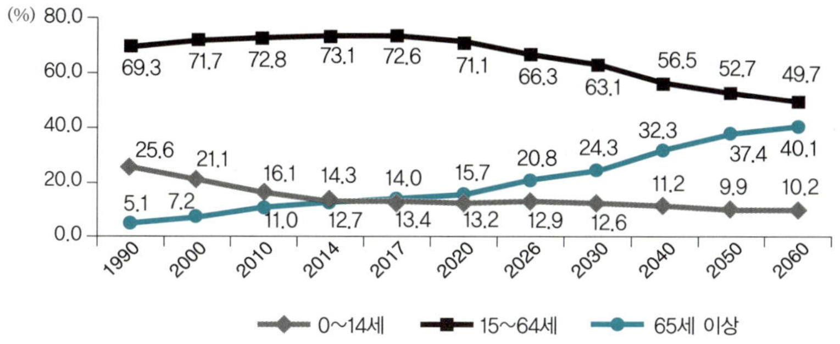

자료 : 통계청, 2014, 고령자 통계

낮은 국민연금 수혜율과 소득대체율, 가계부채의 증가 등으로 노령층은 저축 및 자산 부족을 겪고 있다. 평균 수명의 연장으로 퇴직 후 30년에 이르는 고령생활에 대한 계획도 부재하여 대규모 빈곤 고령층의 누적 가능성이 제기되고 있다. 게다가 저출산의 공포까지 더해져 혹자는 2750년 한국인 멸종론을 제기하기도 했다. 최근의 싱글세 논란도 이런 상황을 반영한 것으로 짐작된다.

네 번째는 가구고용 패턴이 맞벌이 모델로 변화하는 점이다. 여성의 교육과 의식 수준이 높아지고 경제활동 참여 증가와 함께 일과 가정의 균형에 대한 욕구가 증가하면서 남성 외벌이 모델은 한계에 부딪히기 시작했고 맞벌이 모델이 강화되고 있는 추세다. 물론 가구 내 1인 벌이 체제로는 일정한 소득을 유지하기 어려운 측면에 기인한 면도 있다. 전통적인 가부장적 제도가 해체되고 돌봄도 가족 중심에서 사회, 국가, 시장이 서비스를 제공하는 구조로 변화하면서 여성의 경제활동 여건은 나아지고 있다.

그러나 아직도 남성 전일제 외벌이 중심의 고용질서, 규칙, 관행, 의식은 출산, 육아기의 여성고용률을 낮추는 주요 요인이 되고 있다. 맞벌이 부부의 생애주기 요구에 맞춰 유연성을 발휘할 수 있는 여지가 많지 않은 것이다.

맞벌이임에도 가사, 육아의 책임이 여전히 여성에게 쏠려 있다. 직장에서도 남성들에게 가사, 육아에 참여할 수 있는 시간이 주어지지 않아 맞벌이 부부의 일 · 생활 갈등이 높은 것으로 나타나고 있다. 남성과 여성의 임금격차는 OECD 평균 격차에 비해 2.5배 정도로 높고 여성의 승진, 승급을 가로막는 차별적인 인사제도, 관행, 의식 등으로 여성고용률은 좀처럼 증가하지 않고 있다.

〈그림 11〉 외국과 비교한 한국의 출산육아기 여성의 고용률 저하

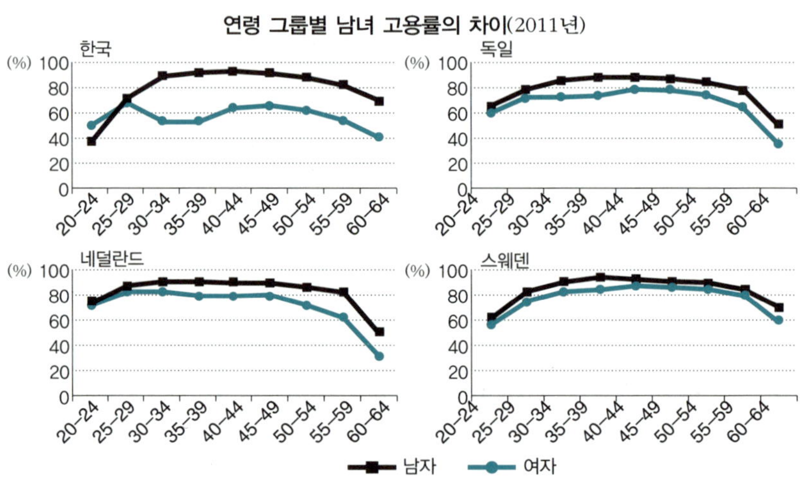

자료 : OECD, 2012년 12월, Labour Force Statistics Database

마지막으로 새롭고 다양한 고용형태의 출현이다. 산업혁명을 통해 임금 근로자가 등장했듯이 우리 시대의 산업혁명은 전통적인 임금근로 영역에서 벗어나 새로운 고용형태를 창출하고 있다. 프리랜서•, 컨설턴트, 다양한 특수고용 형태 종사자, 임시직 등 전통적인 규범으로 이들을 묶어놓거나 보호하기가 곤란해져 새로운 질서를 만들어야 하는 상황이다.

• 「프리랜스의 급증은 우리 시대의 산업혁명이다」(The Freelance Surge Is the Industrial Revolution of Our Time), The Antlantic(美 시사월간지, 2011.9.1)
- 2005년 기준, 미국 노동력(workforce) 가운데 1/3은 프리랜스 경제(freelance economy)에 참여(*현재는 미국도 정확한 규모를 파악하지 못하는 상황)
- 우리나라의 경우에도 기존의 속성과 다른 비전형 근로의 규모를 최소 100만 명에서 최대 250만 명까지 추산

이제, 우리가 할 일은?

단순히 경제성장에만 의존하거나 대기업 중심, 남성 · 장시간 근로에 의존하는 일자리 창출 시스템은 이제 수명을 다했다고 본다. 이 시스템을 계속 고집한다면 정규직 · 비정규직, 대기업 · 중소기업, 제조업 · 서비스업의 격차는 더욱 벌어질 것이다. 저출산 · 고령화의 현실 앞에서 우리는 무기력을 경험하게 될 것이다.

선진국의 경우 기존 고용 시스템의 유효성이 상실되자 새로운 시스템으로 대응해 나갔다.•• 독일•••, 영국, 네덜란드 등은 단기간에 고용률을 높이고 지속 가능한 경제체제를 만들겠다는 목표 아래

•• 미국에서는 뉴딜 고용 시스템이 대공황기에 도입되었으나 1980년대 초 위기를 겪으면서 레이건식 미국 고용 시스템으로 개혁, 영국에서도 베버리지 보고서 및 케인즈주의에 기반한 완전 고용/복지국가 모델을 추구했으나 1980년대 대처식 자유주의적 고용 시스템으로 개혁, 네덜란드에서도 복지 시스템 및 남성 외벌이 모델에 기반한 전후 고용체제가 1980년대 바세나르 협약으로 상징되는 고용체제개혁과 polder 모델로 재탄생

••• 고용률 2003년 64.6% → 2008년 70.2%, 2000년 이후 취업자 증가 및 실업률 하락 추세가 지속(통독 후 최고 수준의 호조세 시현) 중이며 성공요인을 5가지로 요약 가능

① 내적 유연성 증가 : 근로시간저축계좌제, 근로시간단축 지원 프로그램(근로시간 단축 시 삭감된 임금의 일부를 정부가 지원) 등 활용

② 노동시장 개혁(하르츠 개혁 및 Agenda 2010) : 규제완화, 연금 및 실업보험 제도 정비 ⇒ 미니잡 등 저임금 일자리 창출과 함께 계약직 · 시간제 고용이 활발해짐에 따라 비경활인구의 취업활동 증가

③ 고령화 등 인구증가 변화에 대비한 기업들의 청 · 장년층 필요인력의 선제적 확보 추세

④ 서비스업 등 내수산업 비중의 증가(고용률 70% 달성 기간〈2003~2008〉 동안 서비스업 취업자 비중이 가장 크게 증가〈1.8%p〉)

⑤ 낮은 임금 상승률(2000년 이후 명목임금 상승률 1.2%)

사회적 합의를 거쳐 노동시장 구조를 대대적으로 개혁했다.

2013년 박근혜 정부도 출범과 동시에 역대 정부 중 처음으로 성장률이 아닌 고용률 70%를 국정 최고의 목표로 내세웠다. 이 정부의 유일하게 숫자로 제시된 목표이기도 하다. 2013년 6월 고용률 70% 달성을 위한 로드맵을 발표했고 범정부적으로 130여 개 과제를 선정했으며 후속 대책의 추진과 법률 제개정에 박차를 가하고 있다.

고용률 70% 로드맵은 목표 설정뿐 아니라 일자리 창출 방식도 경제성장이 아닌 노동시장의 패러다임 변화를 통해서 한다는 측면에서 큰 의미를 갖는다. 남성 전일제 중심에서 여성 · 일가정 양립체제로, 수출 중심에서 내수 중심으로, 대기업에서 중소기업 중심으

로, 제조업에서 서비스업 중심으로 전환하겠다는 것이다.

노동시장의 이중구조화대기업 · 중소기업, 제조업 · 서비스업, 정규직 · 비정규직와 저성장의 늪에서 벗어나기 위해 찾아낸 전략은 시간선택제 일자리 창출과 근로시간 단축 등을 통한 유연근로로의 변화였다.

일과 학업을 병행하는 젊은이, 일 · 가정 · 육아의 조화를 통해 경력단절 없는 일터를 원하는 여성들, 자신의 경력과 현재의 건강과 생활수준을 고려하여 일할 기회가 보장되기를 바라는 고령자들, 이 모든 이들에 대한 유일한 해법은 근로시간의 유연화, 즉 시간선택제 일자리라고 본 것이다. 생애주기를 고려한 일자리 라이프life의 첫걸음이기도 하다.

현재 고용률은 역대 최고•를 기록하고 있고 여성 비경제활동 인구는 대폭 감소했으며 고령자 고용이 큰 폭으로 느는 등 지표상으로 확연한 성과가 있었다. 저출산 · 고령화 시대에 맞게 맞벌이형 고용구조로 바뀌는 등 노동시장에 큰 변화의 조짐이 감지된다는 전문가들의 의견도 많다.

> • 2014년 7월 15~64세 고용률은 66.0%로 통계 작성 이래 최고치를 기록했고 2014년 월평균 고용률은 65%대를 넘어서 지난 10년간 63~64%대의 고용률 정체를 탈피

그러나 질 낮은 일자리 창출이라는 비판과 함께 고용의 질과 노동시장 이중구조의 개선이 시급하다는 의견도 있다. 이에, 노동시장 이중구조화를 해소하고 우리나라의 성장잠재력을 복원하기 위한 노동시장 개혁 논의가 본격적으로 이루어지고 있다. 정부는 2014년 12월 말 비정규직 처우개선과 노동시장 활력제고를 위한 종합대책

을 발표했다. 노동시장 이중구조를 해소하기 위한 비정규직 보호나 사회안전망 강화 방안에서부터 고비용 저효율의 일하는 방식, 능력 및 성과와 괴리된 보상체계, 단기 · 비용절감 위주의 인력운용 경직성을 개선하는 다양한 방안들이 포함되어 있다. 정부의 이런 문제제기를 시작으로 최근 노동시장 구조개선의 화두가 언론의 주요 지면을 장식하고 있다.

노동개혁 이슈가 어떻게 진행될지 예단하기는 어렵다. 노동법 개정은 헌법 개정보다도 힘들다는 말이 있는 것처럼 각자의 이해관계가 첨예한 이슈이기 때문이다.

노동시장 구조개선을 바라보는 시각도 다양하다.

한편에서는 비정규직을 정규직화하고 최저임금을 대폭 인상해서 일자리의 질을 제고하자고 한다. 아래를 확실히 끌어올리자는 주장이다. 문제는 재원이다. 국가 부채에 허덕이는 정부로서는 상당한 부담이고 한계에 부딪힌 중소기업은 저임금 개도국으로 공장을 이전하겠다고 아우성을 칠 것이다. 수출 대기업은 비용의 상승으로 경쟁력을 담보하기 어렵다고 앓는 소리를 할 것이다.

대기업 · 정규직의 임금보호 수준을 낮추고 정규직 채용 문호를 확대하여 양질의 일자리 창출을 하자는 주장도 있다. 대기업의 독점적 이익추구 행위, 막강한 힘을 가진 노조 소속 일부 근로자들의 지대추구 행위로 인해 기업가정신이 훼손되고 비정규직이 양산되며 노동시장의 공정성이 무너진다는 것이다. 이 또한 일리 있는 주장이다.

그러나 고용 및 사회안전망이 선진국 수준에 미치지 못하고 있다는 불신이 있고 기업 내 복지가 전부라고 믿는 근로자들에게 양보를 강요하는 것도 어려운 일이다. 소수에 불과한 과보호 정규직 근로자의 보호 수준을 완화한다고 해서 일반 근로자의 삶의 질이 상승할 것이라고 확신할 수도 없다.

그런 점에서 '노동시장의 유연안정성'에 대해 주목할 필요가 있다. 이것은 기업이나 국가의 경쟁력을 제고함에 있어 해고나 근로자의 이동을 자유롭게 하여 유연성을 확보하고 노동시장 정책으로 국민의 취업 가능성을 높여주며 사회보장을 통해 실업기간 동안 생계의 안정성을 담보해주자는 것이다.

지금 우리는 유연성과 안정성 사이의 새로운 균형점을 찾고 있는지 모른다. 일자리에 대한 희망이 있는 사회야말로 진정한 품격이 있는 사회이기에 우리는 한국의 미래를 이끌어갈 청년들이 비정규직으로 내몰리기를 반복하는 사회에서 주저앉지 않도록 길을 터줘야 한다.

이에, 노동시장 구조개선개혁을 논의함에 앞서 몇 가지 고려해야 할 사항이 있다.

우선 질적인 면에서의 접근이다. 외형적인 성장이 아니라 우리를 맹추격 중인 중국 등 개도국에 한발 앞서는 창조적인 근로문화를 만들어야 한다. 생애주기에 맞는, 가늘고 긴 고용을 유지하는 시스템을 갖추고 안착시켜야 한다. 여가, 육아, 학업, 은퇴 등 개인적인 수요와 욕구에 맞는 다양한 고용형태근로시간과 임금도 포괄할 수 있는 일하는 방식과 문화, 나아가서는 인사관리 시스템을 개선해야 한다.

산업구조 및 거래관행의 공정성 확보도 중요하다. 노동시장의 양극화 해소는 단순히 정규직 과보호의 청산만으로 해결될 수 있는 문제가 아니다. 대기업이나 공공부문의 노동비용을 낮추더라도 이것이 중소기업이나 비정규직 일자리 쪽으로 흘러가지 못한다면 도로아미타불이기 때문이다. 과보호의 해소가 취약근로자의 보호와 근로조건 상승으로 이어질 수 있는 관개수로를 열어주어야 한다. 이는 대기업 · 중소기업 간의 문제이기도 하고 제조업 · 서비스업 간의 문제이기도 하다. 원 · 하청 간의 동반성장의 문제이기도 하다. 결국 공정거래의 시스템 정착이 관건이다.

합리적 차이는 인정하되 불합리한 차별은 해소해야 한다. 생산성에 기반하지 않는 연공급 임금체계나 획일적인 보상 시스템으로 더 이상 우리 경제와 기업을 지탱하기는 어렵다. 같은 일을 함에도 고용형태가 다르다고 차별받는 시스템도 마찬가지다.

마지막으로 고용률 70% 달성의 목표를 잊어서는 안 된다. 고령화가 가속화되는 상황에서 성장잠재력을 유지하고 복지 부담을 최소화하는 유일무이한 길은 고용률의 제고밖에 없다. 특히 일할 능력과 의지가 있는 여성과 고령자가 전원 참가할 수 있는 참여형 노동시장만이 우리의 살 길이다.

지금은 변화를 위한 발걸음을 내딛을 때

노동시장 구조개선개혁은 당연히 기득권의 희생과 양보를 요구한다. 대기업 · 정규직 근로자는 직무나 생산성에 기반하여 임금체계 개편, 저성과 근로자의 퇴출, 업무재배정, 작업조직 혁신, 근로시간 단축 등을 요구받게 될 것이다. 기업의 인사 담당자들에게는 생산성에 기반한 임금체계 구축, 성 · 연령 · 학력 차별의 해소, 정년연장과 임금피크제, 유연 근무제 등 인사관리 시스템을 혁신하라는 압박이 거세어질 것이다. 정부에게도 실업급여 수준과 범위의 확대, 근로빈곤층에 대한 노동시장 프로그램의 강화, 고용보험 경험요율의 도입유연화의 사회적 비용을 내부화 등 사회안전망 강화를 위한 각종 대책을 원할 것이다. 한국노총이나 민주노총도 노조를 결성하지 못하고 있는 비정규직 등 다양한 취약계층의 아픔을 대변해야 하는 높은 수준의 사회적 책임감을 요구받을 것이다.

최근 한 신문의 대담 기사에서 이런 사례가 소개되었다.

"일본의 히로시마 전철이 민영화되면서 정규직은 줄고 저임금 계약직 사원이 많이 늘어났다. 노조 조직력은 약화되고 근로자 간의 소득 격차가 늘자 노조가 들고 나온 카드가 있었다. 바로 임금체계 개혁이었다. 고임금 정규직 근로자들이 1인당 월 5만 엔을 양보하고 이를 비정규직 처우개선에 사용한 것이다. 1980년대 폭스바겐이 불황을 극복한 것은 근로시간 단축이었다. 한명의 실업자를 만드느니

다같이 허리띠를 졸라매는 게 낫다고 본 것이다."

앞으로 한국 경제가 성장동력을 잃고 구조적 장기침체에 빠진다면 모두가 바로 지금을 후회하게 될 것이다.

노동시장은 바뀌어야 한다. 그러나 노동시장 구조개혁의 적기는 없다. 늦으면 늦을수록 만시지탄의 우를 범할 뿐이다. 다만, 급할수록 돌아가자. 사회 전체의 갈등만 유발하는 소탐대실의 과오를 범해서는 안 될 것이다.

노사정 대표들이 참여한 노사정 위원회에서 3월 말까지 시한을 두고 노동시장 구조개선에 대한 방안을 논의 중이다. 다양하고 수많은 노동시장 개혁 과제들과 마주하고 있다. 메뉴를 나열하면 할수록 합의에 이르기 어렵다. 먼저 우선순위의 선별에 지혜를 모으자. 할 수 있는 것부터 하자. 국민에게 마감시한도 공표된 만큼, 각 주체들은 청년이나 비정규직에게 미래와 희망을 주겠다는 굳은 결기로 협상에 임했으면 한다. 협상의 과정이나 각자의 입장도 공개하자. 물러설 곳이 없다고 생각하면 합의에 도달할 수 있지 않을까?

고용노동부 공무원으로 근무한 지 어느덧 21년이 넘어섰다. 과거와는 확연히 달라진 노동시장과 패러다임의 전환을 꾀하고 있는 고용정책의 변화를 온 몸으로 느끼며 앞으로의 향배에 대해 나름의 그림을 그려보고 있다.

1998년 외환위기, 2008년 금융위기를 겪으면서 위기 극복을 위한 노사정 합의와 노동시장 대책들이 양보와 타협 속에 이미 만들어진 바 있다. 그러나 노동시장의 근본적인 체질 개선과 미래의 위험을 이겨내기 위한 노동시장 구조개선 논의는 지금이 처음이 아닌가 싶다. 논의가 시작된 것만으로 위안을 삼게 될지, 큰 진전이 있어 기뻐하게 될지 아직은 알 수 없다. 후자가 되기를 진심으로 바랄 뿐이다.

나에게 공직이란?

1993년 공직생활을 시작한 이래 가장 기억에 남는 해는 뭐니뭐니 해도 1998~1999년이다. 외환위기로 전 국민이 절망에 빠져 있었고 실업자 수가 200만 명에 육박했던 시기였다. 계절의 변화도 느낄 수 없었고 슬픔과 좌절감이 온 나라를 휩쓸던 시절이었다. 나는 1993년 공무원 생활을 시작하긴 했지만 병역의 의무를 다하기 위해 3년 여를 떠나 있었던 터라 1998년 초 복귀한 과천 청사의 사무실은 낯설기 그지없었다. 당시 노동부현 고용노동부는 본부나 지방관서나 할 것 없이 실업대란의 한가운데 서서 실업자의 생활안정, 훈련, 재취업 등을 위해 혼신의 힘을 다하고 있었다. 나 또한 신혼이었지만 고용보험의 적용확대, 실업급여 지급, 기업의 고용유지를 위한 대책, 고용보험법 개정 등과 씨름하면서 매일매일이 야근의 연속이었다.

당시 현장에 나가보면 각 고용센터에는 수백 명의 실업자들이 줄을 서서 두세 시간씩 실업급여 수급을 기다리고 있었고 유수의 대기업, 금융기관의 도산 소식이 시시각각 들려왔으며 생을 끊는 극단적 선택을 하는 사람들의 뉴스도 이어졌다.

당시 나와 동료들은 몸이 너무 힘들고 피곤할 때마다 세간에는 눈물의 비디오로 잘 알려져 있는 J은행의 '내일을 준비하며' 동영상을 보며 재차 실업극복의 결의를 다지곤 했었다. 예기치 못한 희망퇴직 등으로 직장을 떠나는 직원들이 남아 있는 동료들에게 전하는 눈물 어린 충고와 다시 돌아오겠다는 의지 등의 내용이 담겨 있었다.

벌써 아련한 추억이 되었지만, 나의 공직생활의 큰 전환점이었다. 사실 공무원 생활을 하다 보면 가끔씩 나태해지기도 하고 요즘처럼 국민과 여론의 거센 비판에 공직에 대한 회의가 들 때도 있지만, 당시를 기억하며 마음을 되잡곤 한다.

시간이 많이 흘러서인지 내가 왜 공직자가 되려고 했었는지 뚜렷이 기억이 나질 않는다. 아마도 경제학을 전공했고 금리나 통화, 성장률 등 거시경제 지표에 입각해 국가를 발전시키고 경영하는 것이 멋있어 보여서일지 모른다. 아니면 당시 중앙부처 공무원이셨던 가까운 친척 분의 모습이 좋아 보였기 때문인지도 모르겠다.

하지만 1998년 외환위기를 겪으면서 공무원의 소임이 무엇인지는 내게 자리잡은 것 같다. 그것은 부모 세대가 생계와 일자리 걱정 없이 살 수 있고 자식 세대가 미래에 대한 희망을 품을 수 있는 나라를 만드는 데 조금이라도 보탬이 되는 것이다.

앞으로의 공직생활은 …

우리 부처 내부에서나 밖에서나 지인들은 과분하게도 나를 고용일자리정책 전문가로 분류해준다. 사실 4년 여의 청와대 비서실 근무와 기획재정담당관실 등의 다양한(?) 자리에서의 근무경험이 있었음에도 실업대책, 외국인력 대책고용허가제, 청년 · 여성 등 일자리 창출,

고용률 70% 로드맵 추진 등 굵직굵직한 고용정책 추진에 참여해서 일 것이다.

지금 시대에는 과거의 훌륭하신 선배 공무원들처럼 경제 · 사회 · 교육 등 모든 측면에서 종합적으로 정책을 조망해서 볼 수 있는 능력을 갖춘 공무원은 별로 없는 것 같다. 후배 공무원들이 부족하기 때문이기도 하겠지만 세상의 변화 속도가 너무 빠르기 때문이기도 한 것 같다.

매일 우리가 마주하고 있는 노동시장만 해도 그렇다. 다양한 직군의 프리랜서가 늘어나고 있고 스마트폰을 비롯한 IT 혁명에 따라 이를 활용한 우버택시와 같은 신종 취업형태도 우후죽순처럼 나타나고 있어 기존의 법 · 제도 차원의 접근만으로는 그 변화의 속도를 좇아가기가 무척 버겁다.

이런 시대의 변화는 공무원에게도 각 정책 분야에서의 진정한 프로페셔널리즘을 요구하고 있다. 각 분야 공무원 개개인은 고도의 전문성을 갖추어야 하고 관련 부처 간에는 긴밀한 협업이 있어야만 문제해결이 가능한 시대가 도래한 것 같다.

이와 함께, 행정의 대상이 국민 일반이다 보니 공직에 있어 사명감이나 책임감은 당연히 중요한 요소다. 예전에 내가 모셨던 선배 공무원이자 정치인이셨던 분이 순간순간 정책을 결정하고 선택하는 어려움과 마주할 때마다 이해득실이 아닌 옳고 그름의 차원에서 접근하면 실수가 없을 거라고 조언해준 적이 있다.

결국, 시대의 빠른 변화를 따라가면서도 다양한 이해관계 속에서 국민과 국가를 위해 가장 올바른 방안을 찾아내고 추진해야 하는 것이야말로 공직생활의 진정한 매력이 아닌가 싶다.

미래 정부에 묻다

–국토교통부 편

기획재정부 기획재정부 미래창조과학부 통일부 문화체육관광부 농림축산식품부

산업통상자원부 보건복지부 고용노동부 국토교통부 공정거래위원회 금융위원회

권혁진 국토교통부 주택정책과장

연세대학교 경제학과, 동 대학원 경제학과 졸업

미국 위스콘신대학교 MBA

OECD 사무국 근무

국토해양부 해외건설과장

국토해양부 주택건설공급과장

국토교통부 기획담당관

갈림길에 선 주택시장,
어떻게 변할까?

chapter 10

'우리의 집' 에 관한 몇 가지 질문

40대 친구들이 모여 저녁을 먹으면 주로 무슨 얘기를 나눌까? 아마, 첫 번째는 직장 얘기, 두 번째는 애들 교육문제, 그리고 세 번째 정도가 집 얘기가 아닐까 싶다. 집이 있는 사람들은 애물단지 같은 집을 지금이라도 손절매하고 팔아야 하는지, 그래도 혹시 모르니 좀 더 기다려봐야 하는지 고민하고 있을 것이다. 반면 집이 없는 사람들은 곧 전세 재계약 기간이 다가오는데 추가 대출을 내서라도 전세금을 올려줘야 할지, 아니면 눈을 낮춰서 전세가 좀 싼 외곽으로 이사를 가야 할지, 이도저도 아니면 이참에 그냥 집을 확 사버릴지 고민하고 있을 것이다.

사람 일이라는 게 당장 내일 일도 모르는데 몇 년 앞을 내다보고 뭘 결정하기란 여간 힘든 일이 아니다. 집에 새로 에어컨을 들여 놓을 때도 짧게는 며칠, 길면 몇 주간 인터넷도 뒤지고 매장도 방문해 보게 된다. 그런데 집은 대부분의 사람들에게 가장 큰 자산2013년 기준, 가계의 자산 중 67.5%가 부동산이니, 이에 대한 투자결정은 집을 구매하는 사람이거나 임차하는 사람이거나 고민이 깊을 수밖에 없다.

예부터 등잔 밑이 어둡다고 했다. 사무관 시절부터 주택정책과에서 근무를 했고, 지금도 주택정책과장으로 있지만, 집에 대해 내가 한 의사결정은 모두 실패였다. 이제 집값이 내릴 것 같아서 집을 팔고 전세로 옮기면 그 이듬해에 집값이 다락같이 올랐고, 다시 안 되겠다 싶어 집을 사면 이제는 백년하청으로 집값은 오를 기미를 보이지 않는다. 그래서 나는 주택투자에 있어서는 주위에서 '마이다스'의 손이 아니라 '마이너스'의 손으로 잘 알려져 있다. 그럼에도 여기에서는 집에 대해 열심히 고민하는 분들이 좀 더 나은 결정을 할 수 있도록 '우리의 집'에 관한 몇 가지 얘기를 해보려 한다.

우리는 아직 집이 부족한가?

우리나라는 OECD 회원국 중에서 가장 빠른 속도로 주택수가 늘어난 국가다. 1970년에 우리나라 주택수는 436만 호에 불과했는데, 2013년에는 1,896만 호주택보급률 산정기준, 다가구는 거처구분로 4.3배나 증가했다같은 기간, 인구는 3,144만 명에서 5,022만 명으로 1.6배 증가. 이에 따라 우리나라는 1970년 이후 지은 집이 전체 주택재고의 95%를 차지해 OECD 국가 중에서 주택연령이 가장 젊은 나라다.

주위를 둘러보면 여기도 저기도 집을 짓고 있는데 아직도 우리는 집을 더 지어야 하는 걸까? 이에 답하기 위해 선진국 대비 1천 명당 신규주택 건설호수를 살펴보자. 우리나라에서는 본격적인 신도시 건설시기인 1990년부터 1997년까지는 인구 1천 명당 연간 14.3호가 지어진총 건설호수는 연간 63.3만 호 반면, 외환위기 이후 1999년부터 2013년까지는 1천 명당 연간 10.0호총 건설호수는 연간 49.6만 호로 줄어들었다. 그런데 경제가 성숙단계에 들어가 있는 선진국은 신규주택 건설호수가 대부분 우리보다 훨씬 낮다. 이웃나라 일본의 경우 버블 발생 초기인 1980년에 연간 주택 건설호수가 1천 명당 10.8호총 126만 호였는데, 버블이 끝나던 1990년에는 1천 명당 13.8호총 170만 호까지 증가했다가, 2013년에는 7.7호총 98만 호로 크게 줄었다. 2013년 기준으로 미국은 1천 명당 3.1호총 98만 호, 영국은 1천 명당 2.5호총 16만 호 수준에 그쳤다. 우리나라도 경제규모나 성장속도 등을 고려할 경우 신규 주택 건설호수는 더욱 낮아질 것으로 보인다. 이런 상황에서 2014년에만 해도 53만 호1천 명당 10호 내외의 집이 지어져 공급과잉이 우려되고 있다. 사실 정부는 주택수요 등을 고려해 2014년에는 40만 호 내외1천 명당 8호 내외로 집을 짓는 게 적정 수준이라고 밝힌 바 있다.

그러면 이렇게 공급과잉을 우려할 정도로 열심히 집을 짓고 있는데도, 우리나라는 여전히 집이 부족한 걸까? 이에 답하기 위해 선진국 대비 1천 명당 주택재고를 살펴보자. 2013년 기준으로 우리나라의 주택재고다가구는 통상 1채에 여러 가구가 거주하며, 여기에서는 1채 단위가 아니라 실제 주거단위로 구분한 기준 사용는 1천 명당 370호이며 1천 가구당은 1,027호 수준이다. 그런데 OECD 회원국의 경우 2005년 기준으로 이미 1천 명당 주택수는 평균 450호 내외이며, 1천 가구당은 평균 약 1,200호 내외를 나타내고 있다. 우리나라의 2013년 기준 1천 명당 주택수 수준을 선진국에선 언제 달성했는지 보면, 프랑스는 이미 1968년에 366호, 미국은 1980년에 384호, 영국은 1980년에 382호, 일본은 1993년에 367호였다. 그러면 우리나라는 언제쯤 OECD 평균 주택재고 수준에 이를 수 있을까? 현재와 같은 인구증가, 주택건설, 멸실주택 추이 등을 고려할 경우, 앞으로 10년 후인 2025년경에야 1천 명당 주택수가 450호 수준이 될 것으로 보인다. 이를 기준으로 단순히 계산해보면, 우리나라는 OECD 평균에 비해 여전히 약 400만 채의 집이 부족한 것으로 추정된다.

우리는 '이동의 민족'인가?

우리나라는 참 역동적이다. '다이나믹 코리아'라는 말이 잘 어울린다. 우리의 이런 역동성은 주택거래에서도 잘 나타나고 있다. 먼저, 우리나라에서는 2013년 기준으로 기존 주택이 85.2만 채 매매되었고 신규주택이 39.6만 호 분양되어 총 124.8만 채의 집이 매매되었다. 이는 같은 해 전체 주택수1,897만 호의 6.5%에 해당하는 수준이다.

전월세도 매매와 유사한 수준으로 활발히 거래되고 있다. 2013년 기준으로 전세가 83.3만 건, 월세확정일자 신고를 하지 않은 순수월세는 제외가 54.0만 건 등 총 137.3만 건이 거래되었으며, 이는 전체 주택수의 7.2%에 해당하는 수준이다. 결국, 매매와 전월세 거래를 모두 합하면 2013년 한 해 동안 총 262만 건의 주택거래가 있었고 이는 전체 주택수의 13.8%에 해당하는 수준이다. 이를 달리 해석하면, 2013년 한 해 동안 우리나라에서는 총 100가구 중 13.8가구가 집을 새로이 샀거나 새로운 전월세집으로 이사를 간 것이다.

OECD 통계에 따르면, 최근 2년간 주거지를 이전하는 비율은 평균 12% 수준이다. 그런데 우리나라는 2012년 주거실태조사에 따르면 최근 2년간 주거지를 이동한 가구는 21.1%에 이르고 있다. 그리고 실제로 집을 샀거나 전월세집으로 이사를 간 가구의 비율로 보면 27.6%2013년의 13.8%의 2배나 된다. 이를 통해 우리나라의 주거지 이동성residential mobility은 OECD 회원국에 비해 매우 높은 수준임을 알 수 있다.

이런 점을 보면, 우리나라에서 아파트 상가마다 왜 공인중개사 사무실이 빼곡히 들어가 있는지를 잘 알 수 있다. 실제로 2013년 기준으로 인구 1만 명당 공인중개사 숫자를 비교해보면, 일본은 7.9명, 영국은 1.6명, 프랑스는 1.0명인 데 비해, 우리나라는 17.5명에 이른다.

앞으로 집값은 떨어질 일만 남은 것일까?

우리나라 집값에 대해서, 어떤 사람은 시간 문제일 뿐 이미 대세 하락기에 접어들었다고 하고, 또 어떤 사람은 그래도 기대심리만 회복되면 다시 상승세를 이어갈 수 있다고 한다. 정답이 없다. 다만, 지금 대부분의 경제주체들은 집값이 더 떨어질 것이라는 쪽에 무게를 두고 있는 것 같다. 그런데 경제주체들의 '합리성' 이라는 것은 늘 합리적일까? 과거의 경험에 비춰봤을 때, 그 '합리성' 이라는 것이 '사실' 에 기초하기보다는 '집단적 믿음' 에 근거하는 경향이 많았다. 지나간 후 결과론적으로 보면 그 믿음의 상당수는 '비합리적' 이었다는 것을 알 수 있다.

집값은 기본적으로 주택시장의 수요와 공급, 정부정책에 의해 결정되며, 주택수요는 다시 인구, 가구, 가계소득, 이자율, 집값 상승 기대심리 등에 의해 결정된다. 그간 우리나라 집값은 이런 변수와 밀접하게 연계되어 움직여왔다. 그러나 최근에는 개별 변수가 집값에 미치는 영향도 줄어들고 있고, 집값 흐름과 이들 변수의 흐름이 이탈de-coupling되는 모습도 보이고 있다. 이에 대해 보다 구체적으로 살펴보자.

먼저, 인구구조 변화가 집값에 미치는 영향에 대해 살펴보자. 잘 알려진 대로, 우리나라는 OECD 국가 중에서 가장 낮은 출산율과 가장 빠른 고령화로 인해 경제활동 가능인구가 급격히 줄고 있으며, 이는 다시 주택구입 가능인구 감소로 이어지고 있다. 실제로 우리나라 인구는 2030년에 5천2백만 명을 기점으로 감소세로 전환하게 되며, 주택구입 가능연령30~54세이 전체 인구에서 차지하는 비중은 2011년 41.5%를 기점으로 하락세로 전환되어 2035년에는 31.1%까지 떨어지게 된다. 반면에 주택을 처분하려는 경향이 강한 은퇴층55세 이상의 비중은 2011년 22.0%에서 2035년에는 그 두 배인 43.8%로 늘어날 전망이다. 이런 인구구조 변화는 주택수요에 분명히 부정적인 영향을 미치게 되나, 반드시 집값 하락으로 이어진다고 볼 수는 없다. 이는 과거의 예를 통해서도 알 수 있다. 1991년부터 2000년까지 10년간 주택구입 가능연령은 4.9%p 증가했으나 집값은 13.3% 감소한 반면, 2001년부터 2010년까지 10년간은 주택구입 가능연령이 2.9%p 증가에 그쳤으나 집값은 오히려 53.9%나 증가했다. 적어도 최근까지는 인구구조 변화가 집값에 미치는 영향은 제한적이라는 것을 알 수 있다.

다음으로, 가구구조 변화가 집값에 미치는 영향에 대해 살펴보

자. 집에 대한 수요의 기본 단위는 인구가 아니라 가구다. 그런 점에서 집값에는 인구보다 가구변화가 상대적으로 더 큰 영향력을 미치게 된다. 그런데 우리나라의 가구는 인구와 달리 2035년까지 지속적으로 늘어날 전망이다. 비록 가구의 증가폭은 1991~2000년에 연간 32.6만 가구, 2001~2010년에 연간 28.2만 가구, 2011~2020년에 연간 25.5만 가구, 2021~2035년에 연간 15.9만 가구로 점차 줄어들지만, 여전히 증가하는 추세를 나타내고 있다. 따라서 당분간은 가구 증가에 따른 주택수요도 꾸준할 것으로 보인다. 다만, 이런 가구 증가가 반드시 집값 상승으로 이어진다고 보기는 힘들다. 우선, 주택구매의 기본 가구유형 중 3인 가구 비중은 1990년 19.0%에서, 2013년 21.3%, 2035년 19.4%로 안정적인 흐름을 보여주고 있지만, 4인 가구 비중은 1990년 29.5%, 2013년 20.2%, 2035년 11.0%로 크게 떨어지기 때문이다. 또한 집을 구매하기보다는 전월세로 거주하려는 경향이 강한 1~2인 가구가 지속적으로 증가하고 있다. 우리나라의 1~2인 가구는 1990년에 22.8%에 그쳤으나, 2013년에 51.6%로 급증했으며, 2035년에는 68.3%에 달할 전망이다.

그다음으로, 소득이 집값에 미치는 영향에 대해서 살펴보자. 통상적으로 소득이 오르면 집에 대한 수요는 늘게 된다. 그러나 소득이 오르는 속도에 비해 집값이 더 빠르게 오를 경우, 상대적으로 구매여력이 떨어진 가계는 주택구매 대신 전월세 거주를 택하게 될 것이다. 앞으로 우리나라 집값이 떨어질 일만 남았다고 보는 사람들은 지금까지 우리나라 집값은 지나치게 빨리 오른 반면, 소득 상승폭은

이에 크게 못 미쳤다고 판단하는 것이다. 실제로는 어떨까? 우선, 우리나라에서 본격적으로 집값 상승이 이뤄졌던 2000년을 기점으로 2014년 9월까지 명목 주택가격전국, 주택종합 기준은 184.0% 증가한 반면, 같은 기간 가처분 소득은 202.9% 상승했다. 그리고 우리나라는 선진국에 비해서도 집값 수준 및 집값 상승폭 모두 상대적으로 안정적이다. 가계소득 대비 집값 비율Price-to-Income Ratio ; PIR은 가계가 몇 년간 소득 전체를 저축해야 집을 구매할 수 있는지를 알아보는 국제적 지표다. 주거실태조사에 따르면, 중위수 기준으로 볼 때 우리나라의 PIR은 2006년 4.2에서 2014년 5.2로 늘었고, 수도권은 같은 기간 5.7에서 6.9로 늘었다. 그런데 2013년 기준으로 국가별로 보면 미국은 3.4, 영국은 4.9, 일본은 5.3, 호주는 5.5 수준이며, 도시별로는 뉴욕권은 6.2, 런던권은 7.3, 동경권은 7.7, 시드니는 9.2 수준이다. 우리나라 및 수도권이 선진국에 비해 PIR이 높은 수준이 아닌 것을 알 수 있다. 우리나라의 집값 상승폭도 선진국에 비해 높지 않은 수준이다. 〈그림 1〉은 미국의 달라스 연방준비은행 자료를 통해, 주요 22개 국가의 2000년 1월부터 2014년 9월까지 명목 집값 상승률을 나타낸 것이다. 같은 기간 우리나라의 집값 상승률은 182.7%로서 21개 국가 중에서 중간인 12번째에 위치하고 있다. 같은 기간 집값 상승률 편차도 우리나라는 독일, 프랑스, 핀란드, 룩셈부르크 등과 함께 가장 낮은 그룹에 속했다. 이런 점들을 종합해볼 때, 우리나라가 소득 증가에 비해 집값이 지나치게 올라, 앞으로 집값 추가 상승여력이 없다고 보는 의견은 무리가 있어 보인다.

〈그림 1〉 주요 21개국 집값 상승률(2001년 1월 ~ 2014년 9월)

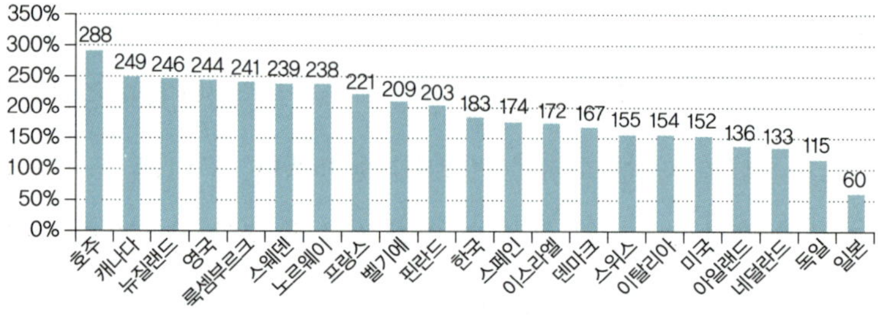

자료 : 미국 달라스 연방준비은행, 2014

끝으로, '이자율'과 '가계의 기대심리'가 집값에 미치는 영향에 대해 살펴보자. 이론적으로는 이자율이 낮아지면 주택구매에 대한 기회비용이 줄어들어 주택수요가 늘고 집값이 오르게 되며, 반대로 이자율이 높아지면 주택수요가 줄고 집값은 떨어지게 된다. 현실에서는 어떨까? 이자율과 집값의 이런 역의 관계는 집값 상승에 대한 기대심리가 전제되어야 성립이 가능해진다. 실제로, 2000년 2월에 5.0%였던 한국은행 기준금리는 2005년 9월 3.25%까지 떨어졌고, 이 기간[69개월] 동안은 예상대로 집값은 큰 폭으로[37.7%] 상승했다. 그러나 기준금리를 2005년 10월에 3.5%로 올린 후 금융위기 직전인 2008년 9월 5.25%까지 올렸으나, 이 기간[36개월] 동안은 집값 상승에 대한 기대감이 여전히 높아 집값은 내리지 않고 오히려 20.3%나 올랐다. 반대로 2011년 6월 3.25%에서 2014년 10월 2.0%까지 기준금리를 지속적으로 내렸으나, 이 기간[41개월] 동안 집값은 4.5% 증가에 그쳤다. 집값 상승에 대한 기대가 낮은 상황에서 가계는 저금리로 자금조달을 하되, 이를 통해 집을 사기보다는 전세에 거주하는 것을 더 선호하기 때문이다. 결국 이자율도 가계의 '기대심리' 방향에 따라 집값의 움직임에 다른 결과를 가져오게 된다.

결론적으로, 그러면 집값은 앞으로 어떻게 될 것인가? 여전히 떨어질 일만 남은 것일까? 사실 앞에서 살펴본 여러 상황을 고려했을 때, 집값이 떨어져야만 할 명확한 근거를 발견하기가 쉽지 않다. 우리나라 신규주택은 연간 40~50만 호 지어지고 있지만, 여전히 선진국에 비해 주택재고는 부족한 상황이다. 인구구조 변화는 주택수요에 부정적인 영향을 미치게 되지만, 주택수요의 기본단위인 가구는 2015년부터 2035년까지 연평균 19.6만 가구가 계속 늘어날 전망이다. 집값은 가처분 소득보다 낮게 증가했으며, 최근 3년간 2012년 1월~2014년 12월 수도권의 집값 상승률은 -2.69%를 기록했다. 선진국에 비해서도 집값 상승폭과 상승속도는 안정적으로 유지되고 있다. 기준금리는 금융위기 직후인 2009년과 동일한 2.0%로 역사상 최저 수준이다. 그런데 왜 집값은 떨어질 일만 남았다고 생각하는 걸까? 오히려 왜 집값은 오르지 않을까 하는 생각을 해봐야 되지 않을까? 문제는 집값 상승에 대한 기대심리다. 약 십 년 전인 2005~2006년, 집값이 들불처럼 번져 오를 때에는 대부분의 사람들은 집은 반드시 사야 한다고 생각했으나, 지금은 대부분 집은 살 필요가 없다고 생각한다. 그런데 곰곰이 생각해보면 지금과 그때 사이 우리 주택시장에 무슨 큰 변화가 생겼을까? 인구, 가구, 소득, 이자율 등에 변화가 있긴 했지만, 뽕나무 밭이 푸른 바다가 될 정도의 그런 큰 변화는 아니다. 다만, 사람들이 그때와는 달리 집값은 떨어진다고 굳게 믿고 있는 것이 가장 큰 변화 중의 하나다.

사람들의 믿음은 쉽게 바뀌지 않는다. 따라서 앞으로 글로벌 경기 등 외부변수에 큰 변화가 없다면, 당분간 집값 또한 큰 폭의 변화는 없을 것으로 보인다. 그런데 사람들의 믿음이라는 것은 한번 흐름을 타면 또 언제 그랬냐 싶게 쉽게 바뀌기도 한다. 2015년 1월 전국의 미분양 아파트는 3.6만 호로 최고치를 기록했던 2009년 3월 16.5만 호의 22.3% 수준이다.〈그림 2〉 집값과 매우 밀접하게 연계되어 있는 매매거래량2006~2014년 집값과 주택거래량의 상관계수 0.79은 2014년에는 100.5만 호를 기록했으며, 이는 집값이 한창 오르던 2006년 108만 호 다음으로 최고 수준이다.〈그림 3〉 통상적으로 전세값이 집값의 일정 수준까지 오르게 되면 가계들은 전세에서 매매수요로 전환하는 경향을 보이게 된다. 그런데 2015년 2월 전국 아파트의 매매가 대비 전세가 비중은 통계생산 이래 최고치인 70.6%를 기록했으며, 이는 집값이 상승국면으로 전환되던 2001년 10월 69.5%보다 더 높은 수치다.〈그림 4〉 또한 2000년부터 2011년까지는 실질주택가격이 실질가처분소득보다 다소 높게 증가했으나, 집값이 하락세로 접어들었던 2012년 이후는 실질주택가격 상승폭이 실질가처분소득 상승폭보다 오히려 낮게 나타나고 있다.〈그림 5〉

이런 지표들의 움직임을 종합해보면, 집값 상승에 대한 기대심리가 바뀌면, 집값은 언제든지 방향을 달리하여 상승세로 돌아설 수 있음을 알 수 있다. 이런 상황에서는 실수요 관점에서 거주형태를 선택하는 것이 합리적이다. 불완전한 정보로 너무 먼 미래의 집값을 예측하기보다는 각자의 주거비 부담능력과 주거 선호에 맞춰서 집을 사거나 혹은 빌려 쓰는 것이 현명한 판단이 아닐까 생각해본다.

〈그림 2〉 미분양 주택호수(1993년 1월 ~ 2015년 1월)

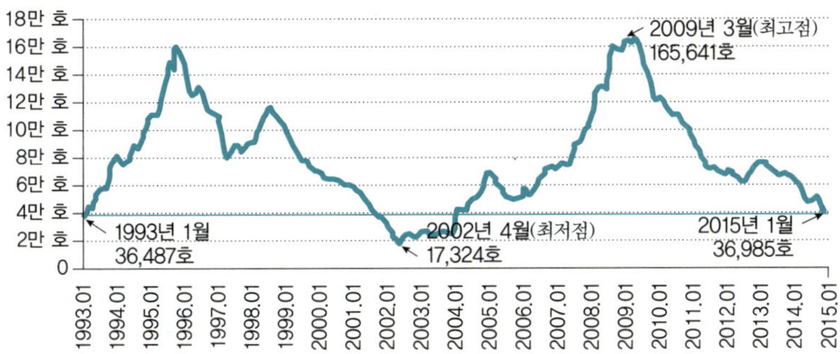

자료 : 국토교통부

〈그림 3〉 집값(전국, 종합 기준)**과 매매거래량**

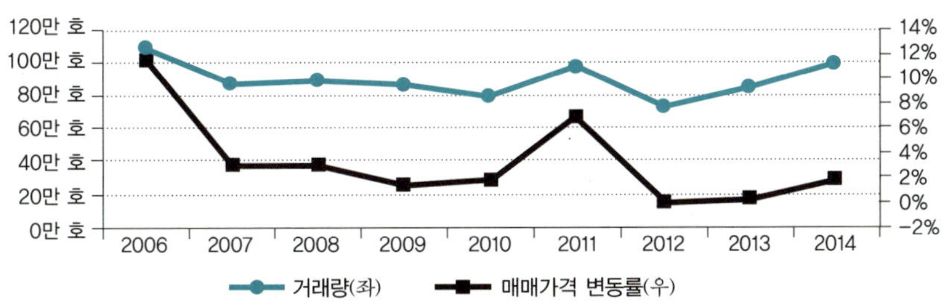

자료 : 국토교통부, 한국감정원

〈그림 4〉 **매매가격 대비 전세값 비율**(아파트 기준, 연도 말 기준)

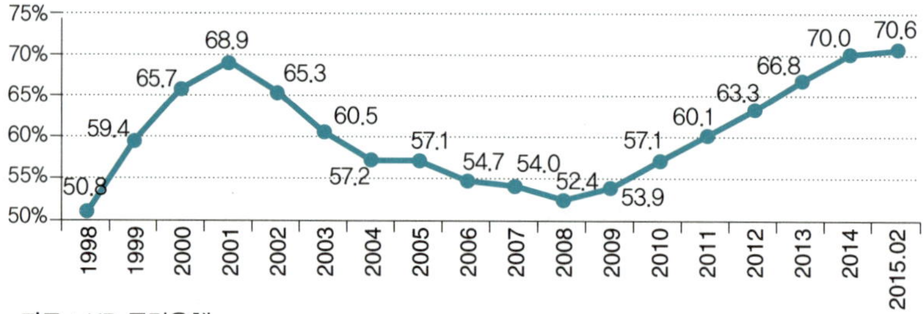

자료 : KB 국민은행

〈그림 5〉 **실질주택/실질가처분 비율**

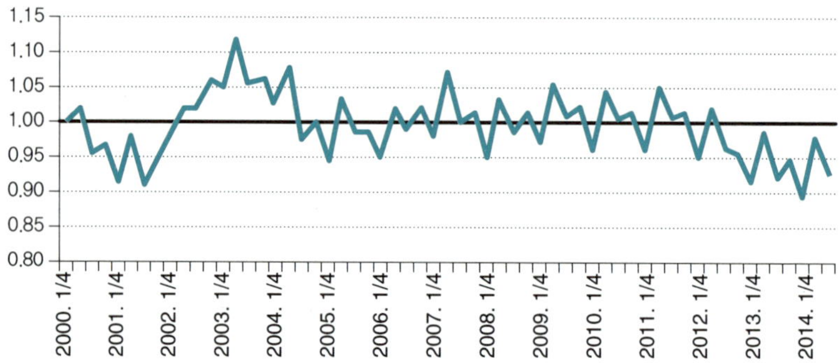

자료 : 국토교통부, 한국감정원, 통계청

전세는 언젠가 사라질 공룡인가?

조선시대 경성지역을 중심으로 관습법적으로 내려왔다는 우리나라의 전세제도는 외국 사람들이 보기에는 신기한 주택임대차 제도일 수 있다. 집값의 절반이 넘는 금액을 계약서 한 장만 믿고 집주인에게 맡기고 2년간 세를 산다는 것은, 달리 생각하면 위험한 임대계약일 수 있다. 그러나 이 제도는 그간 고도 성장기를 거치면서 집값과 이자율 모두 오르기만 하던 우리나라 여건에서는 집주인과 세입자 간의 이해관계가 잘 맞아 떨어진 제도였다. 집주인 입장에서는 집값이 계속 오를 것 같아 집을 한두 채 더 살 계획이라면, 굳이 문턱 높은 은행에 가서 대출을 받을 이유가 없었다. 전세를 끼고 집을 사면 대출 이자도 낼 필요 없고 자기 투자금도 최소화할 수 있어 투자 수익률을 최대한 높일 수 있었다. 집을 살 생각이 없는 집주인이라면 전세금을 그냥 은행에 넣고 이자만 받아도 생활비는 충분히 나왔다. 세입자 입장에서도 전세는 어차피 다시 찾을 수 있는 돈이고, 내 집 마련을 위한 주거 사다리로서 매우 유용한 제도였다. 사글세에서 출발해 몇 년간 열심히 저축한 끝에 전세금을 마련하고, 그 전세금을 목돈으로 해서 내 집을 마련하는 것이 전형적인 중산층의 꿈이었다.

그런데 이 전세제도가 최근 들어 갈림길에 서 있다. 우리 경제가 저성장 구조로 전환되면서 전세제도를 지탱해주던 여건들이 크게 변하고 있기 때문이다. 집값은 장기간 정체되어 있고, 기준금리는 역대 최저 수준이다. 집값이 오르지 않는다면, 굳이 전세를 끼고 추가로 집을 살 이유가 없어진다. 전세금을 은행에 맡겨 놓아도 금리가 낮아 생활비로 충당하기 힘들다. 이런 상황에서 집주인은 차라리 전세금을 돌려주고 월세를 꼬박꼬박 받는 것이 낫다. 그런데 세입자 입장에서는 반대다. 가급적이면 전세에 살고 싶어 한다. 우선, 전세는 자본저축인데, 월세는 그냥 쓰고마는 소비지출이라는 인식이 강하다. 경제적으로도 손해다. 은행에서 연 3~4% 금리로 전세금 대출을 받을 수 있는데, 월세는 아무리 내렸다 하더라도 여전히 연

〈그림 6〉 **서울 아파트 매매값 및 전세값 추이**(2008년 11월 ~ 2014년 11월)

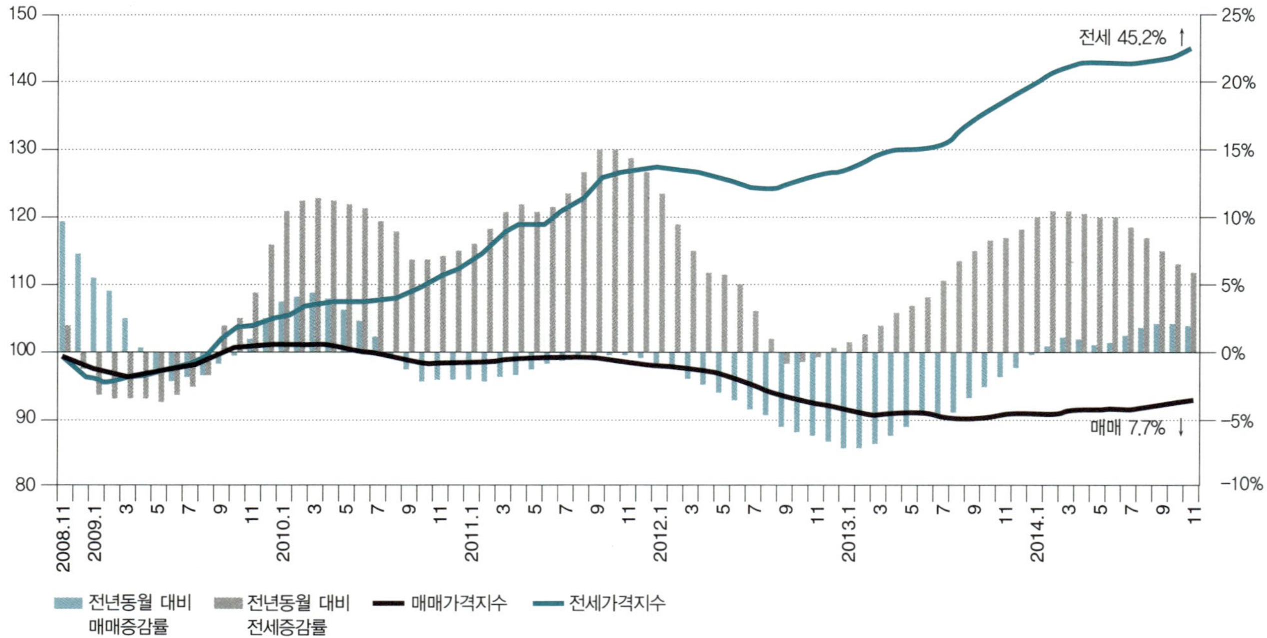

자료 : 한국감정원

5～6% 수준이다.

이렇게 전세를 놓으려는 사람은 줄어드는데 찾는 사람은 늘어나니, 전세 값은 당연히 오를 수밖에 없다. 한국감정원 자료에 따르면, 서울지역 아파트 전세 가격은 2008년 11월부터 2014년 11월까지 6년간 45.2% 증가한 반면, 같은 기간 동안 도시근로자 가구소득은 25.1% 상승에 그쳤고, 매매 가격은 오히려 7.7% 감소했다. 이에 따라 2008년 11월 기준으로 서울 아파트 전세는 도시근로자 연소득의 4.3배 수준이었으나, 2014년 11월에는 5.0배 수준으로 크게 증가했다.

그럼 전세 물량은 얼마나 줄어들었을까? 전체 임차가구 중에서 전세에 거주하는 가구의 비중은 2006년 54.2%주거실태조사에서 2012년 49.5%, 2014년 45.0%로 계속 떨어진 반면, 월세보증부월세 포함거주 가구의 비중은 2006년 45.8%에서 2012년 50.5%, 2014년에는 55.0%로 가파르게 올랐다. 이미 2012년부터 월세재고가 전세재고보다 더 많아졌다. 거래량 기준으로 보더라도 월세 비중은 빠르게 늘고 있다. 2011년 1월에는 전체 임대차 거래 중 월세거래순수월세를 제외한 보증부월세 거래 비중은 31.9%였으나, 4년 만인 2015년 1월에는 그 비중이 43.5%로 월세 비중이 크게 높아졌다. 특히 수도권보다는 지방에서, 그리고 아파트보다는 비아파트에서 월세거래 비중이 더 빠르게 늘고 있으며, 이미 지방에 있는 비아파트의 경우는 2012년 12월 이후 월세 거래량이 전세 거래량을 앞서고 있다.

〈그림 7〉 전세 및 월세 재고 비중 추이

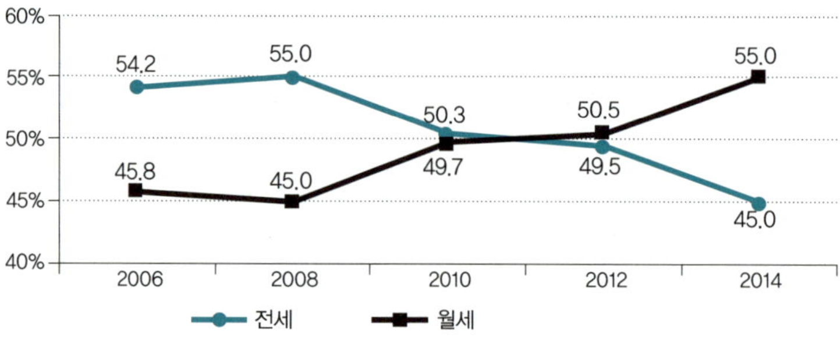

자료 : 주거실태조사, 각 연도

전세는 얼마나 빨리 월세로 전환될까? 전세의 월세 전환은 우리 경제가 저성장 · 저금리 국면에 진입하면서 나타나는 구조적 현상이며, 시간이 지날수록 전세의 월세 전환 속도는 더 빨라질 것으로 전망된다. 우리나라도 이제 월세시대로 접어들게 되는 것이다. 그러나 이때의 월세는 순수월세라기보다는 보증금이 상당 규모 이상인 보증부 월세 또는 반전세의 형태가 될 것이다. 집주인들은 가능한 한 전세를 월세로 돌리고 싶어 하지만 현실은 쉽지 않다. 우선 돌려줘야 할 전세보증금이 문제다. 한국감정원의 실거래가 자료로 추산해보면, 집주인들이 돌려줘야 할 전체 전세보증금은 2011년 약 428조원에서 2014년에는 684조원으로 늘어났다. 2014년 9월 주택담보대출 잔액이 약 450조원이라는 점을 고려할 때 이는 천문학적인 금액이다. 그뿐만 아니라 연 1개월 이상 월세를 연체하는 가구가 무려 17.1%나 되는 상황2012년 주거실태조사이라서 서구처럼 2~3개월치 월세만 보증금으로 받아 놓으면 불안할 수밖에 없다. 이런 점에서, 앞으로 전세가 줄고 월세가 늘어나는 것은 사실이지만, 서구적 개념의 순수월세가 늘기보다는 기존 전세금은 그냥 두고 추가로 상승하는 보증금에 대해서만 월세로 전환하는 보증부 월세가 늘게 될 것이다. 2014년 11월 중위수 가구 기준으로 볼 때 월세의 약 180배에 해당하는 금액을 보증금으로 받는 형태가 가장 보편적인 보증부 월세다.

그러면 전월세 전환이율은 얼마까지 떨어질 수 있을까? 전세와 달리 월세는 공급은 느는데 수요는 정체되어 있다. 그러니 전세를 월세로 전환할 때 적용되는 이자율인 전월세 전환율은 떨어질 수밖에 없다. 2011년 1월에 9.0%였던 전월세 전환율이 2014년 11월에는 7.2%로 한 차례 상승도 없이 계속 떨어지기만 했다. 그러면 전월세 전환율은 시장금리 수준까지 떨어질까? 전월세 전환율은 기본적으로 월세의 수급상황에 따라 결정되지만, 시장이자율에 몇 가지 추가적인 리스크 프리미엄을 더해서 결정된다. 먼저, 월세이율은 공실위험, 연체위험, 월세 징수비용 등으로 인한 손실을 반영하게 된다. 그리고 집값이 하락하여 자본손실이 발생할 경우의 리스크도 고려하게 된다. 따라서 월세의 초과공급이 계속되는 한, 전월세 전환율은 추가적으로 하락하게 되나, 시장이자율 수준까지 하락하기는 어려울 것으로 보인다.

그러면 월세시대를 맞이하여 우리는 무엇을 준비해야 하는 걸까? 2014년 주거실태조사에 따르면, 전국에 약 1,800만 가구가 있으며, 이 중 약 1,000만 가구는 자가(무상 포함)에 거주하고 있고 약 800만 가구는 남의 집에 살고 있다. 다시 800만 임차 가구 중 160만 가구는 제도권 임대주택공공이 공급하는 임대주택에 100만 가구, 임대사업자로 등록한 민간이 공급하는 임대주택에 60만 가구에 거주하고 있으며, 나머지 640만 가구는 비제도권 임대주택에 거주하고 있다. 제도권 임대주택은 주거 안정성이 상대적으로 높다. 장기간의 임대기간이 보장되며 임대료도 안정적인 수준에서 관리된다. 그러나 임대사업자가 아닌 민간이 관리하는 비제도권 임대주택은 쉽게 주거불안에 노출된다. 2년마다 전세나 월세 보증금을 얼마나 더 올려줘야 할지 걱정이 된다. 그보다도 갑자기 있지도 않던 집주인의 조카가 외국에서 들어와 살아야 하니 집을 비워 달라고 하면 여간 낭패가 아니다. 이런 주거불안을 줄여 나가기 위해서는 제도권 임대주택을 늘려나가는 데 집중할 필요가 있다.

그러면 제도권 임대주택은 어떻게 늘려 나가야 하는가? 나라살림이 풍족하다면, LH 등 공공부문의 예산을 늘려 공공임대주택을 더 많이 공급하는 것이 제일 낫다. 그러나 이미 전국에 76만 채의 임대주택을 관리하고 있으며 부채만 130조원이 넘는 LH는 추가적인 공급 여력이 없다. 2015년에 계획대로 9만 호의 공공임대를 공급입주기준하는 것도 부담스럽다. 결국 민간에서 더 많이 제도권 임대주택을 공급할 수 있도록 유도해 나갈 필요가 있다. 민간의 활력을 통해 제도권 임대주택을 늘리기 위해서는, 선진국처럼 과감한 인센티브를 마련하여 임대사업에 따르는 수익률을 높여줘야 한다. 그런데 지금까지 국내 건설회사들은 단기간에 수익을 얻을 수 있는 신규 분양시장에 집중해왔다. 2014년 한 해 동안 새로이 지어진 아파트 100채 중 95채가 분양아파트였고 5채만 임대아파트였다. 굳이 장기간 돈이 묶이고 임대관리 리스크도 부담해야 하는 임대사업에 참여할 유인이 크지 않았다. 그러나 지금은 상황이 달라지고 있다. 분양시장은 이미 포화상태에 이른 반면, 임대시장은 전세에서 월세로 전환되어 고정적인 임대수입 흐름을 기대할 수 있게 되었다. 이제 국내 건설회사들도 선진국과 같이 주택 건설에서부터 임대관리까지 종합적인 주거서비스를 제공하는 기업형 임대시장에 참여할 시기가 다가온 것이다. 정부가 금년 1월 대통령 연두 업무보고를 통해 '중산층 주거혁신을 위한 New Stay 정책' blog.naver.com/newstay에서 보다 자세한 내용 확인 가능으로 브랜딩하면서, 기업형 임대주택 육성을 금년도 핵심정책과제로 추진하겠다고 밝힌 것도 이런 배경에서였다.

지난 20년간, 그리고 남은 10년간 늘 공무원 생활

지난 20년간의 늘 공무원 생활

능력 없는 사람이 어쩌다가 시험에 붙은 후 벌써 20년째 '늘 공무원' 줄여서 '늘공' 생활을 해오고 있다. 지금까지 국가로부터 많은 혜택을 받아왔고 감사해하고 있다. 좌절한 일도 있었지만 보람된 일이 더 많았다. 월급 명세표를 받을 때 가끔은 '어, 이보다는 더 많이 일했는데' 하는 아쉬움이 남긴 하지만, 그래도 내 잔이 넘친다고 생각하며 열심히 살아가고 있다.

돌아보면 지난 20년간 많은 변화가 있었다. 사무관 시절 컴퓨터는 있었으나, 결재는 여전히 서면으로 해 철마다 서류 폐기하는 것이 일이었다. 그러나 이제는 모든 게 전자방식으로 진행된다. 과거에는 주택 인허가 통계를 만들려면 월말에 일일이 시 · 도에 전화해서 집계를 해야 했지만, 이제는 전산망을 통해 실시간으로 집계가 된다. 과거에는 사무실에서 담배 피우는 것이 눈치 볼 일이 아니었는데, 이제는 사무실에서는 물론 안 되고 건물 밖에서도 제한된 공간에서만 담배 피우는 것을 당연하게 생각한다.

이런 변화에도 불구하고, 아직 가야 할 길이 멀다. 공무원들이 대부분 처음 들어올 때는 나름 주변에서 인재라고 불렸을 텐데, 몇 년간 공무원 생활을 하다 보면 그냥 장삼이사張三李四가 되는 게 아닌가 걱정이 된다. 외부에서 새로이 지식을 얻기보다는 그간 쌓인 정보의 틀 내에서만 판단하고 움직이려 한다. 늘 현안에 밀려 살다보니 미래를 고민하는 것은 호사스러운 일이 된다. 정부가 민간에 비해 경쟁력이 있는 것일까? 정부가 민간을 리드할 시기는 이미 지났고, 이제 민간이 원하는 것을 제때 제대로 지원해주는 것이 정부의 역할인데, 민간의 빠른 속도를 우리가 따라갈 수 있을까? 회의적이다.

왜 이렇게 되었을까? 경쟁이 부족한 것이 주된 원인이라고 본다. 우선 부처 내부적으로 경쟁이 제한적이다. 큰 이변이 없는 한 행정고시 기수에 따라 승진이 이뤄지는 현실에서, 부처 내부 경쟁은 한 해 몇 명 안 들어오는 고시 동기들끼리 혹은 한 기수 위아래에 있는 선후배들과 이뤄지는 것이 대부분이다. 같은 부처 내에서 5급 공채와 7급 공채는 각자 달리는 트랙이 구분되어 있다. 7급 공채가 5급으로 승진하기 위해서는 통상 10여 년이 걸리기 때문이다. 그리고 부처끼리 경쟁도 큰 의미가 없다. 민간은 같은 업종 내에서 여러 기업들이 생존 경쟁을 하지만, 정부는 각 부처의 고유한 업무영역이 있어 다른 부처가 경쟁 대상이 되지 않는다. 오히려 부처 간 경쟁은 업무영역을 늘리기 위한 소모적인 싸움만 가져오는 경우가 많다.

그럼 어떻게 경쟁을 높여 나갈 수 있을까? 이미 여러 전문가들에 의해 다양한 방안들이 논의되고 또 실행되었을 것이지만, 여기에서는 평소 생각해왔던 두 가지를 얘기해보고자 한다. 먼저, 계급제를 단순화하여 중앙부처는 7급부터 신규로 채용하는 방안을 검토해볼 필요가 있다. 공무원도 처음부터 5급과 7급으로 구분할 것이 아니라 민간 기업처럼 수십 명의 동기들이 같은 직급 신입사원으로 들어와, 같이 출발하고 같이 경쟁하게 되면 경쟁력도 더 높아질 것이라 생각한다. 사실 요즘에는 청년 취업난으로 인해, 7급 공채와 5급 공채에 합격한 직원 간에 뚜렷한 업무능력 차이를 발견하기 힘들 때가 적지 않다. 다음으로, 공무원 교육기능을 강화할 필요가 있다. 바쁘다 보니, 교육은 늘 뒷전이다. 1개월짜리 교육 다녀오겠다고 얘기하는 것이 1주일 휴가를 쓰겠다고 하는 것만큼 어렵다. 그러니 늘 비슷한 생각으로 늘 비슷한 정책을 만드는 것이 아닌가 싶다. 얼마 전, 어렵게 시간을 내서 민간학회에서 주관하는 세미나에 참석한 적이 있었다. 그런데 깜짝 놀랐다. 평소 고민해오던 많은 주택 이슈들이 그곳에서 다양한 각도로 분석되었고 신선한 정책대안도 많이 제시되었다. 정보의 비대칭성이었다. 우리 과 직원들도 그 시간 사무실에 앉아서 열심히 보고서만 고칠 게 아니라, 여기 와서 전문가들의 얘기를 들어야 하는데 하는 아쉬움이 많이 들었다.

남은 10년간의 늘 공무원 생활

이제 늘 공무원 생활도 10년이 채 남지 않았다. 지금까지 공직을 택한 것에 감사해하며 살아왔고, 또 앞으로도 그렇게 살아갈 것이다. 그런데 이제 막 들어오는 후배들을 보면 가끔 가슴이 답답해질 때가 있다. 어쩌면 후배들은 문자 그대로 사면초가四面楚歌에 놓인 것이 아닌가 하는 생각이 든다. 첫째, 세종시라는 낯선 곳에서 평생 근무를 해야 한다. 첫 마을이 생긴 후 2년이 지났지만 세종시에는 아직 종합병원이 없고 주유소도 이제 하나 생겼다. 서울에 회의라도 생기면 왕복 4시간을 길에서 허비해야 한다. 그래서 길거리 과장이라는 말이 생겨났다. 시간이 지나면 세종시의 정주여건도 나아지겠지만 아직은 한참을 기다려야 할 것 같다. 둘째, 퇴직 후 취업도 엄격하게 제한된다. 지금까지는 암묵적으로 재직 중에 받는 상대적으로 낮은 월급을 퇴직 후 산하기관이나 유관단체 취업으로 보완해주는 관행이 있었지만, 이제는 옛말이 되어 버렸다. 셋째, 그나마 위로가 되었던 공무원 연금이 사적연금과 별반 차이가 없게 된다. 아직 세부적인 연금개혁안은 논의 중이지만, 2016년부터 들어오는 후배들은 국민연금과 동일하게 납부하고 동일하게 연금을 받게 될 가능성이 높다. 넷째, 그나마 이제 5급 공채로 들어오기는 종전보다 두 배로 힘들어진다. 2016년부터 5급 공채의 절반을 민간 경력자에서 뽑기 때문이다. 이런 여건에서 얼마나 많은 젊은 인재들이 공직을 평생 직업으로 선택할까 걱정이 앞선다.

얼마전 어느 일간지 칼럼에서 '엘리트 공무원 사용법' 이라는 글을 읽은 적이 있다. 요지는 '한국 사회에서 그간 엘리트 공무원을 제값보다 싸게 써온 오랜 관행은 민관유착과 부패를 낳았고, 따라서 공직사회 개혁의 밑그림은 이들에 대한 제대로 된 처우개선을 반드시 포함해야 한다' 는 것이었다. 그런데 비슷한 시기에, 어느 인터넷 매체에서는 최근의 공직 사회개혁은 '(이를 통해) 우수한 인재들이 더 이상 공직사회에 몰리지 않게 하는 효과도 얻을 수 있다' 는 기사를 봤다. 혼란스럽다. 판단은 결국 국민의 몫인 것 같다. 비용을 더 들여서라도 여전히 우리 공직사회에는 나은 인재를 들여올 필요가 있는지, 아니면 이제는 민간이 충분히 성숙한 만큼 공직사회에는 인재 양성을 위한 추가적인 투자를 할 필요가 없는지 국민이 판단하고 거기에 맞춰 공직사회를 바꿔 나가야 하지 않을까 생각해본다.

미래 정부에 묻다

-공정거래위원회 편

김재신 공정거래위원회 경쟁정책과장

미국 Michigan State University 재무관리(Finance) 석사

성균관대학교 경제학과 졸업

공정거래위원회 위원장 비서관

주EU대사관 경쟁관 근무

공정위 기획재정담당관, 카르텔총괄과장

제34회 행정고등고시(재경직) 합격

경제의 구조적 문제 곳곳에 누적!
공정거래정책은
어떤 방향이어야 하는가?

chapter 11

1991년 4월, 당시 총무처 행정사무관시보로 공직에 발을 들여놓은 지 24년이 지났다. 그동안 OECD 가입, IMF 외환위기, 미국발 금융위기에 이어 유럽의 재정위기 등 중요한 경제적 격변기를 가까이에서 지켜보며 이를 극복하기 위해 힘을 보태고자 노력했다.

시장경제의 파수꾼이라고 할 수 있는 공정거래위원회도 그 위상과 역할에 큰 변화가 있었다. 경제기획원에서 분리되어 별도의 장관급 중앙행정기관으로 독립했으며, 각종 법·제도의 신설·발전과 함께 활발한 법 집행 및 대심구조 정착 등 운영의 깊이가 더해지면서 전문성·독립성을 갖춘 준사법적 합의제 기관으로 자리매김했다. 특히 그러는 동안 공정거래제도에 대한 기업의 인식이 확산된 것과 학자·변호사 등 전문가그룹이 한결 두터워진 것은 공정거래 분야의 소중한 자산이라고 할 수 있다.

공정거래위원회에 근무한다는 것은 다음의 사안들에 대한 답을 찾고 실현해 나가는 과정이다. 시장경제 하에서의 정부규제와 시장의 역할, 바람직한 경쟁질서의 의미와 내용, 혁신 유인의 보장과 독과점 남용 규율, 시장의 효율성과 시장 구성원 간의 형평성, 그리고 최근에는 창조경제와의 정합성 제고, 디지털 경제의 경쟁질서 등에 이르기까지 다양한 이슈를 포괄하고 있다. 이런 이슈들은 대부분 심도 있는 경제 분석과 합리적인 법 해석 등을 통해 개별 사안별로 결정이 내려진다. 따라서 올바른 결정을 위해서는 전문성 제고를 위한 부단한 노력이 요구된다.

그러나 개인적으로 보다 광범위하고 중장기적인 시각에서 우리 경제가 극복해야 할 당면 과제는 새로운 성장동력의 지속적인 확보, 경제주체들 간의 양극화 해소, 글로벌 경제 체제 하에서의 경제안정성 유지, 통일시대 준비 및 활용 등 네 가지라고 생각한다. 이 중에서 공정거래위원회는 주로 앞의 두 과제에 기여할 수 있다고 보며, 주로 그런 방향에 초점을 맞춰 우리 경제의 구조적 문제를 진단하고 이를 해소하기 위한 시장 관점에서의 해결방안을 정리해보고자 한다.

우리 경제의 구조적 문제점

성장동력 잠식

2008년의 미국의 금융위기와 2012년의 유럽의 재정위기 등 최근 세계 경제의 부침은 일시적인 현상으로 보이지 않는다. 그 요인의 하나로 새로운 투자와 소비를 이끌어낼 만한 획기적인 기술의 부재로 세계 경제의 성장동력이 상실되었다는 지적이 나오고 있다. 우리 경제도 예외가 아니다. OECD는 2015년도 우리나라 경제성장률을 전년 대비 3.8%로 전망했으며, 한국개발연구원KDI은 2015년 상반기 전망치인 3.8%를 3.5%로 0.3%p 낮춰 발표했다. 우리 경제의 성장세가 눈에 띄게 둔화되고 있으며 잠재성장률 또한 서서히 떨어지고 있다.

일각에서는 일본과 같이 저성장의 장기 침체 늪에 빠지는 것 아닌가 하는 우려도 제기하고 있다. 외환위기 이후 한국 경제를 지탱해온 성장모델이 더 이상 유효하지 않으며 근본적인 해결책이 필요하다는 지적이 힘을 얻고 있다. 우리 경제의 잠재성장률 하락은 기존 주력 산업의 노쇠화와 차세대 주력 산업의 부재가 큰 영향을 미치고 있다고 생각한다. 이를 타개하기 위해서는 신성장 동력의 발굴이 매우 시급한 상황이다.

경쟁제한적 규제 · 행태 만연

우리 경제에 누적된 구조적 문제 해소를 위해서는 혁신역량 제고와 경제체질 개선이 반드시 이루어져야 한다. 그 힘은 정부의 육성 · 지원이나 규제가 아니라 시장의 '치열하고 건강한 경쟁'에서 나와야 한다. 하지만 경쟁을 제한하는 정부의 정책 및 제도, 기업들의 카르텔담합, 시장지배력 남용 등 반反경쟁적 행위가 여전히 시장의 혁신 · 창의 역량을 위축시키고 효율성을 떨어뜨리고 있는 게 현실이다.

우리나라는 각종 진입규제, 가격규제, 특정 산업에 대한 육성 및 차별 정책 등 유달리 규제가 많다. 물론 좋은 규제는 정부가 추진하는 정책을 효과적으로 달성하고 시장에서 자율적으로 해결하기 어려운 부분을 정부 개입을 통해 해결하는 등 긍정적인 효과가 많다. 그러나 시장에 참여할 기회를 차단하거나 단기간의 정책효과에만 치중하느라 시장 전체의 효율성을 고려하지 못한 규제는 경제의 활력을 떨어뜨리고, 중장기적으로는 경제성장률에도 부정적 영향을 미칠 수 있다.

또한 공정거래에 대한 기업의 인식이 상당히 개선되기는 했지만 아직 부족한 것이 사실이다. 시장에서의 경쟁을 제한함으로써 기업이 취하는 부당 이득은 소비자의 정당한 이익을 침해하여 발생하는 것이다. 아울러 지금처럼 신기술이 빠르게 개발되는 신성장 분야에서 최초의 시장진입자forerunner가 시장을 선점하고 후발자의 시장진입을 차단하는 불공정행위는 경제성장을 위한 창의와 혁신을 저해할 가능성이 높다. 특히 담합은 엄연한 경제 범죄행위라는 인식이 사회 전반에 더 넓게 확산되어야 한다.

대규모 기업집단의 소유 · 지배구조 및 시스템 리스크 우려

대규모 기업집단을 논하지 않고 우리 경제의 현주소와 미래를 전망하는 것은 불가능하다고 해도 과언이 아닐 것이다. 우리나라에서 소위 '재벌'이라고 불리는 대규모 기업집단은 신속한 의사결정, 과감한 투자 및 해외진출 등을 통해 세계 일류기업을 배출하는 등 국민경제 발전의 견인차 역할을 수행해왔다.

그러나 기업집단 형성 과정에서 계열회사 간 출자를 지렛대로 총수가 적은 지분으로 기업집단 전체를 지배하는 문제, 즉 소유와 지배의 괴리가 발생했다. 소유권과 지배권이 일치하지 않으면 이해상충conflict of interests으로 인한 부작용이 생길 수밖에 없다. 소유권을 가진 주주의 입장에서는 기업의 이윤극대화를 추구하지만, 지배권을 가진 총수 일가의 입장에서는 자신의 지배력과 영향력 확대를 위해 행동할 것이기 때문이다. 금융계열사에 맡겨진 고객자금을 지배력 확장에 활용하는 것이 그런 사례라고 볼 수 있다. 기업집단 형성 후에는 일감몰아주기 등으로 총수 일가가 부당한 보상을 취하고, 중소기업 영역에 진출하거나 시장을 독과점화하여 경제적 약자의 권익을 침해하는 등 여러 부작용이 나타났다.

또한 계열사들이 출자, 채무보증, 부당지원행위 등으로 복잡하게 얽혀 있는 경우 어느 한 계열사의 부실이 다른 계열사로 연쇄적으로 파급되어 기업집단 전체의 동반부실화 위험 가능성이 있다. 대기업 집단의 국민경제적 비중이 큰 우리나라에서는 대기업 집단 부실화가 곧 국민경제 전체의 시스템 리스크를 유발할 수 있는 것이다. 1998년 외환위기 때 한보, 기아, 대우 등의 부실로 야기된 국민경제의 심각한 위기는 대기업 집단 부실화가 시스템 리스크로 전이된 대표적인 사례로 볼 수 있다.

양극화 심화

수출기업과 내수기업, 대기업과 중소기업 간의 양극화가 점차 심화되고 있다. 부유층의 투자 · 소비 증가가 일자리 창출 및 저소득층의 소득증대로까지 영향을 미쳐 국가경제가 살아난다는 낙수효과trickle-down effect에도 의문이 제기되고 있다. 양극화가 진행되면서 경제주체들 간의 신뢰감과 화합이 약해지고 계층 간의 갈등이 커져가고 있다.

이런 상황의 이면에는 대기업 일감몰아주기, 납품단가 후려치기, 물량 밀어내기 등 각종 비정상적인 불공정 관행이 자리잡고 사회적 병폐를 심화시키는 요인으로 작용하고 있다. 특히 2013년 5월 국내 유제품회사 직원의 욕설 파문이 사회적 이슈로 확산되면서 경제민주화에 대한 국민적 열망이 강하게 분출되었다. 이에 따라 경제민주화가 핵심 국정과제의 하나로 추진되고 있으며, 이를 계기로 대기업과 중소기업 간의 상생, 공정한 경쟁, 배려와 나눔이 있는 건강한 시장경제 시스템이 구축되어야 할 때다.

시장의 관점에서 본 해결방안

시장경쟁 제한하는 규제 개혁해야

불합리한 진입장벽 등을 제거하고 불합리한 기업활동 부담을 없애는 규제개혁은 우리 경제의 장기 성장 및 한 단계 더 높은 도약을 위해 중요한 과제다. 지속 가능한 성장동력 확충과 양질의 일자리 창출이 선순환되는 경제시스템을 구현하기 위해서는 개인의 상상력과 창의성이 발휘될 수 있는 혁신 친화적 환경을 조성하는 것이 매우 중요하다.

그동안 정부는 규제완화 또는 규제개혁 등을 내세우며 관련 기본법을 토대로 규제개혁 시스템을 갖추고 지속적으로 노력해왔으며 양적인 측면에서 상당한 성과도 거두었다. 그리고 최근에는 정부기관 평가에 규제개혁을 중요한 항목으로 포함시키고 규제 총량제를 실시하는 등 규제개혁에 박차를 가하고 있다.

규제는 기업활동에 부담이 되는 동시에 우리의 국제 경쟁력을 저하시키는 요인으로 작용하고 있다. 세계경제포럼WEF ; World Economic Forum 발표에 의하면 우리나라의 전체 국가 경쟁력 순위는 상위권에 속하지만 규제부담, 법체계의 효율성은 2009~2012년 기간 평균 전체 140개국 중 109위로 하위권에 속하고 있는 상황이다. 또한 규제개혁에 대한 체감도 역시 지속적으로 하락하고 있어 보다 실효성 있는 규제개혁 추진이 필요한 상황이다.

보다 효과적인 규제개혁을 위해서는 다음 사항들이 고려되어야 한다고 본다. 첫째, 규제개혁은 시장의 자유로운 경쟁을 가로막는 경쟁제한적인 규제에 초점이 맞추어져야 한다. 각 분야의 진입규제 등 경쟁제한적 규제가 개선되면 독점이윤이 제거되고 경쟁이 활성화됨으로써 창의와 혁신이 제고되어 생산성 향상을 가져올 수 있으며, 신규 사업자의 자유로운 진입을 통해 신규 일자리 창출이 가능해진다. 우리 경제가 선진 시장경제로 도약하기 위해서는 진입규제 등 경쟁제한적 규제를 정비하여 경쟁촉진적인 시장구조로 전환하는 것이 시급하다고 생각한다.

둘째, 경쟁제한적인 규제의 발굴과 개선에 경쟁당국인 공정거래위원회가 보다 적극적으로 참여해야 한다. 경쟁제한적 규제를 철폐하여 경쟁을 촉진하고 시장을 활성화하는 것은 경쟁당국 본연의 업무다. OECD, WTO 등도 규제개혁이 성공을 거두려면 경쟁정책과 연계 추진되어야 하며, 경쟁당국이 중심적 역할을 수행해야 함을 강조하고 있다.

공정거래위원회는 특정 산업을 관할하지 않고 있어 이해관계에서 비교적 자유로울 뿐만 아니라 법 집행 과정 등에서 축적된 시장에 대한 전문지식을 갖추고 있으며 경쟁의 중요성에 대한 확고한 신념을 토대로 규제개혁을 일관되게 추진해갈 수 있다는 장점이 있다.

셋째, 경쟁을 가로막고 있던 규제만 없앤다고 바로 경쟁이 촉발되는 것은 아니다. 기존 사업자들은 그동안 자신들의 보호장벽이 되어주었던 규제가 없어진 환경에 여러 가지 방법으로 대응할 수 있다. 규제가 없어졌음에도 불구하고 가격이나 거래조건 등을 바꾸지 않고 그대로 유지하거나 눈에 보이지 않는 진입장벽을 교묘하게 신설하여 새로운 사업자가 들어오는 것을 방해할 수 있다. 실제 경쟁이 촉발되기 위해서는 이런 반경쟁적인 행위에 대한 적절한 감시와 제재가 반드시 병행되어야 한다.

끝으로, 경쟁을 제한하는 규제의 신설이나 강화에 대해서도 적절한 견제와 감시 장치가 필요하다. 규제개혁위원회가 규제 심사의 중심적 역할을 수행하되, 공정거래위원회가 경쟁에 미치는 영향 등에 대해 보다 철저히 평가하고 그 평가결과가 존중되는 관행이 확립되어야 한다.

규제개혁은 이해관계자들의 집단적 반발 등으로 성공이 쉽지 않다. 특히 예기치 못한 사고나 사회적 이슈가 발생했을 경우 그 원인과 책임에 대한 냉정한 성찰 없이 규제를 통해 손쉽게 해결하려는 경향이 있었던 것은 아쉬운 점이다. 이런 점에서 볼 때 규제개혁의 성공 여부는 한 사회의 문제분석과 해결방안의 도출 능력 및 성숙도에 비례한다고 본다. 공급자 중심이 아니라 소비자의 관점에서, 경쟁촉진적 관점에서 일관되게 규제개혁이 추진될 수 있도록 경쟁당국에 보다 적극적인 역할이 주어지기를 기대해본다.

카르텔에 대한 감시 · 제재 강화해야

카르텔담합이란 부당하게 경쟁을 제한하는 가격, 공급물량 등 경쟁요소에 대한 사업자 간의 합의를 의미하며, 공정거래법 제19조 제1항에 의해 금지된다. 담합은 소비자의 주머니에서 돈을 훔쳐가는 행위로서 그 폐해와 경제에 미치는 부정적 영향이 가장 크다. 즉, 담합을 통해 사실상 하나의 기업처럼 행동함으로써 가장 비효율적인 독점시장으로 변모하게 되며, 원가절감이나 경영합리화 유인이 사라져 경쟁력을 잃고 궁극적으로는 국가경제에도 악영향을 미치게 된다. 이런 이유로 세계 각국과 마찬가지로 공정거래위원회는 카르텔의 적발과 시정에 업무의 우선순위를 두고 거액의 과징금을 부과하는 등 엄중하게 제재해왔다.

그럼에도 불구하고 우리 사회에서 카르텔은 여전히 근절되지 않고 은밀하고 교묘하게 이루어지고 있다. 그 이유는 간단하게 말하면 회사 차원에서나 임직원 개인 차원에서나 아직까지는 카르텔로 인한 이익이 비용보다 크다고 생각하기 때문일 것이다. 비용을 높이기 위해서는 시정조치와 과징금 위주의 행정적 제재 차원에서 한발 더 나아가 임직원 개인에 대한 형사별 책임을 강화하고 회사에 대한 민사적 차원의 손해배상 소송 제기가 늘어나야 한다. 이와 같이 카르텔에 대한 행정적, 형사적, 민사적 책임이 강화될 때 비로소 카르텔 유인이 없어질 것이라고 본다.

최근 카르텔의 적발 및 제재에 있어서 핵심적인 역할을 하고 있는 것이 담합 자진신고제도다. 담합 근절이라는 큰 목표를 위해 정의justice를 약간 양보해서 자진신고 기업에게 행정제재와 고발 면제라는 인센티브를 주는 개념이다. 그러다 보니 자진신고를 대기업이 하거나 반복해서 자진신고하는 기업에게는 혜택을 제한해야 한다는 등의 지적 등이 종종 제기되곤 한다. 일응 일리는 있지만, 자진신고제도를 손대는 것에는 매우 신중해야 한다. 자칫 지금 잘 작동하고 있는 자진신고제도가 멈출 수 있기 때문이다. 자진신고 여부는 온전히 기업 판단의 몫이며 정부 역할은 인센티브를 제공해주는 것에 불과하다. 자진신고가 줄어들고 카르텔 적발이 어려우면 경제 전체에 훨씬 더 큰 손해가 되며, 자진신고로 인해 사업자 간 불신구조가 형성되어 담합의 재발이 어려워지는 효과도 기대할 수 없게 된다.

카르텔과 관련해서 또 하나의 중요한 이슈는 행정지도로 야기된 담합에 대해 제재하는 것이 중복규제라는 주장이다. 산업에 대한 정부 당국의 규제가 강하고 광범위하게 이루어지는 분야에서 주로 이 문제가 제기된다. 이 문제는 두 가지 방향에서 해결책을 찾아가야 한다고 본다. 우선 행정지도 자체가 법령에 근거를 두고 그 범위에서만 투명하고 합리적으로 이루어져야 한다. 이런 경우에는 공정거래법 제58조에 의거하여 공정거래법 적용이 배제된다. 그러나 법에 근거도 없이 자의적으로 이루어진 행정지도를 빌미로 카르텔이 이루어지는 경우에는 법과 원칙에 따라 엄정하게 제재조치가 이루어져야 한다. 아울러 감독당국과 공정거래위원회가 가급적 사전에 충분한 협의를 통해 이와 같은 사례가 발생하지 않도록 미연에 방지하는 노력을 기울이는 것도 필요하다.

끝으로, 우리나라 시장과 소비자에게 영향을 주는 글로벌 차원의 국제 카르텔에 법 집행 역량을 집중해야 한다. 금융, 원자재 · 중간재, 운수 · 물류 등 다양한 분야를 대상으로 글로벌 차원에서 카르텔이 이루어지는지 여부를 적극 모니터링하고 외국 경쟁당국과 정보공유 및 동시조사 등 협력을 한층 강화해야 한다. 또한 국제 카르텔을 담당하는 조직과 전문인력을 지속적으로 보강해야 우리 국익을 효과적으로 지켜 나갈 수 있다고 본다.

대규모 기업집단의 투명성 · 책임성 제고해야

공정거래법상 기업집단은 '동일인이 사실상 사업내용을 지배하는 회사의 집단'으로서 최소 2개 이상의 회사로 구성된다. 그리고 하나의 기업집단에 속하는 모든 계열회사의 자산합계가 5조원 이상인 경우 공정거래법상 대규모 기업집단으로 지정된다. 아울러 상호출자금지제도, 신규순환출자금지제도, 채무보증제한제도, 금융 · 보험사 의결권제한제도, 지주회사제도, 기업집단현황 공시제도 등 법에서 규정하고 있는 대규모 기업집단 시책의 대상이 된다.

이런 제도들은 공정한 시장경쟁 기반을 조성하여 대규모 기업집단 소속회사와 독립 · 중소기업의 조화로운 발전을 도모하는 것을 목적으로 하고 있다. 또한 소유·지배구조 개선을 통해 대규모 기업집단이 투명하고 책임성 있는 시장경제주체로서 경제활동을 영위하도록 하고, 개별 기업의 부실이 다른 계열회사로 전이되어 기업집단 전체가 부실해지는 시스템 리스크를 미연에 방지하여 국민경제의 건전한 발전을 도모하려는 목적도 갖고 있다.

대규모 기업집단 시책은 경제여건이나 시장상황 등에 따라 그 내용과 운용방식이 조금씩 변모해왔다. 최근에는 기업환경의 글로벌화가 심화되고 기업경영에 대한 시장의 자율감시체계가 강화되면서 사전적 직접규제를 최소화하는 대신 사후규제와 시장 감시 기능을 활용하는 방향으로 규율체계가 개편되고 있다. 이런 추세에 따라 2009년 3월 대표적인 사전규제인 출자총액제한제도가 폐지되고, 대신 기업집단 현황 공시제도가 도입되었다.

그러나 일부 대규모 기업집단에서 순환출자를 통해 외부자금의 유입 없이 가공의결권을 확보함으로써 총수 일가 지배력이 부당하게 유지 및 강화되고 편법적 경영권 승계, 한계기업지원 등에도 이용되는 등 폐해를 유발하고 있다는 비판에 따라 신규순환출자금지제도가 도입되어 2014년 7월 시행되었다. 또한 공정위는 계열회사 간 복잡한 순환출자 상태의 대규모 기업집단이 출자구조가 단순·투명하고 시장의 감시가 효율적으로 이루어질 수 있는 지주회사체제로 용이하게 전환할 수 있도록 지속적으로 지주회사제도 개선을 추진하고 있다.

그동안 대규모 기업집단 시책은 기업집단의 투명성·책임성을 제고하고 시장에서의 공정한 경쟁기반을 조성하는 데 상당한 성과를 이룬 것으로 평가받고 있다. 그러나 대규모 기업집단의 소유 · 지배구조가 선진화되고, 대규모 기업집단 소속회사들이 참여하는 시장에 공정한 경쟁기반이 정착되기까지는 좀 더 시간이 필요할 것으로 전망된다. 여전히 많은 대규모 기업집단에서 계열회사 간 복잡한 출자구조를 유지하고 있으며, 지배구조 개선을 위한 다양한 제도에도 불구하고 내 · 외부 감시장치의 실질적 작동은 미흡한 실정이다. 대규모 기업집단에 대한 규율 체계를 합리적으로 보완하고 개선해가는 노력은 기울이면서도, 여전히 기존 대규모 기업집단 시책을 엄정히 집행해야 하는 까닭이 여기에 있다고 본다.

끝으로, 대규모 기업집단에 대한 우리 사회의 시각은 매우 다양하고 그 평가도 혼재되어 있다는 점을 지적하고 싶다. 상속의 법적 · 절차적 정당성, 권한과 책임의 분리 등 여러 중요한 관점이 있겠지만, 이런 이슈들에 대한 사회적 · 법적 감시망이 촘촘해져 이제 다음 세대에서는 더 이상 큰 이슈가 되지 않을 가능성이 크다고 본다. 오히려 국가경제적 관점에서는 창업 1～2세대가 보여주었던 기업가정신이 3～4세대에도 계속 이어지고, 신속하고 과감한 의사결정 등 총수 체제의 장점이 계속 효과를 발휘하여 세계 일류기업으로 성장해갈 수 있을 것인지가 핵심이라고 본다. 국경 없는 글로벌 무한경쟁 시대에 다른 기업이 넘볼 수 없는 확고한 경쟁력을 갖추고 있으면서도 사회적 책임을 잊지 않는 존경받는 기업으로 성장해가기를 기대해본다.

대기업 · 중소기업 간 공정거래 생태계 조성해야

오늘날의 기업 간의 글로벌 경쟁환경은 단일 기업 간 경쟁에서 기업생태계 간 경쟁으로 전환되고 있다. 스마트폰 등의 IT 기술의 보편화에 따라 기업 간, 산업 간 융 · 복합화가 이루어지면서 이런 경향이 더욱 심화되고 있음은 두말할 나위도 없다. 이런 글로벌 경쟁환경에서는 대기업과 중소기업이 상호 신뢰를 바탕으로 건강한 기업생태계를 구축해 나가는 것이 세계적 경쟁력을 확보할 수 있는 전제조건이 된다고 할 것이다.

그러나 그간 우리나라의 대기업 · 중소기업 간 거래관계는 이와는 거리가 있어 보인다. 대다수 중소기업들이 불공정거래가 심각하다고 느끼고 있으며, 대기업 대비 중소기업의 영업이익률이나 임금수준은 갈수록 악화되는 등 대기업 · 중소기업 간 양극화가 나타나고 있다. 특히 대기업에 대한 중소기업의 의존도가 큰 수요 독점적 구조에서는 위와 같은 경향이 더욱 심각하다.

이런 대기업과 중소기업 간의 양극화 현상은 장기적인 관점에서 기업생태계의 경쟁력을 약화시키고 우리 경제의 성장 잠재력을 잠식하는 요인으로 작용하고 있다. 따라서 우리 경제가 지속적으로 성장하고 선진경제로 나아가기 위해서는 대기업 · 중소기업이 균형을 이루어 함께 성장해 나가는 것이 중요하다.

2010년 9월에 공정거래위원회, 지식경제부, 중소기업청 등 관계부처 합동으로 발표되었던 '대 · 중소기업 동반성장 추진대책'이 이런 문제에 대한 인식을 바탕으로 마련되었다. 동 대책에는 납품단가 조정체계 구축, 자의적 납품대금 감액 및 구두발주 방지, 중소기업 기술보호 강화, 2차 이하 협력사로 하도급법 적용 확대 등 공정한 동반성장의 산업생태계를 구축하기 위한 다양한 방안들이 포함되어 있었다.

또한 2013년에는 경제민주화 핵심 입법과제로서 하도급 3배 손해배상제 도입, 중기조합에 납품단가 조정협의권 부여, 하도급 부당특약 금지, 가맹점주 권리강화를 위한 매장리뉴얼 강요금지 및 비용분담 의무화, 예상매출액 자료 서면제공 의무화, 심야영업 강요금지 등 경제적 약자의 권익보호를 위한 제도적 장치들이 크게 보강되었다. 이에 따라 제도 시행 전후를 비교해보면 불공정거래를 경험한 중소기업수가 평균 30~40% 감소한 것으로 나타나는 등 시장의 긍정적 변화가 감지되고 있다. 그동안 제대로 움직이지 않던 변화의 수레바퀴가 드디어 관행이라는 중력을 이기고 굴러가기 시작한 것이다. 이제부터가 중요하며 법 집행에 박차를 가해야 한다.

다만, 대기업 · 중소기업 간 불공정거래 규율과 관련하여 중장기적 관점에서 깊이 생각해볼 점이 있다. 경제적 약자인 중소기업을 보호하는 것이 경제 전체의 성장이나 발전을 가져올 것인지의 문제이다. 최근 경제가 어려운 상황에서 경제민주화를 포기하거나 약화시켜야 하는지에 대한 문제로도 이해할 수 있다. 단기적으로는 대기업에 부담이 되는 측면은 분명히 있겠지만 경제체질 개선이나 경제적 약자의 경제활동 참여기회 확대 등을 통해 궁극적으로 경제발전에 기여하게 된다고 본다. 이런 점에서 경제민주화와 경제활성화는 수레의 두 바퀴와 같이 상호 보완적이라고 생각한다.

또 다른 문제는 대기업 · 중소기업 간 불공정거래 분야에 대한 법 집행 방식이다. 거래질서의 확립 차원에서는 공익적 성격이 있지만, 다른 편에서 보면 당사자 간의 민사적 문제라는 성격도 내포하고 있는 것이 사실이다. 행정 인력의 한계 등을 감안하여 앞으로는 법적 효력이 뒷받침되는 분쟁조정 또는 동반성장 협약의 확대 등을 통해 보다 신속하고 효율적으로 해결하는 방안을 적극 모색해야 한다고 본다.

소비자 정책으로 소비자 주권 확립해야

궁극적으로 시장의 주인은 소비자다. 소비라는 선택을 통해 기업의 생사를 좌우하고 새로운 제품과 서비스에 대한 니즈를 통해 기술 발전을 이끌어낸다. 특히 ICT 발전과 SNS를 통한 네트워크화로 인해 소비자는 이제 단순히 보호의 대상이 아니라 시장의 변화를 선도하는 영향력 있는 경제주체로 거듭났다. 경쟁정책이 독점을 방지하고 선택의 폭을 넓히는 것이라면 소비자 정책은 제대로 선택하도록 지원하는 것이다.

이렇게 중요한 정책적 의미가 있음에도 불구하고 그간 각 부처 차원에서의 소비자 시책은 아예 무시되거나 주로 소비자라는 약자 보호 시책 위주로 다루어져 왔음은 아쉬운 점이다. 앞으로의 소비자 정책은 ICT 발달에 따른 시장환경의 변화를 염두에 두고, 소비자들이 시장의 주인 역할을 원활하게 수행할 수 있도록 역량을 강화하는

데 중점을 두어야 한다. 또한 그간 주로 공급자 위주의 시각에서 설계 · 운영되어왔던 각 부처의 제도나 시책들도 이제는 소비자의 관점에서 평가되어 보다 소비자 친화적인 방향으로 개선 · 보완되어 나가야 한다.

이런 점에서 소비자 정책의 주무부서인 공정거래위원회가 범정부 내 소비자 시책을 선도하는 역할을 적극 담당해주어야 한다. 각 부처에 흩어져 있는 소비자 피해구제 시스템들을 한곳에 모아 간편하게 접근할 수 있도록 플랫폼을 마련하고 관련 정보를 종합적으로 제공해주는 것이 필요하다.

아울러 상품의 가격과 품질에 대한 정보도 지속적으로 제공해야 한다. 비교정보를 제공하는 것만으로도 제품가격 인하, AS 제공이나 품질 개선 등을 유도할 수 있기 때문이다. 내구성이 약한 차량용 블랙박스를 공급한 회사들은 무상 수리와 품질개선 계획을 발표한 바 있으며, 캠핑용품 가격정보가 제공되자 자율적인 가격 인하가 이어진 것은 좋은 사례다. 앞으로는 미국의 '컨슈머 리포트' 처럼 민간 소비자 단체의 주도로 권위 있는 소비자 정보의 제공이 이루어질 수 있도록 유도해 나가야 한다.

또한 달라진 소비환경의 변화에 발맞추어 온라인상의 소비자 피해 예방에 더욱 주력해야 한다. 온라인상의 부당광고나 소비자 기만행위에 대한 감시를 강화하고 법 위반행위는 엄정하게 제재해야 한다. 또한 모바일 상품권과 같은 새로운 유형의 거래에 대해서는 표준약관을 신속하게 마련하는 등 제도적 보완도 속도감 있게 추진해 나가야 한다. 아울러 해외 직접구매에 대해서는 정보 제공을 통해 피해 예방을 추진하고 분쟁해결수단 마련을 위한 국제적 논의에 적극 참여해야 한다. 한편 해외 현지 소비자 당국 등과 협력체계를 구축하여 대응방안을 모색하는 것도 필요하다고 본다.

이제는 디지털 시대에 걸맞도록 다양한 소비자 권익증진 활동을 추진해야 한다. 소비자에 대한 정보 제공의 양적 확대와 질적 심화를 통해 정보의 비대칭성 등을 최대한 줄여야 한다. 소비자에 대한 수요자 중심의 맞춤형 교육을 통해 합리적인 소비설계와 구매가 이뤄지도록 할 필요성도 크다. 그러나 이 모든 활동이 정부의 힘만으로는 수행될 수 없으며 그렇게 되어서도 곤란하다. 민간 소비자 단체들이 자생력을 갖추고 안정적인 재정적 기반을 토대로 이런 사업들을 원활히 수행할 수 있는 시기가 오기를 기대해본다.

더 나은 대한민국을 그려보며

얼마 전 실시된 어느 여론조사에서, 30년 뒤 미래에 희망하는 국가상 1위로 '소득분배가 공평하고 빈부격차 문제가 해소되는 복지국가'가 꼽혔고, 그 선결과제로서 일자리 만들기와 나누기, 경제적 양극화 완화, 대기업·중소기업 간 상생 등이 제시된 것을 본 적이 있다. 이 설문결과를 보면서 공정거래위원회가 감당해야 할 책임이 크다는 것을 느꼈다.

어려운 문제에 부딪힐수록 기본으로 돌아가면 쉽게 해결되는 경우가 많다. 경제 문제도 마찬가지라고 본다. 시장경제에서 발생하는 문제를 푸는 가장 쉬운 방법은 시장경제의 기본 원칙을 잘 지키면 되는 것이라 생각한다. 시장경제의 기본 원칙이라 함은, 누구나 시장에 자유롭게 참여하여 경쟁할 수 있고, 그런 경쟁이 질서 있고 공정해야 한다는 것이다. 여기서 말하는 자유롭고 공정한 경쟁의 준칙이 곧 공정거래제도다.

우리 경제는 지난 수십 년간 정부주도 압축성장 전략을 통해 비약적인 성장을 이루었다. 하지만 이런 정책에 힘입은 성장은 이제 더 이상 유효하지 않고, 새로운 전략이 필요한 시점에 다다르게 된 것 같다. 여러 가지 해법이 있겠지만, 경쟁을 통해 경제주체들의 이윤 동기가 최대한 살아나도록 하는 것이 중요하다고 본다. 즉, 누구에게나 혁신에 도전할 수 있는 기회가 주어지고, 혁신에 성공한 경우 정당한 보상을 받을 수 있는 경제시스템을 구축해야 한다. 자유롭지만 질서가 존중되며 창의·혁신에 토대를 둔 경쟁체제가 제대로 구축되고 작동할 때 비로소 우리 경제가 한 단계 더 도약할 수 있는 기반이 마련된 것으로 생각한다.

어느덧 공직에 발을 디딘 지 24년이 흘렀다. 이제는 공직생활의 반환점을 돌고 저만치서 숨 가쁘게 달려오는 후배 공무원들을 바라본다. 쉽지 않은 길이었지만 공익public interests을 위해 일한다는 소명의식으로 보람을 느끼며 지내온 것 같다. 그러나 2014년 4월의 세월호 사건은 우리 사회뿐만 아니라 개인적으로도 많은 고민과 반성을 하는 계기가 되었다. 사회의 어른으로서 다음 세대 아이들에 대한 미안함과 죄책감에 더하여 공직자로서의 책임감에 대해 깊이 느끼는 계기가 되었다. 기업의 독점은 철저히 싫어하고 배격하지만, 공직자들은 모두 자기 분야에서 온전히 홀로 책임을 맡고 있다. 그만큼 공직자 한명 한명의 역할이 중요하다는 의미일 것이다. 공직에 있는 동안 초심을 잃지 않고 항상 최선을 다할 것을 다짐해본다.

공직의 출발선과 24년의 여정

나는 왜 공직의 길로 들어섰을까? 솔직히 운명, 천직, 소명의식 등과 같은 거창한 생각 때문은 아니었던 것 같다. 물론 고시 공부를 시작한 것은 나의 선택과 결단이었지만, 성장 과정에서 내 주변의 환경과 소소한 영향이 나를 이 길로 이끈 더 큰 힘이었음이 틀림없다.

특히 내 부친父親은 말단 하위직 공무원으로 출발해서 건강 문제로 인해 20년을 조금 못 채우고 사무관으로 퇴직하셨다. 그렇기에 내 공직의 출발선 위에는 아버지의 기쁨과 기대, 그리고 아버지의 20년을 단숨에 뛰어넘어 버린 사무관이라는 직책의 무게가 나란히 놓여 있었다.

어느덧 24년이 훌쩍 흘러 그렇게도 놓기 아쉬워 하셨던 부친의 그 자리에 내가 서 있다. 중간에 공직을 떠날 뻔한 적도 있었지만, 아직까지는 내 희망보다는 공직의 연緣이 더 질긴 듯싶다. 돌아보면 매 순간 참으로 고마운 상사, 동료, 후배들을 만났고, 그분들과 더불어 울고 웃으면서 힘든 여정을 참아냈다. 그분들의 배려와 도움이 없었더라면 훨씬 고통스럽고 먼 길을 돌아왔으리라. 이 기회를 빌려 진심으로 고마움을 전한다.

외롭고 힘든 기관, 공정거래위원회

공정위에 근무하면서 공정위는 참 외롭고 힘든 곳이라는 생각이 내 머릿속을 떠난 적이 없는 것 같다. 종종 감시자watchdog라는 명칭으로 불리듯이, 공정위는 법을 위반한 기업을 골라내어 벌을 주는 곳이기에 당연히 기업들로부터 환영받기 어렵다. 그렇다고 공정거래법이 추구하는 소비자 후생 증진이라는 것도 대부분 얇고 넓게, 그리고 오랜 기간에 걸쳐 조금씩 나타나는 것이기에 소비자들이 그 혜택을 금방 피부로 느끼기도 쉽지 않다. 또한 엄격한 기준에 따라 9명의 위원이 토론과 합의를 통해 제재 수준을 결정하지만, 한쪽에서는 과징금 폭탄, 다른 쪽에서는 솜방망이라는 상반된 비판이 종종 우리를 곤혹스럽게 한다. 결국 공정위는 어느 쪽으로부터도 좋은 소리 듣기 쉽지 않다는 뜻이다.

이런 상황은 정부 내에서도 크게 다르지 않다. 공정위는 정부정책 형성에 있어서 경쟁주창자competition advocacy 역할을 요구받고 있다. 정책을 설계하는 데에는 여러 방식이 있겠지만, 정부가 직접적인 개입과 통제를 하기보다는 경제주체가 자유롭고 공정하게 경쟁하도록 해주면 사회적 목표를 달성하는 데 더 효과가 있다는 것이 경쟁당국의 믿음이다.

나는 공정위의 다른 동료들에 비해 경쟁주창이나 규제개혁 부서에서 상대적으로 더 오래 근무한 경험이 있다. 다른 부처의 법령 제정안이나 개정안을 검토하면서 경쟁을 가로막는 법안 내용에 대해서는 적극적으로 반대 의견을 제시했고, 옳다고 믿는 사안에 대해서는 장차관회의에서까지 의견을 제시하여 관철한 사례도 여러 차례 있었다. 특히 1990년대 후반에는 당시 재정경제부가 담당했었던 경제분야 규제개혁 업무를 공정위가 이관받아 이를 총괄 추진하게 됨에 따라 공정위의 목소리는 한층 커질 수밖에 없었다. 다른 부처 입장에서는 이런 공정위가 참 껄끄러웠을 것이다.

그러고 보면 행정부 내에서 처음으로 규제완화의 기치를 걸고 이를 추진했었던 기관이 공정위였다는 사실은 자연스러운 결과다. 그리고 이후 수십 년이 지난 지금까지도 규제개혁이 핵심 국정 어젠다로 추진되고 있는 것을 보면 규제개혁이 쉽지 않은 과제임은 분명한 것 같다.

규제완화 업무를 하면서 다양한 분야에 대해 깊게 이해할 수 있게 되고 여러 전문가를 접할 수 있었던 것은 개인적인 소득이었다. 규제개혁은 당위성만으로는 어림도 없다. 그 분야의 현실과 제도, 발전방향 등에 대한 정확한 이해와 비전이 바탕이 되어야 설득이 이루어질 수 있다. 그 당시 집중적으로 연구했었던 통신서비스, 전문자격서비스, 항공서비스 산업 등은 이후 해당 분야에 대한 공정거래법 집행에 큰 도움이 되었다.

가장 큰 변화, 힘의 이동

공직을 둘러싼 환경 중에서 가장 주목할 만한 변화는 무엇일까? 각자 보는 관점에 따라 다르겠지만, 나는 우리 사회의 여러 주체들 간에 커다란 힘의 이동이 있었던 것이 가장 중요한 변화가 아니었을까 생각해본다. 정부와 시장 간에, 행정부와 입법부 간에, 그리고 기업공급자과 소비자수요자 간에 힘의 이동이 있었고 이에 따라 자연스럽게 우리 사회를 이끌어가는 주도 세력에 큰 변화가 있었다.

정부가 계획을 세우고 자원의 흐름을 정하던 방식은 더 이상 유효하지 않다. 시장의 글로벌화와 디지털기술, 온라인 매체 등의 발전으로 중요한 의사결정에는 기업, 언론, 시민단체, 특히 국민 개개인이 SNS 등을 통해 손쉽게 여론을 형성해서 직접 영향을 끼치고 있다. 또한 입법부의 권한이 갈수록 강해지면서 이제는 견제와 균형을 넘어 행정부의 중요한 의사결정뿐만 아니라 집행 과정에까지 일일이 의견을 내고 있는 실정이다. 퇴직하신 선배들도 종종 "더 이상 국회를 신경 쓰지 않아서 좋다"라는 이야기를 하시곤 한다. 그리고 소비자가 더 많은 정보를 갖게 되고 현명해짐에 따라 소비자로부터 선택받지 못하는 기업은 더 이상 생존할 수 없게 되었다.

이런 환경 속에서 공직자에게는 과거와는 다른 덕목들이 요구되고 있다. 첫째가 소통능력이다. 이제는 모든 이해관계자들이 충분한 정보를 가지고 있다. 정책의 설계 및 집행 전반에 걸쳐 정책의 수혜자, 비용 부담자, 국회, 전문가그룹, 언론 등과 충분히 공감하면서 추진해야 소기의 성과를 거둘 수 있다. 둘째는 전문성이다. 전문성이 뒷받침되지 못하면 정책 설계가 부실하고 추진 과정에서 신뢰와 공감을 끌어낼 수 없다. 공무원 자신의 전문성 제고가 선행되어야 하지만, 정부 밖에 최고의 전문가가 누구이고 이 분들을 네트워크로 묶어 잘 활용하는 것도 중요하다. 셋째는 철저한 선공후사先公後私 정신이다. 정책 결정에 영향을 미칠 수 있는 집단들이 갈수록 다양해지고 있으며 그 영향력도 커지고 있다. 이런 상황일수록 공직자가 중심을 잡고 정책이 왜곡되지 않도록 공익의 수호자 역할을 해야 한다.

멀리 가려면 함께 걸어가야

위에서 말한 3가지 덕목을 갖춘 공직자가 될 수 있도록 더욱 노력해야 함은 물론이다. 그러나 이제는 직급이 올라갈수록 내가 감당해야 할 책임이 무거워지고 조직에 미치는 영향도 커질 수밖에 없다는 점을 주목하고 싶다.

무엇보다 맡겨진 일에서 성과를 내고 우리 사회에 선한 영향을 미치는 공직자가 되어야겠다. 그리고 조직 내에서는 동료들과의 협력을 중시하며 팀워크를 강조하는 리더가 되고 싶다. 건강한 조직문화 형성에 앞장서면서 후배들의 성장을 돕는 선배로도 기억되고 싶다. "빨리 가려면 혼자 가야 하지만 멀리 가려면 함께 가라"는 아프리카 속담처럼, 나도 내 동료, 후배들과 한마음이 되어 함께 어깨동무하고 걸어가는 좋은 동료, 선배가 되기를 소망해본다.

미래 정부에 묻다

-금융위원회 편

권대영 금융위원회 금융정책과장

고려대학교 경영학과 졸업

금융위원회 은행과장

금융위원회 중소금융과장

금융위원회 자산운용과장

대통령실 국정기획수석실 행정관

재정경제부 공적자금관리위원회 의사총괄과장

재정경제부 외화자금과, 증권제도과, 금융정책과 근무

한국의 금융,
한 단계 도약 위해
할 일은 무엇인가?

chapter 12

한국 사회의 몇 가지 키워드

앞으로 우리 사회가 어떻게 변화할지 예상하기는 어렵지만, 현재의 문제점과 이슈를 고려할 때 몇 개의 키워드가 떠오른다. 통일, 고령화, 대외 변동성, 규제개혁이다.

통일

통일은 거스를 수 없는 역사의 흐름이자 반드시 해결해야 하는 과제다. 일부에서 통일비용 문제를 이유로 통일을 부정적으로 보는 견해도 있지만, 통일 자체는 우리나라에게 퀀텀점프quantum jump의 기회라고 봄이 바람직하다. 통일이 되면 남북한 인구가 8천만에 달해 규모의 경제 실현이 가능하고, 북한의 노동 · 자원과 남한의 자본 · 기술이 융합하여 지속 가능한 경제가 되며, 지정학적 리스크가 완화되고 국방비와 외교비용이 절감된다. 또한 북한이 전 세계에서 가장 매력적인 투자처라는 점에서 통일은 우리나라뿐만 아니라 세계적으로도 큰 영향을 미칠 것이다. 그러므로 통일을 머나먼 미래의 문제로 생각하지 말고 선제적으로 충분히 대비해 나가야 할 것이다. 이를 위해 독일과 베트남, 예멘과 같은 유사 사례를 분석하고 통일비용을 추산하여 중장기 로드맵을 마련하고, 북한의 SOC 개발 같은 인프라 구축을 지원하는 등 차질 없는 준비가 이루어져야 할 것이다.

이런 측면에서 금융위원회는 통일금융 TFtask force를 발족 · 운영하여 통일금융의 청사진과 실천과제를 검토하고 있다. 현재 검토 중인 사항을 간단히 소개하자면 다음과 같다.

첫째, 통일 한국의 통화 및 환율제도 구축방안을 모색하고 있다. 북한의 중앙은행과 상업은행 기능 분리, 점진적 단일화폐제도 추진 등 통화시스템 개편 방안을 마련하고, 북한의 복수 환율체계 단일화나 대외채무구조 개선작업 등 국제금융시장에서의 경쟁력 회복방안 등을 구상해 나갈 것이다.

둘째, 북한의 낙후된 금융 인프라를 일신할 방도도 마련하고 있다. 민간 금융회사의 등장을 독려하는 한편, 정책금융기관을 적재적소에 투입하여 통일 한국의 금융기반을 다져 나가고, 예금보험제도와 같은 기본적 금융 인프라 및 금융규제, 감독체계 등 제도적 기반도 준비할 것이다.

마지막으로, 북한 경제 재건에 필요한 재원마련 방안도 선제적으로 준비하고 있다. 북한 경제개발은 여타 소비적 통일비용과 달리 미래 투자 성격이 강한 분야이므로, 가급적 조세부담을 최소화하고 민간재원의 자발적인 참여를 유도하는 한편, 국제기구를 통한 자금유치에도 힘쓸 것이다.

우리나라는 이미 다각적인 재원 마련을 통해 '한강의 기적'을 일궈낸 노하우를 갖추고 있으며, 이런 우리의 경험은 북한 경제의 시스템 재건에 소중한 밑거름이 될 것이다.

고령화

인구구조가 급격히 바뀌고 있다. 우리나라는 낮은 출산율과 길어진 수명으로 세계에서 가장 빠른 속도로 고령화가 진행 중이다. 고령자 부양비율(65세 이상 인구/20~64세 인구)이 2000년 15.3%에서 2050년에는 91.4%가 될 것으로 예상된다. 그리고 노령화지수(65세 이상 인구/14세 미만 인구)도 2020년 125.9, 2050년 429.3으로 일본(337.5)과 독일(258.4) 등 주요 선진국을 상회할 것으로 전망된다.

그러나 이런 고령화 추세에도 우리나라는 노후 소득을 보장할 만한 국민의 경제적 준비가 미흡하고 건강보험을 보완할 만한 민영 의료보장 수준도 높지 않은 상황이다. 노후준비가 충분치 않은 상황에서 급격한 고령화가 진행됨에 따라 개인 및 가계가 고령화 리스크에 크게 노출되고, 국가 성장잠재력도 저하될 우려가 있다. 특히 2009년 우리나라의 노인가구 빈곤율(65세 이상 고령자 중 중위소득의 50% 미만에 속하는 비중)을 보면 이미 OECD 평균인 13%에 비해 3배 이상 높은 45.1%를 기록하고 있어서 노령층 부양에 대한 사회적 부담이 빠르게 증가할 것으로 예상된다. 급속한 고령화 추세와 국민의 노후준비 미흡에 따른 사회·경제적 문제를 해결하기 위해서는 노후소득과 노령층 건강보장 체계가 구축될 필요가 있다.

이에 따라 금융위원회는 100세 시대를 대비해 금융의 역할을 강화하는 방안을 추진하고 있다. 노후소득 준비에 대한 인식을 제고하기 위해 연금포털을 구축하여 연금 적립현황, 노후준비 상황에 대한 종합적인 정보를 제공할 계획이고, 미래설계센터(가칭)를 설치하여

1:1 맞춤상담과 교육서비스도 실시할 예정이다. 또한 개인연금, 주택연금, 퇴직연금 등 사적 연금을 활성화하는 방안을 진행하고 있으며, 장기세제혜택펀드 등 2030세대, 중산층을 위한 차별화된 고수익 상품을 제공하는 방안도 추진하고 있다. 아울러 국민의 노후건강 보장을 위해 노후 실손의료보험과 같은 고령층에 특화된 다양한 상품도 개발하고 있다.

대외 변동성

국제사회가 출렁이고 있다. 우리나라는 소규모 개방경제인 만큼 국제 상황에 따라 수출 · 입 여건이 급변한다. 최근에는 중국에 대한 의존도가 높아짐에 따라, 중국 내 정치 · 경제적 상황 변동에 큰 영향을 받고 있다. 이런 대외 변동성 속에서도 우리나라가 안정적으로 성장하기 위해서는 선제적으로 위기대응 능력을 제고해야 할 것이다.

먼저, 자본 유출입 변동성을 완화하여 거시건전성을 제고해야 한다. 외화가 호황기에는 대규모 유입되고 불황기에는 빠르게 유출되어, 금융 · 외환시장이 크게 변동하고 이로 인해 실물경제가 다시 악화된다. 이런 악순환을 끊기 위해서는 과도한 자본 유출입의 변동성을 완화하여 우리 경제의 거시건전성을 제고해야 한다. 이를 위한 대표적인 안전장치가 소위 '거시건전성 3종 세트' 인 선물환포지션 한도 규제, 외환건전성부담금, 외국인 채권투자 과세환원이다. 이런 정책들은 외환자유화 정책기조라는 기본적인 큰 틀을 유지하면서 자본 유출입에 따른 시스템 리스크를 완화하는 데 크게 기여했다. 그리고 우리나라의 외환건전성을 강화하고 시스템 리스크를 축소함으로써 국가신인도에도 긍정적 영향을 미쳤다. 다만, 자본 유출입 변동성이 보다 확대될 수 있는 만큼, 우리 실정에 맞는 새로운 안전장치를 모색하는 노력도 지속해야 할 것이다.

다음으로, 금융회사의 건전성을 강화해야 한다. 금융회사가 흔들려 금융시장이 불안해지면 우리 실물경제는 더욱 크게 휘청인다. 따라서 대내외 시장충격에 따른 부정적 영향을 최소화하기 위해서는 '금융회사의 건전성 강화' 라는 장치가 필수불가결하다. 이런 측면에서 국제적으로도 바젤Ⅲ 도입, G-SIFI Global-Systemically Important Financial Institution 논의 등 금융회사의 건전성을 강화하기 위한 노력이 활발히 진행되고 있다. 다만, 금융회사의 건전성이 강화될수록 금융회사의 수익이 위축될 수 있다는 딜레마가 있다. 그러므로 금융회사가 위기에 대응할 수 있는 정도의 적정 건전성을 유지하면서 보다 많은 수익을 창출할 수 있는 방안을 찾는 혁신 노력이 필요한 시점이다.

규제개혁

최근 정부 안팎으로 규제개혁의 바람이 불고 있다. 이런 규제개혁의 노력은 역대 정부에서도 계속되어왔지만, 국민이 체감하는 규제개혁의 정도는 그다지 높지 않았다. 대체로 산업의 경쟁을 저해하는 규제는 걷히지 않았고 그런 규제를 준수하느라 비용이 많이 들어갔다. 법령 중심의 규제개선이 이루어지긴 했으나 행정지도와 같은 숨은 규제가 지속되었다. 일반적으로 정부가 설립한 정책은 공기업에서 지원요건, 지원방법 등 세부적인 사항을 정해 운용한다. 따라서 잘 설계된 정책이더라도 공기업이 지원요건 등을 과도하게 설정하면 국민이 정책의 효과를 체감하기 어렵다. 그러므로 앞으로의 규제개혁은 공기업 내규 등 숨은 규제에 집중함으로써, 국민의 규제개혁 체감도를 높이는 방향으로 이루어져야 할 것이다.

금융위원회도 이런 점을 고려하여 2014년 7월 발표한 금융 규제개혁 과정에서 다수의 간담회를 통해 '현장의 목소리'를 청취하는 데 집중했고, 법령 규제뿐만 아니라 행정지도와 같은 숨은 규제를 개혁하는 데 노력했다.

그리고 2015년에는 단순한 규제완화가 아니라 '규제의 큰 틀'을 전환하는 차원에서 규제개혁을 추진할 예정이다. 금융규제 전체를 유형화하여 시장질서와 소비자 보호를 위한 규제는 강화하되, 영업 · 건전성 규제는 완화하거나 합리화할 것이다. 아울러 금융업권별 칸막이 규제를 완화하여 업권 간 경쟁과 융합을 촉진하고 저금리 · 고령화라는 금융환경 변화에 발맞추어 다양한 금융상품 개발과 새로운 시장개척을 지원할 수 있는 규제체계로 탈바꿈해 나갈 것이다. 이를 통해 금융회사의 자율과 창의를 보장하고 금융의 새로운 부가가치를 창출할 수 있는 기반을 확립할 수 있을 것이라고 생각한다.

금융 분야의 몇 가지 키워드

금융개혁

2008년 글로벌 금융위기 이후, 우리 금융은 경제여건 악화와 금융환경 급변에 따른 '패러다임 전환기'를 직면하고 있다. 과거와 같은 고성장이 쉽지 않은 성숙경제로 변화하면서, 경제발전의 동인 역시 '월화수목금금금'의 요소투입 방식에서 창의와 아이디어로 옮겨가고 있다. 그러나 금융산업은 여전히 과거 관행에서 벗어나지 못한 채 창조경제를 뒷받침할 역량뿐 아니라 금융업 자체의 경쟁력도 부족한 실정이다. 이로 인해 2000년대 초반부터 전체 부가가치 중 금융업이 차지하는 비중은 7% 수준에 정체되어 있었다.

당면한 금융업의 '쇠락'과 '재도약'의 갈림길에서 금융업의 새로운 기회 창출과 성장동력을 적극적으로 육성하기 위해 금융위원회는 2013년 11월 말 '향후 10년간 금융업 부가가치 비중을 10% 수준으로 확대10-10 Value-Up' 하는 것을 금융산업의 비전으로 제시했다. 이를 위한 3대 미션3C으로 '경쟁과 혁신 촉진Competition', '금융과 실물의 융합성장Convergence', '국민재산의 안정적 보호Consumer-Protection'를 수립 · 추진하고 있다. 이런 금융업의 가치 제고를 통해 창조경제 구현 및 일자리 창출을 선도하는 금융서비스업으로 재도약할 수 있을 것이라고 생각한다.

이런 비전의 실천계획으로서 2014년에는 '금융규제 개혁'과

'창조금융 활성화를 위한 금융혁신 실천계획' 을 마련 · 추진했다. 금융규제개혁 과정에서는 금융업 관련 규제를 전면 검토하여 3,100여 개의 규제를 목록화하고 1,700여 개 과제를 발굴하여 700여 건에 대한 개선을 추진하고 있다. 이런 규제의 선진화를 통해 금융의 실물지원 기능을 대폭 강화하고, 금융을 이용하는 기업과 국민의 불편을 해소하며, 금융업이 새로운 기회를 창출할 수 있을 것이라고 기대한다. 그리고 숨은 규제를 상시 개혁하고 검사 · 감독 · 제재는 엄중함을 유지하면서 불합리한 관행을 혁신해 나가고 있다. 특히 규제개혁이 일회성 정책이 되지 않도록 매년 9월을 '금융규제 정비의 달' 로 지정하는 등 상시적 규제개혁 시스템도 도입했다.

다음으로 '창조금융 활성화를 위한 금융혁신 실천계획' 에서는 '기술금융 현장확산', '모험자본시장육성', '보수적 금융문화 혁신' 이라는 3대 실천계획을 수립했다.

기술금융 현장확산을 위해서는, 기술금융 우수은행에 파격적인 인센티브를 부여하고 '기술금융 박람회' 를 통해 성공사례를 확산하여 기술기업에 대해 본격적인 자금흐름의 물꼬를 틀 계획이다. 모험자본시장육성을 위해서는, 성장사다리펀드를 마중물로 '제2의 벤처붐' 을 조성하고 모험자본시장을 창조금융의 주축으로 만들어 나갈 것이다. 보수적 금융문화 혁신을 위해서는, 금융권의 보수적 문화를 조장하는 불합리한 감독관행, 은행 성과보상 구조 개선을 추진하고 있다. 특히 어떤 은행이 창조금융을 선도하는지 은행별로 혁신성을 평가하고 우수은행에게는 정책금융 우선지원, 포상 등 강력한 인센티브를 제공하고 있다.

2015년에도 금융의 자율과 창의를 존중하고 금융산업의 부가가치를 창출하기 위해 '금융개혁'을 지속하고 있으며, 이를 위해 크게 4대 정책을 추진하고 있다.

첫째, 금융감독 쇄신을 통해 자율책임문화를 정착시키는 것이다. 진정한 금융개혁을 위해서는 금융회사가 아닌 먼저 금융당국부터 변화해야 한다. 선수들의 작전을 일일이 지시하는 '코치'가 아니라 경기를 관리하는 '심판'으로 그 역할을 바꿔 나갈 것이다. 이런 금융당국의 변화 노력과 더불어 금융회사도 스스로 혁신해야 한다. 금융개혁 과정에서 자칫 소홀해질 수 있는 소비자 보호문제 등을 사전에 예방하기 위해 금융회사는 자체적인 역량을 확충하고 내부통제를 강화해야 할 것이다. 이런 금융권의 자율책임문화가 새로운 금융의 부가가치 창출의 기반이 될 것으로 기대한다.

둘째, 기술금융 확대와 자본시장 활성화를 통해 금융의 실물지원 역량을 강화하는 것이다. 실태조사를 통해 기술금융의 질적 성장을 유도하고 실제 시장의 수요에 맞게 기술금융 공급을 확대할 것이다. 아울러 사모펀드와 자본시장을 획기적으로 육성하여 자본시장을 보다 활성화함으로써 우리 경제의 필요한 부문에 막힘없이 자금이 흘러가도록 할 것이다. 이를 통해 창의적인 기술과 아이디어를 가진 기업에게 적극적으로 자금을 공급하는 혁신적 자금중개시스템이 정착될 수 있을 것이다.

셋째, 핀테크를 육성하고 규제의 큰 틀을 전환하여 금융산업의 경쟁력을 제고할 것이다. 비금융분야와의 융합, 해외진출 등 금융의 외연을 확장함으로써 새로운 성장동력을 찾는 것이 핵심이다. 이를 위해 핀테크지원센터를 설립하여 핀테크 생태계를 구축하고, 빅데이터와 관련된 규제를 개선할 예정이다. 이와 더불어, 금융규제의 큰 틀도 전환하는 작업도 병행할 예정이다.

마지막으로, 금융시장의 '안전성 확보' 다. 금융개혁의 성공을 위해서는 무엇보다도 금융안정이 뒷받침되어야 한다. 이를 위해, 우리 경제의 취약요인인 '가계부채' 에 대한 철저한 관리와 부실기업에 대한 신속한 구조조정이 필요하다. 또한 금융산업에 대한 국민 신뢰를 지속 · 제고하기 위해 서민금융 지원과 금융소비자 보호를 위한 노력을 잊어서는 안 된다.

금융개혁이 단순히 '정책' 에 그치지 않고 현장에서 금융회사, 금융 이용자들이 피부로 체감할 수 있는 '변화' 가 되어야 한다. 이를 위해 금융현장을 순회 방문하여 현장의 애로를 찾아 해소할 예정이다. 이런 금융개혁을 통해 창의적이고 자율적인 금융시장을 조성함으로써, 금융산업이 당면한 위기를 극복하고 미래 30년 성장을 위한 기반도 확고히 다져 나갈 수 있을 것이라고 생각한다.

가계부채

우리 경제의 가계부채는 외환위기 이후 지속적으로 증가하여 2014년 말 1,089조원한국은행 가계신용 기준을 기록하면서 가계부채 1,000조 시대에 돌입했다. 2004년 말 494조원을 기록한 이후 약 10년 만에 가계부채 규모가 두 배를 상회하는 수준으로 확대된 것이다. 한편, 가처분소득 대비 가계부채 비율은 2007년 139%에서 2013년 160.7%로 증가하여, OECD 평균인 135.7%를 상회하고 있다. 이를 보면, 우리 경제의 가계부채가 그간 경제성장 속도보다 빠른 속도로 증가했을 뿐만 아니라, 국제적으로 비교해도 높은 수준임을 알 수 있다.

다만, 가계부채 연착륙 추진 이후, 가계부채의 증가속도가 과거에 비해 완화되고 있으며 고정금리 대출과 분할상환 대출 비중이 확대되는 등 대출 구조도 점차 개선되는 모습이다. 아울러 가계부채가 고소득 차주에 집중되어 있고, 금융자산이 금융부채를 크게 상회하며, 금융기관의 높은 자본건전성 등을 고려할 때, 우리나라 가계부채는 전반적으로 관리 가능한 수준이다. IMF 등의 스트레스 테스트 결과, 향후 금리상승 및 경제성장률 둔화 등 거시경제의 충격 발생을 가정하는 상황에서도 우리 경제 가계부채가 부실화될 가능성은 낮은 것으로 평가된 바 있다.

> "한국의 가계부채는 소비 목적이 아니라 동일 수준의 금융자산 증가로 이어져 단기적으로 거시경제 위협요인이 아니다."
>
> (IMF, 2015년 2월 연례협의 결과 브리핑)

그러나 몇 가지 측면에서 가계부채 문제는 다소 우려스러운 점이 있다. 첫째, 지난 수년간 가계부채 규모가 경제성장 · 가계소득에 비해 빠르게 증가하면서 가계의 소득 대비 부채비율이 지속적으로 상승하고 있다. 둘째, 저소득층 · 영세자영업자 등 취약계층의 부채 부담이 비교적 높은 수준이다. 통계청의 가계금융복지조사에 따르면 1 · 2분위 저소득층의 가계부채 및 원리금 상환비율DSR이 상대적으로 높다는 점을 알 수 있다. 자영업자의 부채는 아직까지 건전성 측면에서 특별한 문제가 나타나고 있지는 않으나, 소득 대비 부채부담이 높은 상황으로 경기변동에 민감한 자영업의 특성상 경제여건이 어려워질 경우 부실 위험이 상대적으로 크게 증가할 가능성이 있다. 또한 최근 들어 제2금융권의 가계대출이 빠르게 증가하고 있는 것도 불안요인이다. 제2금융권의 경우 상대적으로 낮은 차주의 상환능력과 느슨한 담보평가 기준 등으로 인해 지표상 드러나는 것보다 실제 위험성이 클 수 있다는 점도 염두에 두어야 한다.

정부는 그동안 가계부채 문제가 금융시장의 불안요인으로 전이되지 않도록 증가속도 관리, 대출구조 개선, 가계대출 건전성 강화 등 금융위험 완화에 중점을 두고 대책을 지속적으로 추진했다. 2011년에는 「가계부채 연착륙 종합대책」을 마련하여 가계부채의 안정적 관리를 위한 기본적인 대응방향과 정책수단을 마련했다. 2012년에는 「제2금융권 가계대출 보완대책」을 통해 제2금융권 가계대출의 증가속도 관리 및 건전화 방안을 추진했다. 그리고 2013년에는 국민행복기금, 금융권 프리워크아웃 등을 통해 취약계층의 채무조정을 지원하고, 서민금융 공급 기반을 강화하는 등 취약부문에 대한 맞춤형 정책을 추진했다. 이런 정책대응의 효과로 가계부채 문제가 금융시스템의 건전성 측면에서 크게 개선되었다고 평가되고 있다.

2014년 2월에는 범정부 차원의 '경제혁신 3개년 계획' 을 수립하여 가계부채 문제에 대한 종합적 접근을 시작했다. 우선, 가계의

〈그림 1〉 '가계부채 구조개선 촉진방안' 의 주요 내용

이자변동의 위험은 줄이고, 원리금은 조금씩 나눠 갚도록 유도

⇨ 고정금리, 비거치식 분할상환대출 확대

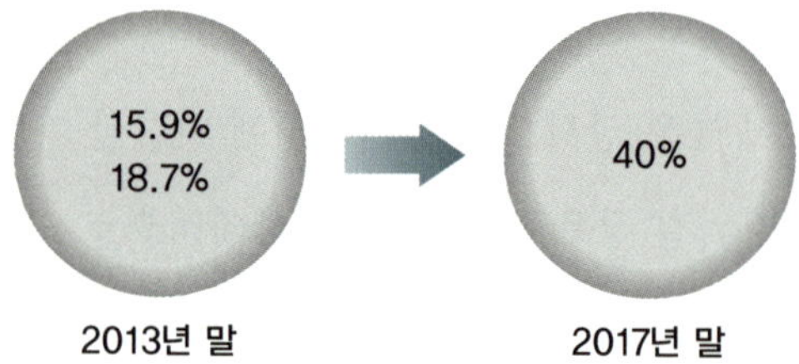

저소득층의 고금리 채무는 낮은 금리대출로 전환

⇨ 영세자영업자 바꿔드림론 대상 확대 : 바꿔드림론의 대상이 되는 '고금리' 기준 확대(20% 이상 → 15% 이상, 2014년 5월)

가계부채 증가속도가 높은 상호금융 등 2금융권의 대출속도 및 건전성 관리

⇨ 건전성 분류기준, 대손충당금 기준 강화

⇨ 미이행 상호금융권 추진과제의 조속 이행

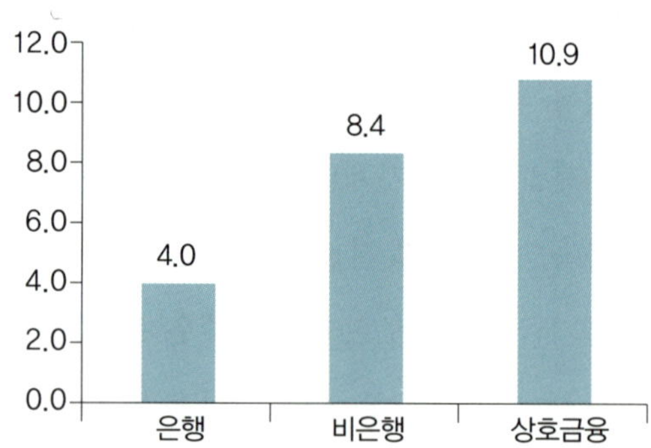

가계부채 증가율(2014년 6월, 전년 대비, %)

'가처분소득 대비 부채 비율'을 2017년까지 5%p 인하된 수준으로 관리한다는 목표를 설정했다. 이는 단순히 부채의 총량을 관리하던 과거 방식에서 탈피하여 가계의 소득, 지출, 자산, 부채 등 가계건전성 전반에 걸친 종합적인 대응을 통해 가계부채 문제를 해소하겠다는 의미가 있다. '경제혁신 3개년 계획'의 후속조치인 「가계부채 구조개선 촉진방안」에서는 앞서 설명한 핵심목표 달성을 위한 구체적인 실천과제들을 포함했다. 가계부채 구조개선 노력을 확대 · 강화하고, 저소득층과 영세자영업자 등 취약차주에 대해 국민행복기금 채무재조정 등 맞춤형 지원을 추진하는 한편, 상호금융 등 제2금융권에 대한 건전성 관리 강화 등을 통해 가계부채 관리를 강화하는 방안을 마련했다.

가계부채 문제는 단순히 '부채'를 축소하게 되는 경우, 민간소비 위축과 경기회복 지연 등 여러 가지 부작용이 수반될 수 있다. 경제혁신 3개년 계획에서 '가처분소득 대비 부채 비율'을 관리지표로 제시한 것도 이런 이유 때문이다. 가계부채 증가 속도를 적정 수준으로 관리하는 가운데, '가계소득'을 제고하여 가계가 충분한 상환능력을 갖도록 하는 것이 가계부채 문제를 해결하는 보다 근본적인 문제해결 방법인 것이다. '새 경제팀의 경제정책 방향'에서는 이런 인식을 반영하여, 부채 측면에서는 LTV · DTI 규제 합리화를 통해 가계부채의 이자부담 경감과 질적 구조개선을 유도하는 한편, 소득 측면에서, 내수활성화와 가계소득 제고에 중점을 두고 다양한 정책방안 '소득증대'를 위한 근로소득 증대세제, 배당소득 증대세제, 기업소득 환류세제 등을 마련했다.

2014년 12월에는 상호금융정책협의회를 통해 상호금융권 가계부채 관리방향을 발표했으며, 2015년 2월에는 가계대출 구조개선을 위해 기존 변동 · 일시상환 대출을 고정 · 분할상환 대출로 전환하는 '가계대출 구조개선 프로그램안심전환대출' 시행을 발표했다.

앞으로 정부는 관계기관 합동으로 '가계부채 관리협의체'를 구성하여, 가계부채 문제를 보다 종합적 · 체계적으로 관리하고, 관계기관 간 정책공조를 보다 강화해 나가고자 한다. 또한 가계부채에 대한 미시적 · 부분적 관리를 더욱 강화해 나갈 계획이다. 토지 · 상가담보대출 등 비주택대출을 보다 적극적으로 관리하고, 금융기관 스스로 차주의 대출 상환능력 등을 꼼꼼히 살펴 대출을 취급할 수 있도록 심사관행 개선을 유도해 나가는 한편, 기존에 추진하던 가계대출 구조개선 및 취약계층에 대한 맞춤형 금융지원도 지속 보완해 나갈 계획이다.

금융회사 지배구조 개편

금융회사는 국민의 재산을 바탕으로 경영하기 때문에 장기적으로 안정적인 성장을 하기 위해서는 '견고한 지배구조'가 매우 중요하다. 금융회사는 일반 기업과 달리 예금자, 금융감독기구 등 다양한 이해관계자에 대한 책임을 추가로 지고 있기 때문에 지배구조의 실패는 주주가치와 해당 금융회사의 건전경영 문제를 넘어서 금융시스템에 대한 불신과 위협으로 직결될 위험이 크다. 이에 따라 금융회사의 건전성과 경쟁력, 그리고 금융시스템의 안정을 위해서는

CEO 리스크의 안정적 관리와 함께, 사외이사와 이사회 등이 제도의 본래 취지대로 작동할 필요가 있다.

IMF 경제위기 이후 우리의 지배구조제도는 사외이사제도 도입, 감사위원회 도입 등 외형과 모양새는 글로벌 스탠다드에 근접했다고 평가받고 있다. 다만, 제도의 형식적인 운용으로 인해 주주와 시장, 그리고 감독당국의 기대수준에는 아직 미치지 못하고 있으며, 특정 금융회사의 경영건전성이 심각하게 훼손되는 일이 여전히 발생하고 있다. 따라서 금융산업의 발전뿐만 아니라, 개별 금융회사의 생존을 위해서라도 금융회사 스스로 각자의 성장경로와 조직문화 등에 적합한 최적의 지배구조를 구축하는 데에 많은 노력과 관심을 기울여야 할 것이다.

다만, 지배구조 문제는 딱 떨어지는 정답이 없기 때문에 정부는 '최소한의 기준과 가이드라인' 을 제시하는 것이 바람직하다고 생각한다. 대신, 무엇보다도 금융기관 스스로 안정적인 경영을 수행하고, 어떠한 위기와 어려움에도 대응할 수 있도록, 다양한 상황에 맞는 '치밀하고 촘촘하게 규정' 된 튼튼한 지배구조를 만들기 위해 끊임없이 노력해 나가야 하겠다. 특히 회사별로 기업가치를 제고하고 주주이익을 대변할 수 있도록 이사회, 사외이사, 그리고 최고경영진의 선임, 구성, 평가 및 공시 등 전반에 걸쳐 제도개선 노력을 기울여야 한다고 생각한다.

핀테크

핀테크FinTech란 금융Finance과 기술Technology의 합성어로, 간편한 송금 · 결제와 대출 · 자산관리 · 크라우드펀딩 등 각종 금융서비스 기술을 뜻한다. 전통적 금융업무를 대체해 비용절감을 이루며 개인 맞춤형 서비스를 제공하는 기술로 주목받고 있다.

핀테크는 금융과 인터넷이 각각 자금과 정보 유통의 강력한 채널을 담당함으로써 양자 간 융합 트렌드는 가속화되고, 그 시너지 효과 또한 클 것으로 전망된다. 다수의 이용자를 확보한 IT 회사들이 보유한 플랫폼을 활용하여 금융서비스를 제공하는 움직임이 가시화되고 있으나, 실제 서비스 제공은 인허가 등을 통한 직접 제공보다는 기존 금융회사와의 제휴를 통한 형태가 일반적이다. IT 회사는 온라인 기반의 상대적으로 낮은 시스템 구축비용, 이미 보유한 고객접점 및 비금융서비스와의 융합 등으로 경쟁우위를 확보한 상태다.

한편, 금융업의 IT 활용 범위도 확대되고 있다. 기존 금융권에서도 인터넷뱅킹 등 IT 기술을 활용한 서비스 제공범위가 지속적으로 확대되고 있는 추세이며, IT 회사와의 제휴에 대해서도 역학관계 등 중기 영향을 가늠하면서 제휴관계의 유지 · 확대 필요성 등을 예의 주시하고 있는 상황이다.

이외에도 IT 기반 해외사업자의 국내 진출도 눈여겨 볼 만하다. 온라인 중심으로 국내에서 영업하던 해외사업자가 오프라인 영역으로 업무범위를 확대하고 있으며, 애플 · 구글 · 페이팔 등 글로벌 IT 사업자들도 국내 영업을 위해 라이선스 획득을 희망하고 있다.

이런 IT와 금융 간 융합은 소비자의 편의를 제고하고 경쟁을 활성화한다는 순기능도 있지만 현행 금융산업을 잠식할 우려도 공존하고 있다. 단기적으로는 시장 내 경쟁을 활성화하겠지만, 장기적으로는 IT 기반 플랫폼 의존도가 심화될 경우에는 금융회사와 IT 기업 간 역학관계가 역전될 가능성도 있다. 이에 따라 정부는 혁신과 경쟁을 통한 편의성 제고는 적극 유도하되, 소비자 피해 및 금융시스템 불안 등에 대한 보완방안은 사전에 마련할 필요가 있다.

앞으로 국내에서도 페이팔, 알리페이와 같은 글로벌 경쟁력을 갖춘 서비스가 출시될 수 있을 만큼 시장 내 창의와 혁신이 충분히 발휘될 수 있도록 사전 규제는 최소화하되, 소비자 피해 발생 시에는 당사자 책임 원칙이라는 규제체계를 정립할 것이다.

우선, 인가 · 지배구조 · 영업행위에 대한 사전적 규제는 최소화할 것이다. 온 · 오프라인 전자상거래, 송금서비스 등 원활한 실물거래를 지원하고 이용자 편의성과 국제 경쟁력을 갖춘 국내 결제수단 창출을 위한 제도적 · 기술적 여건을 마련하는 한편, 해외 IT 업체가 국내 금융제도 진입을 희망할 경우에는 이를 적극 수용하여 국내 시장에서 경쟁 활성화를 도모할 것이다.

또한 소비자 보호를 위한 피해구제 제도정비와 금융시스템 안정성 확보를 위한 건전성 규제 · 정보보호 장비를 정비해 나갈 것이다. 소비자 피해에 대한 철저한 사후 구제 · 제재 장치를 확보하고, 업무범위 · 규모 등을 고려하여 시스템 안정성 유지를 위한 최소한의 건전성 · 정보보완 장치를 마련할 필요가 있다고 생각한다.

정책을 만들고 제도를 설계하여 보다 나은 세상을 만드는 일. 이게 공무원이 할 일이다. 그런 점에서 공무원이라는 직업의 매력은 개인의 영달이 아닌, 국가와 국민을 위해 무언가 도움이 되는 일을 할 수 있다는 것 아닐까 한다. 이처럼 많은 사람들에게 긍정적 영향을 끼칠 수 있다는 점에 이끌려, 나는 공직의 길에 접어들게 되었다.

보람과 고충

지난 20여 년간 공직생활을 하면서 보람 있는 일도 많았고, 어려운 일도 많았다. 공무원은 자신의 일만 묵묵히 잘 하는 것에 그치지 않고, 많은 이해관계를 조정하고 설득하며 정책과 제도를 잘 홍보해야 하는 직업이다. 그런데 정책과 제도는 언제나 긍정적 효과만 있는 것이 아니라, 어느 정도의 부정적 효과가 공존할 수밖에 없다. 그럼에도 불구하고 일부에서 한쪽 측면만 강조하여 정책과 제도를 추진하는 데 어려움이 있었다. 그러나 포기하지 않고 끊임없이 협상·설득하고 소통함으로써, 정책과 제도를 무사히 추진하게 되었을 때에는 국가와 국민에게 큰 도움이 되었다는 보람과 성취감을 느꼈다.

공직생활을 하면서 공직을 선택하길 참 잘했다는 생각이 들 때는, 바로 고생해서 만든 좋은 정책이 국민에게 널리 알려지고 예상했던 정책효과가 나타날 때였다. 35년간 묶혀 있던 신용카드 수수료 문제를 개편했던 일, 저축은행 구조조정 과정에서 새로운 방식을 시도하여 성공을 거두었던 일이 대표적으로 생각나는 일들이다. 특히 최근 금융산업 발전의 발목을 잡고 있던 케케묵은 낡은 규제에 대한 전면적인 개혁을 추진했는데 2~3개월에 걸친 고생이 성과로 제대로 나타나서 큰 보람을 느낄 수 있었다.

한편, 지난 공직생활 중에 가장 힘들었던 시기를 뽑으라면 1997년 외채 · 외환보유고 업무를 담당했을 때다. 알다시피, 1997년 당시 외환보유고가 급속히 고갈되면서 모라토리움 위기가 닥쳤고, 이는 IMF 경제위기로 이어졌다. 무수한 야근으로 끊임없이 밤을 지새웠지만, 같이 고생하던 선 · 후배의 격려가 있었고 위기극복에 조금이나마 도움이 되고자 하는 열망이 있었기에 견뎌낼 수 있었다. 당시 200억 달러 수준에 불과했던 외환보유고를 1,000억 달러까지 확충하는 정책을 만들었다. 이를 바탕으로 2000년에 외환보유고 1,000억 달러를 달성하자, IMF 위기 극복에 일조를 했다는 보람과 희열을 느꼈고, 아직도 가슴 깊숙이 간직하고 있다.

공무원에 대한 곱지 않은 시선

흔히, 국민은 공무원이 언제나 칼출근, 칼퇴근하면서 일은 안 하고 시간만 헛되이 보낸다고 생각한다. 그리고 사고가 경직적이고 보수적이라고 생각한다.

물론 이런 공무원이 없다고 부정할 수는 없겠지만, 극히 소수 공무원의 문제를 공직사회 전체의 문제로 바라보는 것은 잘못된 것이다. 만약 공직사회가 국민이 생각하는 것처럼 많은 문제가 있다면, 우리 사회가 이 정도로 유지될 수 있었을까 하는 생각을 한번쯤 해봐야 할 것이다. 한편, 공직사회에서도 이런 국민의 부정적인 인식을 바꾸고자 많은 자정 노력을 기울이고 있는 만큼, 국민도 공직사회를 믿고 바라볼 필요가 있다.

또한 나는 공무원이 경직적이고 보수적이라는 것에 대해 다시 한 번 생각해볼 것을 제안한다. 대한민국이라는 배가 파도와 풍랑에 흔들리면서도 침몰하지 않고 계속 나아갈 수 있는 것은 공직사회가 우리나라의 중심을 유지하고 있기 때문이라고 생각한다. 급변하는 세상 속에서도 언제나 지켜야 하는 인권·평등과 같은 절대적인 가치를 지켜 나가는 사람이 바로 공무원이다. 그러므로 공무원은 다른 사람들보다 정책·제도의 효과나 문제점에 대해 보다 세심하고 정교하게 바라볼 수밖에 없다. 이런 점을 고려할 때 공무원을 보수적이고 경직적이라고 보는 것이 타당한지 생각해볼 필요가 있다.

한편, 요즘 들어 공무원과 공직사회에 대한 국민의 인식이 더욱 부정적으로 바뀌는 것 같아, 참으로 안타까울 따름이다. 여러 가지 이유가 있겠지만, 무엇보다도 국민과 공무원 간 공직에 대한 인식의 간극에서 나오는 것이라고 생각한다. 국민은 세금으로 공무원의 월급을 준다는 이유로 공무원에게 많은 책임과 희생을 요구한다. 물론 공무원에게 민간보다 높은 도덕성을 요구하는 것은 당연하지만, 공무원도 근로를 통해 스스로의 보람을 찾고 자기계발을 하며 좋은 근로환경에서 근무할 권리가 있다는 점을 잊어서는 안 된다. 공무원에게 과도한 책임과 희생을 요구하기보다는 공무원을 국민의 한 사람으로 바라보는 인식 전환이 필요한 시점이다.

100세 시대! 공무원의 은퇴 후 삶은?

최근 평균 수명이 80세에 이르면서 앞으로 '100세 시대'가 도래할 것이라고 한다. 그래서 공직생활을 끝낸 이후 40여 년의 여생을 어떻게, 무엇을 하며 보내야 할지 고민이다. 공무원연금 등으로 경제적 어려움을 어느 정도 해소할 수 있겠지만, 은퇴 이후 취업제한 등으로 그간 공무원으로 쌓아왔던 경험이나 능력을 활용할 수 없는 점에서 아쉬움을 감출 수 없다. 무조건적인 취업제한이 아니라, 공직에서 쌓은 경험이나 노하우를 활용하고 자신의 적성이나 능력에 맞는 일을 할 수 있는 방향으로 바뀌는 것이 바람직하지 않을까 하는 생각이 든다. 이는 공무원 스스로에게도 어느 정도의 경제적 생활을 영위하면서 노동의 즐거움을 느낄 수 있는 기회이자, 사회적으로도 자원의 효율적 배분 효과를 거둘 수 있는 점이라 생각한다. 이 과정에서 바람직한 사례들이 쌓이면, 국민의 공무원에 대한 인식도 개선되고 공무원 개인에게도 인간적이고 보람된 삶을 영위하는 데 도움이 될 것이다.

공무원을 꿈꾸는 예비 공무원들에게

요새 극심해진 취업난으로 공무원에 대한 인기가 날로 더해가고 있다. 많은 청년들이 공직에 대한 꿈을 가지고 도전하는 것에 대해서는 우수한 인재가 공무원으로 영입될 수 있다는 점에서 바람직하다고 생각한다. 그러나 일부 청년들은 공직을 단순히 직업적 안정성, 즉 해고위험이 없는 직업이라는 점에서 지원하는 경우도 있다고 하는데, 이는 문제가 있다고 본다. 공무원에게 직업 안정성을 보장하는 이유는 소신을 가지고 국민을 위해 일하라는 의도다. 따라서 직업의 안정성만을 이유로 공직을 선택한다면 스스로도 일하는 보람도 없고 힘들기만 할 수 있으므로, 보다 신중히 생각해야 할 것이다. 만약 내 자녀가 공직에 지원한다면 어떤 이유로 지원하는지부터 들어보고 공직 준비를 응원하거나 말리거나 하고 싶다. 특히 공직이 예전과 달리 민간에게 많이 개방되어 있는 만큼, 다른 직업을 경험하고 그 경험을 바탕으로 공무원이 될 수도 있으니, 다양한 점을 두루 고민했으면 좋겠다.

국가와 국민에게 바란다

20여 년간 공직생활을 하면서, 많은 보람도 느꼈고 '내가 왜 이 직업을 선택했을까' 하는 후회도 있었지만, 돌이켜 보면 국가와 국민을 위해 열심히 일했다는 보람과 만족감이 더 컸다. 다만, 최근 공직사회에 대해 문제점이 제기되고 있어 안타까울 따름이다. 공직사회의 문제점이 누적될수록 공무원들이 만든 정부정책의 효과는 떨어질 수밖에 없고, 이는 다시 공직사회의 새로운 문제점으로 지적될 것이다. 이런 악순환이 발생하지 않도록, 정부가 국가발전과 국민행복을 위해 더욱 노력하여 국민의 신뢰를 제고해야 하고, 국민도 정부에 대한 믿음을 보여주어야 한다. 국민의 정부에 대한 신뢰가 더욱 두터워질수록 정부가 만든 정책 · 제도의 효과가 증대하게 되고, 정책 · 제도의 성공은 다시 국민의 정부 신뢰를 제고하게 되는 선순환 구조가 될 수 있다. 이런 점을 명심하고 정부와 공무원, 국민 모두가 함께 노력해야 할 것이다.

미래 정부에 묻다

초판 1쇄 인쇄 2015년 2월 16일
초판 1쇄 발행 2015년 2월 27일

엮은이 강호인(공공성과관리연구센터선임연구원) · 박순애(공공성과관리연구센터장)
펴낸이 박기남
펴낸곳 **율곡출판사**
153-797 서울시 금천구 가산디지털1로 84, 803호
전화 (代) 02) 718-9872/3
팩스 02) 718-9874
홈페이지 www.yulgokbooks.co.kr
이메일 yulgokbook@naver.com
등록 1989.11.10. 제2014-000031호
ISBN 978-89-97428-64-9 03320

※ 이 책은 서울대학교 행정대학원 공공성과관리연구센터 연구총서 시리즈로 발간되었습니다.